全国教育科学"十三五"规划2020年度教育部青年课题
罪错少年循证教育矫正的证据体系建构研究（EEA200403）课题成果

罪错少年
社区教育矫正的中外研究概观

ZUICUO SHAONIAN
SHEQU JIAOYU JIAOZHENG
DE ZHONGWAI YANJIU GAIGUAN

赵茜 ◎著

 中国政法大学出版社

2023·北京

图书在版编目（ＣＩＰ）数据

罪错少年社区教育矫正的中外研究概观 / 赵茜著. —北京：中国政法大学出版社，2023.12

ISBN 978-7-5764-1333-5

Ⅰ.①罪… Ⅱ.①赵… Ⅲ.①青少年犯罪－社区－监督改造－研究－世界 Ⅳ.①D914.1

中国国家版本馆CIP数据核字(2024)第030707号

出版者　中国政法大学出版社

地　址　北京市海淀区西土城路 25 号

邮　箱　fadapress@163.com

网　址　http://www.cuplpress.com (网络实名：中国政法大学出版社)

电　话　010-58908435(第一编辑部) 58908334(邮购部)

承　印　固安华明印业有限公司

开　本　880mm×1230mm　1/32

印　张　10.00

字　数　242 千字

版　次　2023 年 12 月第 1 版

印　次　2023 年 12 月第 1 次印刷

定　价　69.00 元

前言

　　社区矫正是以"非监禁"为主要特征的矫正方式。与传统的监禁矫正相比，社区矫正带有明显的保护性与康复性等特点，符合未成年人保护的国际共识，已成为国际社会矫正一般罪错少年的主流方式。随着时代的发展，社区矫正的侧重点也逐渐由监管转向教育矫正，教育矫正成为决定社区矫正成功与否的关键任务，而针对罪错少年这一特殊群体的教育矫正更有其独特性。

　　从历史与现状看，中国真正意义上的少年司法与社区矫正起步较晚，特别是针对罪错少年的社区教育矫正，仍处于初步发展的阶段。基于这种现状，本书聚焦于罪错少年的社区教育矫正，采用教育学、心理学、法学等多学科交叉的视角，运用文献研究法、比较研究法、访谈法等综合方法，以历史、价值取向、制度、模式与方法为研究主线，由纵向到横向，由理论到实务，由宏观至微观，对中外的罪错少年社区教育矫正进行了概观性地介绍、分析与评价。其中，除了对我国相关理论与实践的介绍之外，还选取了域外其他国家的经验教训进行参照，并本着"以我为主，为我所用"的原则，取其精华，扬长避短，批判性地吸收先进的、有益的经验，最终旨在为我国罪错少年社区教育矫正的发展提出科学实用的建议。

本书的新颖之处包括：研究内容的综合性与跨学科性——采取多学科交叉视角，改变了目前相关研究法学视角"一边倒"的现状，用教育、关怀、发展的价值视角研究罪错少年的社区教育矫正；研究内容的前沿性——通过对最新文献的研究梳理，以及实地调研访谈等方法，介绍与分析罪错少年社区教育矫正最新、最前沿的理念与方法；研究内容的实用性——尝试将国际的一些先进模式与方法，有机地融入我国本土化的罪错少年社区教育矫正实践中去，深化创新我国罪错少年社区教育矫正的方式方法。总体而言，本书的主要观点与结论如下：

第一，从数据的视角观察国际范围内罪错少年问题的现状特征与发展趋势，发现近年来各国的罪错少年问题普遍呈现出稳定与好转的趋势，并且从数据的横向对比来看，我国的罪错少年问题获得了比较好的控制，未成年人犯罪率较低。当然，这一结论必须考虑到各国统计方式不同所造成的误差。

第二，从价值取向来看，中国罪错少年的社区教育矫正具有刑罚的根本取向，本质没有超出刑罚执行活动的内核，这与其他某些国家将社区教育矫正视作单纯的教育与服务性活动具有本质的区别。我国这样做的好处是可以体现"双向保护"的社会价值，既保护未成年人的利益，又保护全社会的利益，从而避免了将罪错少年的利益凌驾于整个社会利益之上；但同时，也不可避免地造成了我国罪错少年社区矫正中"重监管，轻教育矫正"的现状，使社区教育矫正在实际效果上有所欠缺。

第三，通过对罪错少年社区教育矫正的前提与基础——少年司法制度的概括与分析发现：国外建立在国家亲权理念基础上的少年司法制度，往往独立于成人刑事司法体系；而中国的少年司法制度则并未完全与刑事司法体系分离，这也直接造就了中国罪错少年社区矫正制度及制度运行上的一些鲜明特点：在社区矫正机构的职能定位上，中国的司法所具有鲜明的执法性，而非服务型机构；在工作主体方面，中国以执法人员为主，而非社工等专业人员；在工作性质上，中国的社区教育矫正是一种刑罚执行活动，完全由政府财政负担，而非域外一些国家市场化运行的"付费服务"。

第四，从社区教育矫正的模式及方法来看，中国的社区教育矫正发展时间较短，目前施行的许多方法来源于对域外经验的借鉴，如个案调查评估、分级与分类矫正、循证矫正与恢复性矫正等。应看到，我国本土化的罪错少年社区教育矫正在研究与实践方法上均比较欠缺，许多经验直接照搬套用国外，教育矫正方法的本土化、科学化、专业化水平不足，效率与效果也仍需提高。从发展趋势上看，罪错少年社区教育矫正已不满足于"孤立"的事发后矫正，而呈现出内涵不断延伸，体系不断扩大，机制不断完善的发展趋势，最终形成以筛查、预防、分级分类矫正为一体的"大矫正观"。

第五，通过对现有研究的概观分析，结合我国的现实情况，本文对我国未来罪错少年社区教育矫正的研究与实践提出展望：包括优化罪错少年社区教育矫正的理念，完善罪错少年社区教育矫正的制度，以及深化与创新罪错少年社区教育矫正的模式与方法等。

总而言之，中国的罪错少年社区教育矫正具有刑罚执行的性质，这最大程度地保证了其实施的严肃性与严格性，避免了教育矫正对象的中途脱落，以及因矫正费用等产生的消极影响，使社区教育矫正取得了较好的效果。然而，随着我国将社区矫正的侧重点逐渐由"监管"转向"教育矫正"，目前社区教育矫正中专业化水平不足、教育矫正效果欠佳等一些短板也逐渐暴露。因此，必须持续提升我国罪错少年社区教育矫正的本土化、科学化、专业化、个体化水平，在理念、制度与模式方法上持续创新，才能应对时代变化的要求。

目录

绪 论

　　少年，在一定语境中也称儿童或未成年人，是与成年相区别的一种状态，意味着身心发展的不成熟与不完善，以及有限的法律责任。由于少年群体的独特性，少年罪错不能等同于成年人的违法犯罪。将少年罪错的责任完全归咎于少年个体，是不公平与不明智的，父母家庭、学校、社会等都应为其罪错行为承担一定责任。如果说成年人刑事司法的主要目的是惩罚与威慑，那么保护与矫治等才是少年司法的主流价值。2021年，新修订的《中华人民共和国未成年人保护法》开始实施，吹响了我国全方位保护未成年人的号角，推动了构建家庭保护、学校保护、社会保护、网络保护、政府保护和司法保护"六位一体"的新时代未成年人保护新格局。其中，司法保护是未成年人保护的重要一环。我国虽未设立完全独立的少年司法制度，但对于罪错少年一直奉行"教育、感化、挽救"，以及"教育为主，惩罚为辅"的未成年人司法保护原则。

　　顺应未成年人保护的国际趋势，加之国际范围内刑罚轻缓化、行刑社会化的潮流，社区矫正已成为矫正罪错少年最主要的方式之一，发挥着日益重要的作用。非监禁的社区矫正，避免了监禁矫正所带来的一系列问题，如脱离社会，高危群体"交叉感染"等，可以在罪错少年生活的自然情境中，对其进行

矫正，最为适应未成年人的身心特点。在我国，随着 2019 年
《中华人民共和国社区矫正法》的正式出台，监督管理与教育帮
扶事实上成为我国社区矫正中的两大任务。其中，教育矫正可
以说是影响社区矫正成功与否的核心与关键。在国外，教育矫
正的思想与少年司法中主流的国家亲权理念与康复主义矫正观
吻合，被广泛地融入了社区矫正之中，成为域外一些国家矫正
罪错少年的实际指导思想与根本方法。当然，由于中外各国在
历史文化、社会制度与国情现状上的巨大差异，不同国家在社
区教育矫正的基本理论、制度、方法与技术等方面都存在着差
异。从现实情况看，由于社区矫正的概念来源于域外，与中国
相比，域外一些国家有更久的实践历史与更多的经验教训，在
理论体系与模式与方法上已比较成熟。例如，现阶段美国更加
注重通过实证化研究，以促进罪错少年社区教育矫正方法的革
新；在降低矫正成本，提升矫正效果的同时，追求教育矫正的
专业化、科学化、个体化等。这些在域外的研究与实践中比较
具有代表性。

　　本书对中外罪错少年社区教育矫正的研究与实践进行系统
的介绍、分析与评价，取其精华，扬长避短，最终旨在为我国
的罪错少年社区教育矫正的发展与创新提出科学实用的建议。

一、研究背景

　　目前，少年罪错问题已成为了国内和国际普遍关注的重要
议题。以中国与美国为例：通过分析 1997 年～2013 年的数据，
研究者发现中国的未成年犯罪在 2005 年～2008 年出现一个小高
峰后，自 2009 年开始逐年平稳下降。2013 年，全国未成年犯人
数 55 817 人，未成年犯在所有青少年犯中占比 21%，在刑事罪
犯总数中占比 4.8%，这一比例达到了 1997 年以来的历史最低

值，一定程度上说明了我国在未成年犯罪预防与控制工作中取得的初步成效。[1] 但这些成绩并不能掩盖存在的问题和新出现的犯罪趋势，例如少女犯罪比例的大幅提升，青少年犯罪出现团伙化趋势，以及手段成人化、恶性程度日益严重等。[2] 同样，依据美国的数据来看，2013 年美国少年法院处理少年案件的总数为 1 058 500 件，这一数字比 1997 年案件数量达到峰值时下降了 44%。同样的，少年案件率也在下降，2013 年，美国少年法院在每 1000 个少年（10 岁至各州规定的少年上限年龄）中平均处理 33.8 件案件，显著低于 1996 年的 64.2 件。[3] 这些良好的势头也一定程度上表明了美国应对少年罪错的工作的成效。然而，问题也浮现于其中，例如少女犯罪比例增加，以及低龄少年犯（低于 13 岁）在人身案件，如谋杀、强奸、抢劫、攻击等严重罪错中，占比相对较高，出现了一定"低龄重罪"的现象等。[4] 可以看出，中美两国的未成年犯罪现象都在稳步减少，趋势良好，但也出现了一定新的问题和势头。对罪错少年进行适当有效的矫正，消除他们的再犯风险，使他们成为合格的社会成员重归社会，也成为了中美应对少年罪错问题的共同措施。

社区矫正早已成为美国少年司法中的最主要的矫正方式。2013 年，在所有被判少年罪错的案件中，运用保护观察（Pro-

---

〔1〕 徐伟：《我国青少年犯罪的统计分析及其预防对策——基于 1997~2013 年的统计数据》，载《青年探索》2015 年第 6 期。

〔2〕 姚建龙：《青少年犯罪与司法论要》，中国政法大学出版社 2014 年版，第 10~11 页。

〔3〕 S. Hockenberry, C. Puzzanchera, Juvenile Court Statistics 2013. National Center for Juvenile Justice, 2015, pp. 6-8.

〔4〕 S. Hockenberry, C. Puzzanchera, Juvenile Court Statistics 2013. National Center for Juvenile Justice, 2015, pp. 9-18.

bation，美国社区矫正的主要形式之一）的比例达到64%，而这一数字从1997年开始就一直保持在60%以上。除此之外，非正式的社区矫正也在美国少年司法体系内外广泛运用。[1] 社区矫正以其非监禁的矫正方式，避免了监禁矫正带来的"监狱化"等问题，例如脱离社区和高危群体"交叉感染"等弊端，在少年生活的自然情境中，达到矫正复原罪错少年的目的。这正是美国少年司法所强调的影响和限制性最少的矫正方式，也符合美国降低行刑成本的思想，同时也是美国康复性矫正哲学的必然要求。在美国罪错少年的社区矫正中，与"惩罚""威慑"等传统刑罚观相对立的康复主义哲学一直是其中的主流价值观，也随之衍生出了"医疗模式""复归模式"等矫正模式，这直接促使美国社区矫正中产生了大量的保护性、康复性、福利性矫正项目，也促进了循证矫正、平衡与恢复性矫正等新模式的兴起。[2]

中国并没有完全独立的少年司法制度，社区矫正起步也相对较晚：2003年开始社区矫正试点工作，2009年开始社区矫正在全国全面实施。2014年，全国社区矫正工作进入全面推进的新阶段，2019年《中华人民共和国社区矫正法》（以下简称《社区矫正法》）正式颁布，标志着我国的社区矫正正式进入法治化新时代。《社区矫正法》的第七章"未成年人社区矫正特别规定"是特别为未成年人设置的专章，其中，第52条第1款等明确规定了"社区矫正机构应当根据未成年社区矫正对象的年

---

〔1〕　S. Hockenberry, C. Puzzanchera, Juvenile Court Statistics 2013. National Center for Juvenile Justice, 2015, pp. 46-53.

〔2〕　H. Allen, C. Simonsen, E. J. Latessa, *Corrections in America: an introduction* (*10th ed*), Pearson, 2004.

龄、心理特点、发育需要、成长经历、犯罪原因、家庭监护教育条件等情况，采取针对性的矫正措施。"这表明了我国对未成年人社区矫正特殊性的重视，也体现了我国对符合罪错少年身心特点的社区教育矫正的迫切需求。

　　虽然我国社区矫正的历史较短，但我国一直将教育矫正视为社区矫正的核心任务之一，并在吸收域外先进经验的基础上，不断进行着我国本土化的模式探索，取得了一定成绩，形成了一批有益的经验。我国社区服刑人员在矫正期间的重犯率一直保持在0.2%左右，说明取得了较好的法律和社会效果。[1] 在符合法定条件的前提下，罪行轻微、主观恶性不大的未成年犯应为社区矫正的重点适用对象。中国缺乏对未成年犯社区矫正的专门数据，从各基层法院的数据上看，中国少年犯适用社区矫正的比例在40%~85%不等[2]，比例普遍偏低。必须看到的是，我国社区矫正发展历史较短，可以说仍处于发展的初期阶段。受传统刑罚观影响，我国在以往的社区矫正中存在"重监管，轻教育矫正"的趋势，对罪错少年的社区教育矫正在理论、制度和方法技术上都不甚完善。甚至于有些地区因为缺乏专业的教育矫正人员与针对性的教育矫正措施，导致出现未成年社区服刑人员再犯率高于总体再犯率的情况。[3] 在我国社区矫正工作进入全面推进新阶段的今天，我国逐步将社区矫正的重点由"监管"转向"教育矫正"，这更迫切的要求我国建立更加成

---

〔1〕　司法部社区矫正管理局编：《全国社区矫正发展情况与数据统计》，法律出版社2017年版，第3页。

〔2〕　国家法官学院编：《全国专家型法官司法意见精粹：未成年人犯罪卷》，中国法制出版社2015年版，第226、251页。

〔3〕　司法部社区矫正管理局编：《全国社区矫正教育管理工作实践》，法律出版社2016年版，第97页。

熟的罪错少年社区矫正制度，完善矫正设施和人员配置，研究更科学有效的社区教育矫正的内容和方式等。

总体来看，我国罪错少年社区教育矫正已初步完成了法治化、制度化建构，但对于专业化、个体化要求较高的罪错少年社区矫正，特别是教育矫正，仍需要理论、模式与方法等的发展深化。而从现实情况看，域外一些国家受国家亲权理念影响，较早地设立了独立的少年司法制度，也更早地开始了社区矫正的探索尝试，因此针对罪错少年的社区教育矫正在理论体系及模式与方法上比较成熟。可以说，美国已经进入了罪错少年社区教育矫正的深化发展阶段。因此，本着"以我为主，为我所用"的文化态度，不妨对以美国为代表的域外的一些经验教训进行批判性的吸收，从而为我国罪错少年的社区教育矫正提供借鉴与启示。

二、研究意义与目的

从理论意义来看，罪错少年社区教育矫正的中外研究概观，采用比较的视角，立足于多学科交叉地带，一定程度上是对现有研究的深化与补充。目前我国国内对于罪错少年社区矫正的研究主要集中于法学领域，呈现出法学领域"一边倒"的现状，而教育学和心理学领域的相关研究寥寥无几。可见，中国相关研究的主流是从法学角度出发，注重社区矫正的刑罚性质。然而，罪错少年的社区矫正又与成年人的矫正目标不同，保护与矫治等才是罪错少年社区矫正中的主流哲学。因此在对罪错少年的社区矫正中，需要更多有助于他们改变不良心理与行为，促进他们重新回归于社会的教育矫正措施，而并不是简单的刑罚惩罚。这就需要从不同的角度来看待罪错少年的社区矫正，特别需要融入教育学、心理学、社会学等学科内容，去解释和发现罪错少年社区教育矫正的模式、内容与方法。而从域外的研究来看，不仅有犯罪学、刑罚学等法学相关的研究，更有临床心理学、精神病学、应用心理学、特殊教育学、社会学和社会工作等多样化的研究视角，并占据相当的比例。这很有代表性的表明了，在国外的少年司法中，罪错少年社区矫正不仅仅是一个法律问题，更是心理学、教育学和社会工作的问题。因此，本研究采取比较研究的形式，以多学科视角看待罪错少年的社区矫正，立足于法学、教育学、心理学等学科交叉地带，以法学为基础，以教育学、心理学、社会学等为研究重点与特色，探讨罪错少年的社区教育矫正；同时，通过中外对比的视角，发现新问题，提出新观点，为我国本土化的罪错少年社区教育矫正带来启示，提出建议。这种跨学科的、独特的视角，具有一定创新意义和研究价值。

从实践意义来看，罪错少年社区教育矫正的中外研究概观立足于实践，又应用于实践，具有实用价值和现实意义。中国现阶段关于社区矫正的基本理论和制度的研究相对较多，但对于理论和制度的探讨，最终也需要落实到矫正实践上去。因此，本研究注重对社区教育矫正实务操作的方法与技术的研究，特别是对国际最新、最前沿的教育矫正方法进行了系统的阐述与分析，并通过比较研究，发现我国教育矫正目前的优缺点，对于现阶段的不足，本研究尝试将国际的一些先进方法，有机地融入到我国本土化的教育矫正实践中去，最终对完善和创新我国"本土化"的罪错少年社区教育矫正提出建议。此外，本研究通过对中外社区矫正一线人员的访谈，掌握第一手资料，分析和总结其中创新和有效的实践、发展的最新趋势等。其中既包括对两国社区矫正一线工作人员个体价值和观点的分析，又包括对社区矫正中"循证矫正""平衡与恢复性矫正"等较新的方法与模式的本土化应用的分析探讨等。本研究内容来源于实践，研究结果能够应用于实践，是立足于实践又应用于实践的研究。

从研究目的来看，本研究的根本目的在于通过中外研究的概观与比较，为我国的罪错少年社区教育矫正带来科学有益的启示与建议，完善和创新中国本土化的罪错少年社区教育矫正。由于社区矫正的许多模式与概念来源于域外，与中国相比，域外一些国家有更久的实践历史与更多的经验教训，因此，特别是在中国社区矫正实施的初期，对美英等国的社区矫正有过诸多借鉴。但这并不代表外国处于绝对领先的位置，以美国为例，美国的罪错少年社区矫正同样存在许多问题，例如矫正成本过高，矫正执行不力，效果不尽人意等。同时，不同国家在历史、文化、社会制度、法律体系、国情现状等方面都存在巨大差异，这必然会导致社区矫正理论与实践的分歧与差异，许多在域外行之有效的实践，可能由于不同的历史、文化、社会制度等差异并不适合中国国情。因此，在我国社区矫正获得长足发展的情况下，更应注意调整和发展我国的社区矫正，使其与我国的国情现状更加贴合，加深本土化特色。罪错少年社区教育矫正的中外研究概观，绝不是"拿来主义"或对域外经验的简单复制，而是在辨别、保存与发扬我国优秀的本土经验的同时，批判性地吸收先进的、适当的域外经验，最终旨在完善和创新中国本土化的罪错少年社区教育矫正。

三、研究概念界定

由于本研究包含中外跨文化的概观与比较，因此在比较之前，首要的是将比较中涉及到的主要概念进行界定和说明，以避免研究中的模糊与歧义。

（一）少年

少年，是指与成年相对的，个体发展不成熟，依附、缺乏能力的时期与状态。在我国法律中，一般使用"未成年人"的说法，另有一些研究将少年、儿童、未成年人做出了更细致的区分。但在本研究中，为了中外概念的统一，不再更具体的区分少年、儿童、未成年人，而认为他们内涵相同。

用来界定少年与成年界限的一般是某个具体的年龄节点。依据我国《中华人民共和国未成年人保护法》（以下简称《未成年人保护法》）第 2 条规定："未成年人是指未满十八周岁的公民"。2020 年《中华人民共和国刑法修正案（十一）》（以下简称《刑法修正案（十一）》）颁布，其中，将刑法第 17 条修改为："已满十六周岁的人犯罪，应当负刑事责任。已满十四周岁不满十六周岁的人，犯故意杀人、故意伤害致人重伤或者死亡、强奸、抢劫、贩卖毒品、放火、爆炸、投放危险物质罪的，应当负刑事责任。已满十二周岁不满十四周岁的人，犯故意杀人、故意伤害罪，致人死亡或者以特别残忍手段致人重伤造成严重残疾，情节恶劣，经最高人民检察院核准追诉的，应当负刑事责任。对依照前三款规定追究刑事责任的不满十八周岁的人，应当从轻或者减轻处罚。"可见，我国最新版《中华人民共和国刑法》（以下简称《刑法》）规定的未成年犯包括已满 12 周岁不满 14 周岁，已满 14 周岁不满 16 周岁，以及已满 16 周岁不满 18 周岁等三种情形。未成年犯的上限应为 18 周岁（不包括 18 周岁），而不满 12 周岁的则免于刑事责任。因此，"少年"在中国的法律中的年龄界定也应为不满 18 周岁。

罪错少年中的"少年"，英文有"juvenile""children""minor"等表达，也常译作"儿童"，与成年人"adult""major"相对，是区别于成年的一种状态，在法律中通常意味着相对局限的权利和责任。这里以美国为例，由于美国有独立的少年司法体系，年龄与具体的罪错行为一起，共同决定犯罪人是否可以进入少年司法系统，美国联邦法律和各州法律对此有不同的法律规定。美国联邦和超过 2/3 的州以及哥伦比亚特区都将成年（Majority）标准设为年满 18 周岁[1]，表明年满 18 周岁即进入刑事法庭（Criminal Court），另有一些州将这一年龄定为 17 周岁，只有纽约州和北卡罗来纳州将这一年龄设为 16 岁[2]，但目前无一个州将 16 岁作为普遍的成年标准[3]。在美国法律中，成年年龄有时跟随罪错行为而变化。例如，纽约州法律规定，在被诉"罪错"行为的案件中，成年年龄为 16 岁，但在被诉为需监管少年的案件中，这一年龄延续至 18 岁。但在 2014 年，纽约州及其他多个州掀起少年司法改革运动，要求提升少年司法管辖年龄至 18 岁，学者认为将 16、17 岁的少年置于刑事法庭，施以刑罚将不利于他们的矫正和犯罪控制。[4] 此外，美国所有州都规定，在特定的情况下，例如谋杀或其他严重犯罪，一些达不到法定年龄的未成年也可被视作成年人而进入刑事法庭审判。而"少年"，或进入少年法庭的年龄下限，在美国也各有不同。其中北卡罗莱纳州将这一年龄下限设为 6 岁，而纽约州、马里兰州、马萨诸塞州则将其设为 7 岁，另有 2 个州和 11 个州分别将这一年龄设为 8 岁和 10 岁，其余州法律则并没有明

---

〔1〕 M. R. Gardner, *Understanding juvenile law*, LexisNexis, 2009, p. 47.

〔2〕 J. M. Creelan, Final report of the covernor's commission on youth, public safety and justice: Recommendation for juvenile justice reform in New York State. 2015, p. 29.

〔3〕 S. Davis, *Rights of juvenile: The Juvenile Justice System 2nd edition*, Clark Boardman Co, 1983.

〔4〕 J. M. Creelan, Final report of the covernor's commission on youth, public safety and justice: Recommendation for juvenile justice reform in New York State. 2015, pp. 1-3.

确说明这一年龄下限。[1] 由此可见，"少年"在美国的界定是复杂的，不同州的法律，不同的情况下都可能有不同的界定。依据美国法律的主流界定，将"少年"定义为18岁以下，10岁以上。

以某一年龄点来界定成年与少年一直以来都存在争议，个体的成熟是一个渐进的过程而不是只发生在某一时间节点，不同的个体成熟的年龄也各不相同，因此应有更加个体化的方法来界定"成年"与"少年"。在美国的少年法律中，有两个典型的例子，分别是"成熟未成年"（mature minor）和少年法庭司法弃权（Waivers of juvenile court jurisdiction），均是运用个体化标准来衡量是否成年。"成熟未成年"指在满足某些条件下未成年可以依法决定他们自己的医疗处遇，前提是他们必须有足够能力理解这些医疗步骤可能带来的利益和风险。[2] 少年法庭司法弃权是指将被指控的少年的司法审判权由少年法庭转移至成人刑事法庭，而弃权的进行要视被指控少年的个人情况而定，包括个体成熟情况和道德能力，而不是简单的依据生理年龄而言。近年来，中国的立法与司法部门一直在就是否降低刑事责任年龄这一议题进行论证。[3] 2020年《刑法修正案（十一）》正式颁布，对这一问题给出了明确的答案——将最低刑事责任年龄由14周岁"个别下调"为12周岁。这事实上是一种附条

---

〔1〕 J. M. Creelan, Final report of the covernor's commission on youth, public safety and justice: Recommendation for juvenile justice reform in New York State. 2015, p. 35.

〔2〕 L. Weithorn, "Developmental factors and competence to make informed treatment decisions", *Child & Youth Services*, 1982, 5 (1-2): pp. 85-100.

〔3〕 中国法院网：《最高检回应是否降低刑事责任年龄：需大量论证研究》[N/OL]. http://www.chinacourt.org/article/detail/2016/05/id/1885789.shtml，2016-05-27/2016-10-11.

件降低刑事责任年龄，体现出原则性与灵活性的结合，既沿袭了传统刑事责任年龄的规定，但又对低龄未成年人实施的严重性犯罪做出了立法上的回应。此次对于刑事责任年龄的修正，突破了刑事责任年龄"一刀切"的现象，相对于主张完全"降低论""不变论"，以及引入英美法系中的"恶意补足"规定，更具合理性，体现出我国"宽严相济"的未成年人刑事司法政策，其基本导向仍然是"宽严相济，以宽为先"。[1]

总体来看，中美对"少年"的基本假设都是脆弱的、依附的和无能力的，这对于幼儿来说无甚争议，但对于青春期少年（adolescents）来讲却存在质疑。大量社会科学研究，例如社会学和心理学，也正在关注将少年司法应用于青春期少年是否恰当。许多实证研究通过研究青春期少年在医疗方面的决策来推测他们的成熟程度。有研究证明青春期少年与成年人具有相同的决策过程，并因此推断少年与成年具有相同的决策能力。但另一些研究也证实，与成年人相比，青春期少年的确更易受同辈压力影响、更加关注眼前利益而不是长期结果，并且更加倾向于冒险。因此，可以肯定少年与成年确实存在区别，但以脆弱的、依附的和无能力的观点来看待青春期少年也不够准确，如何在法律上界定青春期少年的权利和责任，仍需要研究和论证。

（二）罪错少年

罪错少年，英文一般译作"delinquent juvenile"，是指犯下法律、道德等意义上的罪错行为，并需要接受矫正及治疗的一

---

[1] 中国法院网. 刑事责任年龄"个别下调"，过渡时期最优方案［N/OL］. https：//www. chinacourt. org/article/detail/2021/07/id/6174040. shtml，2021 - 07 - 29/2023-04-30.

类少年的统称。

其中,"罪错行为"可概括为两层意义:一为"罪",二为"错"。"罪"可以理解为触犯刑律的行为,应具有较大社会危害性、情节较为严重。"错"可以理解为触犯刑法但尚未构成犯罪,触犯其他法律,或尚未触法但具有潜在风险的问题行为等,社会危害性较低。

在中国法律中,少年的"罪"与"错"之间区分较为清晰。少年犯罪即指具有刑事责任能力的未成年人,触犯刑法规定的罪名,应当受到刑罚处罚的行为。此外,我国的《中华人民共和国预防未成年人犯罪法》(以下简称《预防未成年人犯罪法》)首次在法律中规定了未成年人的"不良行为"与"严重不良行为"。这些"不良行为"依据其严重程度,可能是"罪"也可能是"错"。依据 2020 年新修订的《预防未成年人犯罪法》第 28 条、第 38 条规定,不良行为,是指未成年人实施的不利于其健康成长的下列行为,包括:

(1)吸烟、饮酒;

(2)多次旷课、逃学;

(3)无故夜不归宿、离家出走;

(4)沉迷网络;

(5)与社会上具有不良习性的人交往,组织或者参加实施不良行为的团伙;

(6)进入法律法规规定未成年人不宜进入的场所;

(7)参与赌博、变相赌博,或者参加封建迷信、邪教等活动;

(8)阅览、观看或者收听宣扬淫秽、色情、暴力、恐怖、极端等内容的读物、音像制品或者网络信息等;

(9)其他不利于未成年人身心健康成长的不良行为。

严重不良行为，是指未成年人实施的有刑法规定、因不满法定刑事责任年龄不予刑事处罚的行为，以及严重危害社会的下列行为。包括：

（1）结伙斗殴，追逐、拦截他人，强拿硬要或者任意损毁、占用公私财物等寻衅滋事行为；

（2）非法携带枪支、弹药或者弩、匕首等国家规定的管制器具；

（3）殴打、辱骂、恐吓，或者故意伤害他人身体；

（4）盗窃、哄抢、抢夺或者故意损毁公私财物；

（5）传播淫秽的读物、音像制品或者信息等；

（6）卖淫、嫖娼，或者进行淫秽表演；

（7）吸食、注射毒品，或者向他人提供毒品；

（8）参与赌博赌资较大；

（9）其他严重危害社会的行为。

一些严重不良行为实则具有很大社会危害性，已具有了犯罪的本质特征。因此，已满16周岁的未成年人出现严重不良行为者，如果构成了刑法规定的犯罪，则需承担刑事责任；而不满16周岁的未成年人，由于未达到法定的完全刑事责任年龄，则不追究其刑事责任。本文认为，中国的少年罪错这一概念应包括未成年犯罪、未成年严重不良行为和未成年不良行为。

而在国外的一些少年司法独立的国家中，少年罪错（juvenile delinquency）是非常笼统的概念。由于少年司法的保护性，少年法庭在对少年个案判决时，不会采用"盗窃罪""抢劫罪"等具体而带有"标签化"的罪名，而是出于保护目的，笼统地判处那些少年犯有"罪错行为"（Delinquency）。从司法意义上看，被少年法庭正式判定为犯有"罪错行为"，可以表明该少年的行为危害性较大。以美国为例，被判处"罪错行为"的一般包括：触犯联邦与各州刑法，地方管理条例，以及在某些情况下违犯少年法院法令的行为。其中，少年身份犯罪（Juvenile Status Offense）是美国少年司法中一种特殊的处置形式，其是否属于法律意义上的罪错行为现在仍存在争议。少年身份犯罪，即违反只针对少年这一特殊身份的相关法令，包括不服管教、逃学、离家出走、违犯烟酒药物的年龄禁令、违反宵禁令等损害少年身体、心理和道德健康的行为。美国少年司法与犯罪预防法案（Juvenile Justice and Delinquency Prevention Act）一直在倡导和推进少年身份犯与少年罪错的分离、身份犯的非监禁化处置。以美国德克萨斯州为代表的许多州法律定义身份犯罪不属于少年罪错行为，而应属于"需监管"（In need of supervision）行为。

　　除此之外，少年"罪错"还是一个广泛的社会概念。社会意义上的少年罪错包括许多问题行为，例如攻击行为、药物滥用、小额盗窃、危险性行为等，这些行为可能根本不会被报告或被警察所发现，但却预示着未来犯罪的高发风险，属于"虞犯"（Pre-delinquent）。而另一些概念例如反社会行为、品行障碍、攻击与暴力行为等，虽然不属于法律范畴的罪错行为，但却属于心理学、社会学意义上的越轨行为，也可归入少年罪错的范围，因为具有上述这些心理、行为问题的年轻人更易卷入少年司法系统。[1] 此外，美国的某些州将严重犯罪隔离在少年司法系统之外，也就是说，有些严重犯罪的犯罪主体虽然是"少年"，但其行为并不属于少年罪错。总体来看，域外的少年法律想要精确定义"少年罪错"，但结果并不尽如人意。以美国为

---

〔1〕　K. Heilbrun, N. Goldstein, R. Redding, *Juvenile delinquency: Prevention, assessment, and intervention*, Oxford University Press, 2005, p. 134.

例，美国的联邦法律和各州法律对少年罪错行为的定义均有出入，并且法律的定义仍不断随着立法的修改和法庭的解释而变化，可以说少年罪错是一个不精确的、广泛的概念，是一系列广泛的违反法律和规则的行为的总称。

（三）教育矫正与矫正教育

教育矫正，是社区矫正中一切有利于矫正对象改变犯罪心理与行为恶习，促进其知识、技能、身体健康和思想意识发展、提升，从而促使他们重归社会，促进他们未来发展的矫正与服务活动。矫正教育，是在社区矫正的过程中，以促进矫正对象再社会化为根本目标的系统性教育活动。[1]

教育矫正与矫正教育在许多研究中是混淆使用的，但事实上它们既有区别，又有联系。概括来看，这种区别主要在于它们根本性质和目的的不同：

中国的教育矫正是社区矫正的一项基本任务，同时也是一种矫正活动，因此对教育矫正的根本性质和目的的认识应服从于社区矫正的性质与目的。然而，现阶段我国对于社区矫正根本性质的认定仍旧存在模糊与争议。2019 年末，我国正式通过了《社区矫正法》，以此法通过为标志，对我国社区矫正根本性质的认定有了不同的认识。概括来说，在此法通过之前，我国一直在官方的法律文件中强调社区矫正的非监禁刑罚执行制度的根本属性。自 2003 年，中国最高人民法院、最高人民检察院、公安部、司法部（以下简称"两高两部"）联合颁布的《关于开展社区矫正试点工作的通知》（现已失效），到 2014 年颁布《关于全面推进社区矫正工作的意见》，这些重要文件中都明确规定并一直强调我国社区矫正工作的性质是"非监禁刑罚

---

〔1〕 马灵喜：《社区矫正教育研究》，载《中国司法》2015 年第 6 期。

执行活动"。然而，在新颁布的《社区矫正法》中，却对社区矫正的性质采取了模糊的处理，不仅没有明确表述社区矫正的法律性质，还在一些表述上对社区矫正的性质进行了进一步模糊处理。例如，《社区矫正法》将之前的文件中广泛采用"社区服刑人员"的表述改为了"社区矫正对象"。之前文件中的"服刑人员"明确表达了社区矫正就是刑罚执行的意思，但是，《社区矫正法》中采用了"社区矫正对象"的概念，这个概念中并没有包含社区矫正法律性质方面的内容，仅仅是一个客观描述的术语。[1]

对于社区矫正根本性质的争议与认识不清，将在多方面对社区矫正后续工作产生限制与消极影响。基于此，结合我国社区矫正的历史经验、主流学术观点与对法条的分析，本书仍旧主张我国社区矫正的根本法律性质就是刑罚执行。那么，从属于社区矫正的社区教育矫正，也应具有刑法执行的性质，社区教育矫正的目的和规律也应服从于我国刑罚执行的目的和规律。其中，强制性是刑罚执行的一个重要特征。社区教育矫正的强制性主要体现在两个方面：其一，矫正机构必须依法开展教育矫正；其二，矫正对象必须接受教育矫正。从这一层面上看，社区教育矫正与监禁矫正没有本质区别。但是，社区教育矫正所具有的人道性、社会性、福利性等特征，又使它区别于传统意义上的刑罚执行活动。

而矫正教育，本质上是一种区别于普通教育的特殊教育，是在特殊的环境下，针对特殊对象，具有特殊的目的和任务的教育。[2] 因此，矫正教育具有教育活动的共性，遵循教育的规

---

〔1〕 吴宗宪：《再论社区矫正的法律性质》，载《中国司法》2022年第1期。

〔2〕 高莹主编：《矫正教育学》，教育科学出版社2007年版，第7～8页。

律和原则。矫正教育不是刑罚，不具有惩罚性，不是由于犯罪而必须在法律上承担的责任，更不是打着"教育"旗号的"思想刑罚"，因而也不应具有强制性。因此，不论矫正教育的方法、形式与内容如何，其核心价值不是惩戒和规训，而是帮助和教化，是在尊重矫正教育对象的主体性、自主性基础之上的教育活动。

因此，本文认为，中国的教育矫正在本质上是刑罚的执行活动，具有刑罚的性质和目的；而矫正教育则是一种特殊教育活动，遵循教育的目的和规律，这是其二者的根本区别。

在域外，情况又有所不同。在英文中，"社区矫正"并不是严谨的法律词汇，而是一种笼统的表述。1996 年，美国矫正协会（American Correction Association，ACA）下属的社区矫正委员会（ACA's Community Corrections Committee）在一次会议上提出了社区矫正的定义，认为"社区矫正是通过提供制裁和服务来促进公共安全并使被害人和被告人处在社区中的司法制度的组成部分。"[1] Joan Petersilia 认为社区矫正具有多重意义，它是一种法律状态，一类监禁替代措施，一种服务提供机制和一种组织实体。[2] 目前，中国的学者倾向于用"刑罚执行活动"或"刑事执法活动"来定义西方的社区矫正。例如，吴宗宪给出了西方国家社区矫正的综合性定义，认为"社区矫正就是依法在社区中对犯罪人实施惩罚和提供帮助，以促进其过守法生活的

---

〔1〕 D. Evans，"Defining Community Corrections"，*Corrections Today*，1996，58（6）：p. 125.

〔2〕 吴宗宪主编：《未成年犯矫正研究》，北京师范大学出版社 2012 年版，第16 页。

刑罚执行活动。"[1] 而刘强则认为，美国社区矫正的法律属性是一种刑事执法活动。[2] 这些概念大部分指广义的社区矫正。然而必须看到的是，域外多国的少年司法体系独立于成人刑事司法体系之外，至少在美国的少年司法系统中，社区矫正并不是刑罚执行或刑事执法活动。美国的少年司法体系建立在国家亲权理念与康复主义矫正观的基础上，主张维护罪错少年的最大利益，甚至有人激进的指出，罪错少年只需要治疗与康复而并不需要惩罚。在这一前提下，少年司法过程被认为是"非刑事"的，因而经由少年法庭所判处的社区矫正自然也不具刑罚性质。对此，美国法学界普遍采用语焉不详的"处置"（disposition）来定义对罪错少年的社区矫正，而并非成人刑事司法体系中所用的"刑罚"（punishment）。

康复主义哲学是美国少年司法和罪错少年社区矫正的基础和主流价值观，其主张对罪错少年施以康复（rehabilitation）和矫治（treatment）而不是惩罚，这与中国社区矫正的核心任务——教育矫正非常相似。虽然目前许多学者对域外少年司法制度诟病已久，认为其矫正哲学在"康复"与"惩罚"之间摇摆不定，有时甚至打着"康复"的旗号施行"惩罚"之实。但不可否认的是，康复主义才是域外独立的少年司法的根本理论基础，也是其少年司法制度与成人刑事司法制度的根本差异所在。但这并不代表域外的少年司法中没有惩罚存在，简单来说，惩罚是对罪错少年既往罪行的回应，惩罚促使罪错少年对自己曾经的罪错行为负责，并对其他的罪犯产生一定威慑作用，从

[1] 吴宗宪：《社区矫正比较研究（上）》，中国人民大学出版社2011年版，第4页。
[2] 王顺安：《社区矫正理论研究》，中国政法大学2007年博士学位论文。

而保护社会；而康复则是对被矫正的罪错少年即时状态的一种回应，无关他以前的罪行，因而不具有惩罚性，目的在于促进其未来的福祉。域外罪错少年社区矫正中的康复措施（rehabilitation），包括所有的矫治、教育、发展性服务与帮助等，实则都可以理解为广义的社区教育矫正。

而域外的矫正教育（correctional education），有时特指监狱中的教育。按照美国教育部（U. S. Department of Education）[1]的定义，矫正教育主要指为服刑人员提供的教育性服务，包括学历教育、职业教育等。按照美国矫正教育协会（Correctional Education Association）[2]的定义，教育是一种有效的矫正项目，使司法系统中的少年和成人重新以一种积极的方式定义他们的价值、目标与生活重心，同时获得重归社会所需要的个人的、社会的、技术的能力。因此，与我国相似，美国的矫正教育也是教育性活动，只是其教育对象限于处在司法矫正系统内的罪犯和罪错少年等，教育内容也有一定特殊性和针对性。可以说，矫正教育是教育矫正的方法和手段之一。

（四）社区教育矫正

社区教育矫正是指在社区内，由社区矫正机关与工作人员，以各种方式结合有关部门与社会力量，针对社区矫正对象实施的教育矫正活动。

教育矫正是我国社区矫正的基本任务之一。2014 年，两高两部联合发布了《关于全面推进社区矫正工作的意见》（以下简

---

〔1〕 A. Duncan, Community-Based Correctional Education. US Department of Education, 2011, p. 5.

〔2〕 Correctional Education Association. CEA Strategy Plan ［EB/OL］. http：// www. ceanational. org/plan. htm, 2018-04-03.

称《意见》），指出"严格执行刑罚，加强监督管理、教育矫正和社会适应性帮扶，是社区矫正的基本任务，也是全面推进社区矫正工作的前提和条件。"其中再次强调了教育矫正是社区矫正的基本任务之一。关于教育矫正，《意见》中还指出，"要切实加强教育矫正。认真组织开展思想道德、法制、时事政治等教育，帮助社区服刑人员提高道德修养，增强法制观念，自觉遵纪守法。要组织开展社区服务，培养社区服刑人员正确的劳动观念，增强社会责任感，帮助他们修复社会关系，更好地融入社会。大力创新教育方式方法，实行分类教育和个别教育，普遍开展心理健康教育，做好心理咨询和心理危机干预，不断增强教育矫治效果。建立健全教育矫正质量评估体系，分阶段对社区服刑人员进行评估，并及时调整完善矫正对策措施，增强教育矫正的针对性和实效性。"2014 年 5 月，全国社区矫正工作会议提出"要坚持科学矫正，把集中教育与个别教育、分段教育与分类教育、心理矫正与行为矫正结合起来，增强教育矫正实效，提高教育矫正工作质量。"

2019 年，我国的《社区矫正法》正式颁布，其中第五章为教育帮扶专章，专章中第 36 条规定：

"社区矫正机构根据需要，对社区矫正对象进行法治、道德等教育，增强其法治观念，提高其道德素质和悔罪意识。对社区矫正对象的教育应当根据其个体特征、日常表现等实际情况，充分考虑其工作和生活情况，因人施教。"

在《意见》中可见我国教育矫正的内容和方法广泛多样：在内容上，包括但不限于思想道德教育、法制教育、社区服务、心理与行为矫正、文化与职业技能教育等；在方法上，包括集中教育与个别教育、分段教育与分类教育、心理矫正与行为矫正，以及教育效果评估等。但是在《社区矫正法》中却并没有对教育矫正的内容与方式等进行更加详细的界定，反而只是一掠而过，这也说明我国的教育矫正仍需更深入的实践探索。

与教育矫正非常相关的、社区矫正中的另一项基本任务是帮困扶助。在《意见》中，帮困扶助是与监督管理、教育矫正并列的社区矫正的三大基本任务之一。相比于教育矫正，可以说，教育矫正侧重对矫正者思想和行为的改造，而帮困扶助则侧重解决矫正者回归社会过程中遇到的现实问题。在实践过程中，教育矫正和帮困扶助之间存在交叉。例如，心理健康教育和职业教育均为教育矫正的重要内容；同时，心理辅导和就业培训又是社会适应性帮扶的重要内容。因此，中国的社区教育矫正和帮困扶助之间的界限不是完全分明的，一些形式的帮困扶助也可以归为教育矫正之类。正因如此，《社区矫正法》将先前的教育矫正与帮困扶助的提法合而为一，不再做具体区分，社区矫正的基本任务变为了监督管理与教育帮扶两项。

对于罪错青少年而言，教育矫正的意义更为重要。新修订后的《未成年人保护法》第七章司法保护中，第 113 条第 1 款规定，"对违法犯罪的未成年人，实行教育、感化、挽救的方针，坚持教育为主、惩罚为辅的原则。"而社区教育矫正，正是我国矫正罪错少年心理与行为恶习，使其再社会化，实现"改造人"这一目标的主要手段。而对于罪错少年的教育矫正，也不同于成年人。未成年人生理和心理发展不成熟，认知水平低，依附性强，同时也更有可能发生与适应积极转变。因此，未成年人需要较成年人更多的关心和帮助，以及特殊的、适应其身心发展的教育方式和教育内容。

美国罪错少年社区矫正中，以促进罪错少年未来福祉为根本目的的康复措施（rehabilitation），包括所有的矫治、教育、治疗性、发展性服务与帮助等，都可以理解为广义的社区教育矫正。

四、研究现状

本书旨在对国内外的罪错少年社区教育矫正研究与实践进行系统概观地介绍、分析与评价，因而对研究现状的梳理应包括国内与国外各自的社区矫正、罪错少年社区教育矫正的相关研究，更应特别关注国内外罪错少年社区教育矫正情况的比较研究。

（一）中国的研究现状

1. 中国社区矫正的研究现状

社区矫正的研究，是中外罪错少年社区教育矫正比较研究的重要基础。自 2003 年我国开始试行社区矫正试点工作以来，我国社区矫正的相关研究大幅上升，并呈现出逐年上升的总体趋势。[1] 在研究视角方面，绝大部分研究立足于法学的框架之内，这显著表现为研究作者、研究机构的法学倾向。例如，在社区矫正领域有影响力的作者，如北京师范大学法学院的吴宗宪、中国政法大学的王顺安、上海政法学院的姚建龙、上海大学法学院的刘强、上海政法学院的武玉红等人都是法学领域的专家学者；在有影响力的研究机构中，西南政法大学、华东政法大学、中国政法大学、中央司法警官学院、上海政法学院等政法类院校占据绝对的主要位置。[2]

这种趋势也决定了研究内容方面的法学倾向性，研究内容

---

〔1〕　截至 2023 年 12 月，在中国知网（CNKI）以"社区矫正"为关键词进行精确题名检索，可得到 7450 条结果，其中 2003 年前的研究只有 1 篇。查看相关论文的发表年度趋势图，发现自 2003 年后，相关研究数量大幅上升，并呈逐年上升的总体趋势。

〔2〕　这些结论来自于在 CNKI 中以"社区矫正"为检索词，而后对检索结果进行分析所得到的结果。

以社区矫正的基本理论和制度研究为主，主要包括：

第一类，社区矫正的基本理论研究，包括社区矫正的概念界定、性质思辨、目的与功能、意义与价值、历史溯源、学理和法理基础研究等，这些研究关系着对我国社区矫正的根本性认识。例如，康树华的《社区矫正的历史、现状与重大理论价值》[1]，王顺安的《社区矫正理论研究》[2]，史柏年的《刑罚执行与社会福利：社区矫正性质定位思辨》[3]等。

第二类，社区矫正制度的研究，大多以我国或域外现行的社区矫正制度为研究内容，例如社区矫正的法律基础、政策导向、机构架设、工作范围、程序规定等，这类研究往往采取较为整体宏观的视角，旨在为我国构建更完善的社区矫正制度，往往包含对策研究等。例如，郭建安、郑霞泽等人的《略论改革和完善我国的社区矫正制度》[4]，司法部社区矫正制度研究课题组的《改革和完善我国社区矫正制度之研究（上、下）》[5][6]，王维的《社区矫正制度研究》[7]等。

第三类是社区矫正的导论、概论、通论式研究，这类研究往往以系统、综合的视角研究社区矫正的基本问题，既包含理

〔1〕 康树华：《社区矫正的历史、现状与重大理论价值》，载《法学杂志》2003 年第 5 期。

〔2〕 王顺安：《社区矫正理论研究》，中国政法大学 2007 年博士学位论文。

〔3〕 史柏年：《刑罚执行与社会福利：社区矫正性质定位思辨》，载《华东理工大学学报（社会科学版）》2009 年第 1 期。

〔4〕 郭建安、郑霞泽：《略论改革和完善我国的社区矫正制度》，载《法治论丛》2003 年第 3 期。

〔5〕 司法部社区矫正制度研究课题组：《改革和完善我国社区矫正制度之研究（上）》，载《中国司法》2003 年第 5 期。

〔6〕 司法部社区矫正制度研究课题组：《改革和完善我国社区矫正制度之研究（下）》，载《中国司法》2003 年第 6 期。

〔7〕 王维：《社区矫正制度研究》，西南政法大学 2006 年博士学位论文。

论也包含实务，例如郭建安、郑霞泽主编的《社区矫正通论》[1] 是中国最早的一部社区矫正专著，此外还有连春亮主编的《社区矫正理论与实务》[2]，吴宗宪主编的《社区矫正导论》[3]，高莹主编的《社区矫正工作手册》[4] 等。

　　教育矫正是我国社区矫正的核心与基本任务，它的内涵决定其处于学科交叉的位置，不仅涉及法学意义上的社区矫正，还涉及矫正教育学、心理学、社会工作等多个学科的理论和实务操作上的专业方法与技术。相对于机构内矫正，社区教育矫正的实施主体，矫正对象，矫正程序、内容、方法等都存在一定特殊性。目前，关于社区教育矫正的专门研究不多，高莹[5]对社区教育矫正的特点、原则、意义，以及分阶段教育、分类教育等中国现行的教育矫正实践做了系统性介绍。此外还有欧渊华的《社区服刑人员教育矫正理论与实务》[6]，以及基于上海市社区矫正实践的《上海市社区服刑人员个性化教育矫正的理论与实践》[7] 和《上海市青少年社区服刑人员教育矫正的理论与实践》[8] 等。

　　综合来看，目前我国关于社区矫正基本理论和制度的研究

---

〔1〕　郭建安、郑霞泽主编：《社区矫正通论》，法律出版社 2004 年版。

〔2〕　连春亮主编：《社区矫正理论与实务》，法律出版社 2010 年版。

〔3〕　吴宗宪主编：《社区矫正导论》，中国人民大学出版社 2011 年版。

〔4〕　高莹：《社区矫正工作手册》，法律出版社 2011 年版。

〔5〕　高莹：《社区矫正工作手册》，法律出版社 2011 年版，第 249~284 页。

〔6〕　欧渊华：《社区服刑人员教育矫正理论与实务》，中国法制出版社 2016 年版。

〔7〕　朱久伟、李光勇主编：《上海市社区服刑人员个性化教育矫正的理论与实践》，法律出版社 2012 年版。

〔8〕　朱久伟、姚建龙主编：《上海市青少年社区服刑人员教育矫正的理论与实践》，法律出版社 2011 年版。

较多，立足法学视角的研究较多，对社区教育矫正的研究相对较少，在研究领域存在一定的"重理论，轻实践"的趋势。当然这种趋势也有一定的历史原因，当社区矫正刚刚进入中国，首要的问题一定是其基本理论和制度等宏观和基础性的问题，但伴随着发展，研究应愈加重视教育矫正问题，特别是具体的方法与技术问题，以便指导实践，提升社区矫正的效率和效果，避免研究内容上的"纸上谈兵"，"虎头蛇尾"。

2. 中国罪错少年社区教育矫正的研究现状

罪错少年社区教育矫正的研究，在广义的社区矫正研究的基础上，将研究的目标群体限定于"罪错少年"群体，研究的对象限定于社区矫正中的核心与基本任务——教育矫正。

罪错少年是一类非常特殊的群体。因此，想要有效的矫正罪错少年，首先要提高对这个群体本身的了解。2013年中国预防青少年犯罪研究会对中国10个省、直辖市的未成年犯情况进行了调研，在路琦[1]等人的报告中，勾勒出了目前中国未成年犯群体的概况特征：低龄化，文化程度低，农村籍、无业闲散未成年多，其父母贫困和文化程度低的比例较高，性格自大、暴躁、偏执、抑郁、自卑等。张远煌[2]等人以3省市的未成年犯问卷调查为基础，总结出了现阶段中国未成年犯罪的新趋势，包括重复犯罪趋势，团伙化、暴力化、预谋化犯罪的趋势，以及未成年犯受教育程度提高等新特点。了解罪错少年这一群体，是进行针对性的、正确有效的教育矫正的前提与基础。

---

〔1〕 路琦、董泽史等：《2013 年我国未成年犯抽样调查分析报告（上）》，载《青少年犯罪问题》2014 年第 3 期。

〔2〕 张远煌、姚兵：《中国现阶段未成年人犯罪的新趋势——以三省市未成年犯问卷调查为基础》，载《法学论坛》2010 年第 1 期。

　　基于罪错少年的特殊性，许多研究者也开始对罪错少年适合的司法处置与矫正方式展开研究。例如，赵志宏的《未成年人违法犯罪处置措施研究》[1]，吴宗宪主编的《未成年犯矫正研究》[2]，姚建龙的《青少年犯罪与司法论要》[3] 等。这些研究中极为重要的一项，就是对罪错少年专门的司法处遇理念和原则作出厘清与研究。这类研究从国际和国内的法律、制度、政策、公约准则中提取专门与少年相关的基本精神，兼顾少年特殊的生理、心理特征和法律地位，将少年与成年人进行区分，为我国罪错少年的矫正奠定前提基调。例如，赵秉志[4]以《国际人权法》为参考，认为非刑罚处罚措施更能适应未成年人的身心特点，消除刑罚不利影响。姚建龙[5]通过分析国际和国内的相关公约与法律，指出了未成年人犯罪非监禁化理念的共识，其中行刑社会化的重要方面就是推进社区矫正替代监禁矫正。皮艺军[6]总结了少年司法的 6 种理念，分别是少年特殊保护理念、国家亲权理念、"儿童利益最大化"理念、"双向保护"原则、"柔性司法"理念、"教育为主，惩罚为辅"的原则，并与中国实践相对接。吴宗宪[7]则提出了未成年人矫正的一些基本原则，包括惩罚与成长兼顾的原则、说服与管束兼顾的原则、

〔1〕　赵志宏：《未成年人违法犯罪处置措施研究》，群众出版社 2011 年版。
〔2〕　吴宗宪主编：《未成年犯矫正研究》，北京师范大学出版社 2012 年版。
〔3〕　姚建龙：《青少年犯罪与司法论要》，中国政法大学出版社 2014 年版。
〔4〕　赵秉志：《当代中国刑罚制度改革论纲》，载《中国法学》2008 年第 3 期。
〔5〕　姚建龙：《未成年人犯罪非监禁化理念与实现》，载《政法学刊》2004 年第 5 期。
〔6〕　皮艺军：《中国少年司法理念与实践的对接》，载《青少年犯罪问题》2010 年第 6 期。
〔7〕　吴宗宪：《试论未成年犯矫正的基本原则》，载《青少年犯罪问题》2010 年第 1 期。

教育与训练兼顾的原则、控制与疏泄兼顾的原则、改造与娱乐兼顾的原则、要求与满足兼顾的原则以及突出重点和注意节奏的原则等。对这些少年司法相关的理念、原则、趋势的研究与了解，为我国构建合理有效的少年社区矫正制度奠定了基础。

通过系统地研究与比较，研究者们开始倾向于使用非监禁的社区矫正，认为在我国开展社区矫正，建立符合国情的未成年人社区矫正制度有重要意义。王顺安、甄宏[1]在参考了英、美、日的未成年犯社区矫正项目后，认为我国应建立梯形结构的、切实可行的未成年犯社区矫正项目体系，包括：第一阶梯，教育性和非监管性的社区矫正项目；第二阶梯，不限制人身自由的监管性社区矫正项目；第三阶梯，限制人身自由的监管性社区矫正项目等。莫晓宇、蒋潇锋[2]则从矫正主体、矫正项目、矫正方法三方面入手，尝试完善我国未成年犯社区矫正体系，包括引入学校力量进行矫正，引进国外的先进矫正项目，完善社区矫正工作方法如心理治疗、个案工作、小组工作等。

在社区矫正中，社区教育矫正是最重要的矫正手段。一部分研究系统地阐述了罪错少年社区教育矫正，例如吴宗宪[3]从教育帮助、职业帮助、心理帮助、生活帮助等四方面，系统地介绍了对未成年社区服刑人员的社区教育矫正[4]。另有一些研

---

〔1〕 王顺安、甄宏：《试论我国未成年犯社区矫正项目体系之构建》，载《青少年犯罪问题》2005 年第 1 期。

〔2〕 莫晓宇、蒋潇锋：《论我国未成年犯社区矫正体系的完善》，载《青少年犯罪问题》2006 年第 2 期。

〔3〕 吴宗宪主编：《未成年犯矫正研究》，北京师范大学出版社 2012 年版，第 501~517 页。

〔4〕 吴宗宪认为"帮助"是一种有效的社区矫正措施，它具有双重性质：首先，帮助是执法活动的重要组成部分；其次，是社区矫正的重要内容。这里所说的"帮助"，内涵大致等同于本文的"社区教育矫正"。

究致力于发展和创新适合我国的罪错少年社区教育矫正。例如，许芸[1]认为，罪错少年的社区矫正应为刑罚执行与社会工作的统一，应运用社会工作的价值理念开展社区矫正工作。李君春[2]设计了以自我控制为主题的团体训练课程，对暴力攻击型未成年犯进行干预，结果显示经过干预的未成年犯在约束攻击行为方面发生积极变化，吵架及打架行为减少，人际关系较和谐。周琳[3]研究了思想政治教育对少年犯的实效性，认为现阶段针对少年犯的思想政治教育存在内容陈旧、方法单一，施教主体自身素质不高等问题，因此应创新少年犯思想政治教育的方法，以心理咨询辅助思想政治教育等。

（二）域外的研究现状

1. 域外社区矫正的研究现状

英语中社区矫正有多种表达方式，包括 community corrections，community-based corrections 等。由于语言习惯不同，有时也直接用社区矫正最主要的两种形式，即保护观察—probation 和假释—parole 来表示。当特指少年司法中，针对罪错少年的社区矫正时，也常用 rehabilitation 及 treatment 等带有医学意味的词语表示。根据 Web of Science 的检索结果分析得知，美国在罪错少年社区矫正方面的研究在整个英语研究中处于重要地位。在研究数量上，美国的研究至少占相关英语研究的 50% 左右，加拿大、英国、德国的研究数量紧随其后。

---

〔1〕　许芸:《我国未成年人违法犯罪的社区矫正模式研究》，南京师范大学2005 年硕士学位论文。

〔2〕　李君春:《暴力攻击型未成年犯自我控制的团体训练研究》，华东师范大学 2005 年硕士学位论文。

〔3〕　周琳:《少年犯思想政治教育的实效性研究》，南昌大学 2009 年硕士学位论文。

在研究机构上，加州大学系统、佛罗里达州立大学系统、马里兰州大学系统等发表的相关研究较多。同时，不可忽视的是国外政府和法院系统中的研究机构，例如美国司法部下属的司法统计局（BJS）和少年司法与犯罪预防办公室（OJJDP）等，他们发布的统计数据和研究报告往往是重要的研究内容和证据。例如，BJS 会每年发布美国年度矫正人口统计报告，以及保护观察与假释人口统计报告等[1]；美国国家少年司法中心（NCJJ）和 OJJDP 针对罪错少年联合发布的少年法庭年度统计报告：Juvenile Court Statistics[2]，通过对美国少年法院系统的年度数据进行统计分析，来揭示美国少年社区矫正的状况；美国教育部发布的社区教育矫正报告 Community-based Correctional Education[3]系统地研究了美国社区教育矫正的效果，并指出社区矫正本身没有作用，起作用的是融入其中的矫治服务和其他支持，因此根据个人需求，为社区矫正服刑人员提供教育矫正和其他支持是经济高效的提高公共安全与减少重犯的方法。

在研究视角方面，与中国"一边倒"的法学视角不同，国外的社区矫正研究视角呈现多样化，除了犯罪学、刑罚学以及广义法学外，还包括临床心理学、精神病学、应用心理学、特殊教育、社会学、社会工作、女性及家庭研究等多种研究视角。这充分表明，在国外的相关研究中，社区矫正不仅仅是一个法学问题，更是一个心理学、教育学和社会问题。

---

〔1〕 Correctional Populations in the United States ［EB/OL］. https：//www. bjs. gov/index. cfm? ty=tp&tid=15, 2018-04-03.

〔2〕 NCJJ. Juvenile Court Statistics ［EB/OL］. https：//www. ncjj. org/publications. aspx? mode=tags&SearchText=Juvenile%20Court%20Statistics, 2018-04-03.

〔3〕 A. Duncan, Community-Based Correctional Education. US Department of Education, 2011.

　　B. J. McCarthy 和 B. R. McCarthy 等人的专著 Community -
based Corrections[1]1984 年首次出版，属于出版时间较早、影响
力较大的社区矫正专著，多次再版，书中系统地介绍了美国的
社区矫正，包括转处项目、审前释放项目、保护观察、赔偿与
社区服务项目、中途之家、假释等在内的社区矫正形式，并着
重关注了女性、少年、物质成瘾犯等群体的特殊需求，以及应
对这些需求的矫正项目设计等。随着矫正研究的不断发展。国
外的相关研究的前沿逐渐转向了循证矫正实践（evidence-based
practice），即"什么起作用"（what works）。如 F. S. Taxman[2]
等人的专著就系统性地介绍了如何在社区矫正和物质成瘾治疗
的环境中实施循证实践（evidence-based practice），包括两个概
念模型的建立：第一个模型旨在识别和选择那些循证实践；第
二个模型是跨部门的实施模型，旨在促进这些循证实践在社区
矫正的环境中有效地实施。

　　由于循证矫正的兴起，在研究的方法上，国外采用实证方
法的研究比例较高。研究者们普遍相信，通过严谨的实证研究，
就可以寻找和验证那些在社区矫正中真正有效的实践。而近年
来又兴起元分析（meta-analysis）方法和系统回顾研究（system
review），即对现有实证文献进行再次统计分析，从而得到真实
的相关关系和综合的结论。以实证研究为基础，元分析和系统
回顾研究在目前美国社区矫正研究中也发挥了很大作用。例如，

　　〔1〕　B. R. McCarthy, M. C. Leone, B. J. McCarthy, *Community - based corrections*,
Wadsworth, 2000.
　　〔2〕　F. Taxman, S. Belenko, *Implementing Evidence-Based Practices in Community
Corrections and Addiction Treatment*, Springer New York, 2012.

P. Gendreau 等人[1]对成年犯的再犯预测因子进行了元分析，他们分析了 131 个现有研究中提出的 1141 种与再犯相关的因素，发现最强的预测因子包括犯罪性需求，犯罪历史或反社会行为历史，社会成就，年龄、性别、种族，以及家庭因素。Lipsey 和 Cullen[2]对美国当时所有相关的系统回顾研究进行了回顾，结果发现，惩罚性的方法，如监督和制裁等，在预防再犯方面作用较为微弱，有时甚至起到反作用；而康复矫治性的方法，则一致表现出了较大的积极作用。

2. 域外罪错少年社区教育矫正的研究现状

域外诸多国家，如少年司法制度的发源地——美国，以及德国、日本等国都具有独立的少年司法系统，并且非常注重在司法过程中将罪错少年与成年犯隔离。以美国为例，可以说，美国的少年司法系统与成人刑事司法系统有截然不同的目的、理念、原则和方法等。社区矫正已成为美国应对罪错少年最主要的矫正方式，设施内矫正仅在万不得已的情况下作为最后一种方式使用。长久以来，康复主义矫正观是美国少年矫正中绝对的主流，因此，在特定的少年司法语境下，矫正通常用带有医学意味的 rehabilitation（康复）或 treatment（治疗）表示，而非 corrections（矫正）。这些矫正内容一般并不具有惩罚性，也就是我国所讲的社区教育矫正。目前，美国罪错少年社区矫正主要包括以下几个研究热点：

首先，是罪错少年自身特点的研究，以及他们的特点对其

---

〔1〕 P. Gendreau, T. Little, C. Goggin, "A meta-analysis of the predictors of adult offenders recidivism: what works!", *Criminology*, 1996, 34（4）: pp. 575−608.

〔2〕 M. Lipsey, F. Cullen, "The Effectiveness of Correctional Rehabilitation: A Review of Systematic Reviews", *Social Science Electronic Publishing*, 2007, 3（3）: pp. 297−320.

处置方式和矫正的影响。例如 G. A. Wasserman 等人[1]调查分析了保护观察少年的所患精神障碍的性别差异，结果显示，在这些保护观察少年中，女性伴有焦虑障碍和情感障碍的风险更高。G. S. Bridges 等人[2]认为罪错少年的种族差异，例如白人和少数族裔差异，会导致保护观察官对其犯罪归因的差异，进而影响对他们再犯风险的评估和处置建议。D. C. Murrie 等人[3]研究了精神病、品行障碍等污名化的诊断性标签是否会对保护观察官处置建议产生影响，结果发现诊断性标签并不会影响保护观察官的建议，反而是一些潜在的个人特质，例如反社会行为史，对保护观察官的建议影响更大。

其次，是矫正中的预测指标与评估方法类研究。国外的罪错少年社区矫正大多是循证的、个体化的。因此，不管是应对罪错少年个体的风险与需求，以便找到最适当的矫正方法，还是通过矫正前后的指标测量，来评价一项矫正是否有效，都离不开预测与评估。再犯风险（recidivism）的评估可以说是其中的核心。C. C. Cottle 等[4]通过元分析的方法对罪错少年再犯风险进行预测，发现再犯风险最强的预测因子是犯罪历史，较强

---

〔1〕　G. Wasserman, L. Mcreynolds , S. Ko, et al. "Gender differences in psychiatric disorders at juvenile probation intake", *American Journal of Public Health*, 2005, 95（1）: pp. 131-137.

〔2〕　G. Bridges, S. Steen, "Racial Disparities in Official Assessments of Juvenile Offenders: Attributional Stereotypes as Mediating Mechanisms", *American Sociological Review*, 1998, 63（4）: pp. 554-570.

〔3〕　D. Murrie, D. Cornell, W. McCoy, "Psychopathy, Conduct Disorder, and Stigma: Does Diagnostic Labeling Influence Juvenile Probation Officer Recommendations?", *Law and Human Behavior*, 2005, 29（3）: pp. 323-342.

〔4〕　C. Cottle, R. Lee, K. Heilbrun, "The prediction of criminal recidivism in juveniles: A meta-analysis", *Criminal Justice and Behavior*, 2001, 28（3）: pp. 367-394.

的预测因子还有家庭问题、无效使用闲暇时间、越轨同伴、行为问题等。S. J. Funk[1] 发现男性少年犯与女性少年犯的再犯风险因素有较大性别差异。L. S. McReynolds 等[2] 研究了精神障碍对少年再犯的影响，发现有物质滥用和情感障碍的女性罪错少年的再犯风险是无障碍女性的 4 倍，患相同障碍的男性罪错少年的再犯率则是非障碍男性的 2 倍。

最后，是罪错少年社区矫正的循证实践（evidence－based practice）研究。目前，国外在社区矫正中采用具有证据基础的循证实践已经是一种普遍趋势。M. W. Lipsey 等人[3] 的报告，系统地研究了用循证实践的观点提高美国少年司法项目的有效性，报告指出了将研究证据转化为实践的主要的三种方式：一是直接对正在实施的项目进行评估，来确认其是否有效；二是忠诚地复制和实施那些权威来源的、已被证明有效性的范例项目；三是采用那些被元分析方法证明基本有效的那一类项目，如功能性家庭治疗（Functional Family Therapy, FFT），进攻替代治疗（Aggression Replacement Therapy）等，都是影响力较大的循证矫正项目种类。

（三）中外比较研究的现状

在中国社区矫正的相关研究中，比较研究具有非常关键的地位。这是由我国的历史原因决定的：我国的刑罚结构较为传统，

---

[1] S. Funk, "Risk Assessment for Juveniles on Probation", *Criminal Justice and Behavior*, 1999, 26 (1): pp. 44-68.

[2] L. McReynolds, C. Schwalbe, G. Wasserman, "The Contribution of Psychiatric Disorder to Juvenile Recidivism", *Criminal Justice and Behavior*, 2010, 37 (2): pp. 204-216.

[3] M. Lipsey, J. Howell, M. Kelly, et al. "Improving the effectiveness of juvenile justice programs: A new perspective on evidence-based practice". *Center for Juvenile Justice Reform*, 2010.

以监禁刑为主，直至 2003 年才开始社区矫正试点工作，2009 年全国推广，历史较短、较为缺乏经验；而国外自 18 世纪已出现了社区矫正的萌芽。因此，特别是在我国开始社区矫正试点工作的初期，许多相关研究都会部分参考和借鉴外国的社区矫正经验。在这种趋势下，产生了诸多域外社区矫正的翻译性、转介性与比较性著作与研究。美国是我国进行借鉴与比较的主要对象。

其中，纯翻译性著作如龙学群译，美国克莱门斯·巴特勒斯著作的《罪犯矫正概述》[1]；高维俭译，美国玛格丽特·K. 罗森海姆等编的《少年司法的一个世纪》[2] 等。转介性著作则一定程度上融入了作者自身的思考和观点，通过转介别国的先进内容，为我国的理论与实践进行服务。例如刘强编著的《美国社区矫正的理论与实务》[3] 和《美国犯罪未成年人的矫正制度概要》[4]，周国强的《国外社区矫正的理论基础及其发展评估》[5] 等都对美国的社区矫正理论、制度等做出了较为系统的介绍，并为我国的社区矫正发展提出了建议。

而比较研究不满足于对国外经验简单地模仿与借鉴，更加注重通过比较，分析现象异同背后深层次的原因。从比较的对象来看，我国选择的比较对象大多是发达国家，美国是我国比

---

〔1〕　［美］克莱门斯·巴特勒斯：《罪犯矫正概述》，龙学群译，群众出版社 1987 年版。

〔2〕　［美］玛格丽特·K. 罗森海姆等编：《少年司法的一个世纪》，高维俭译，商务印书馆 2008 年版。

〔3〕　刘强编著：《美国社区矫正的理论与实务》，中国人民公安大学出版社 2003 年版。

〔4〕　刘强编著：《美国犯罪未成年人的矫正制度概要》，中国人民公安大学出版社 2005 年版。

〔5〕　周国强：《国外社区矫正的理论基础及其发展评估》，载《江苏大学学报（社会科学版）》2005 年第 3 期。

较的最主要的对象之一。此外，例如北美的加拿大，欧洲的英国、德国，大洋洲的澳大利亚，亚洲的日本等都是常见的比较对象。例如郭建安、郑霞泽主编的《社区矫正通论》[1] 是中国最早的一部社区矫正专著，其中既包括对外国社区矫正系统的转介性内容，也包括社区矫正概念、种类、历史沿革方面的中美比较，并以此为基础探讨了我国社区矫正的发展问题。王顺安的《社区矫正理论研究》[2] 也对中外社区矫正的历史、现状及特点进行了简要对比。此外，吴宗宪的《社区矫正比较研究》[3]，就系统地对比了亚洲、欧洲、北美和大洋洲各主要国家的社区矫正情况，可以说是目前国内最为全面详尽的社区矫正比较研究著作，包含少年社区矫正专章。但比较遗憾是，该著作并未将中国的社区矫正加入比较，而主要研究外国间的社区矫正比较。

由于美国是世界上最早实行社区矫正的国家之一，国内中美比较研究尤其较多。例如，翁里的《中美"社区矫正"理论与实务比较研究》[4]，赵波的《中美两国社区矫正比较研究》[5]，顾程雯的《中美社区矫正制度比较研究》[6] 等。

在罪错少年社区矫正方面，我国的比较研究较少，如桑爱

---

〔1〕 郭建安、郑霞泽主编：《社区矫正通论》，法律出版社 2004 年版。

〔2〕 王顺安：《社区矫正理论研究》，中国政法大学 2007 年博士学位论文。

〔3〕 吴宗宪：《社区矫正比较研究（下）》，中国人民大学出版社 2011 年版。

〔4〕 翁里：《中美"社区矫正"理论与实务比较研究》，载《浙江大学学报（人文社会科学版）》2007 年第 6 期。

〔5〕 赵波：《中美两国社区矫正比较研究》，载《理论月刊》2011 年第 9 期。

〔6〕 顾程雯：《中美社区矫正制度比较研究》，载《法制博览（中旬刊）》2013 年第 10 期。

英的《未成年人社区矫正制度比较研究》[1] 中就包含中美比较的内容。而专门的社区教育矫正方面的比较研究更是寥寥无几。目前类似的研究有诸如吴海航等人的《日本虞犯少年矫正教育制度对我国少年司法制度的启示》[2]，苏春景等人的《中国与英国社区矫正教育比较分析》[3] 等，关注中美罪错少年社区教育矫正的研究极少。

　　总体来看，目前我国社区矫正比较研究中，存在一定的"重介绍，轻比较"的趋势，介绍各国概况的研究多，系统性的比较研究少；此外，社区矫正理论和制度的比较研究多，针对罪错少年社区矫正的比较研究，往往以少年司法制度或矫正制度的比较为重点，关注于教育矫正的比较研究较少。

　　在英语的相关研究中，也有为数不多的比较研究（comparative study）。如英国的 J. Mucie 和 B. Goldson 合著的 Comparative Youth Justice[4] 是英语中第一部以批判的视角系统地比较西方国家间少年司法政策与实践的著作，其比较的对象包括英格兰、美国、加拿大、法国、澳大利亚、日本、意大利等，其比较的目的不仅在于识别各国少年司法政策实践的异同，更反映出少年司法的国际趋势为各国各地带来的影响与变化。J. Muncie 还在另一篇论文中比较了西欧国家和美国少年司法中的"惩罚主

---

〔1〕　桑爱英:《未成年人社区矫正制度比较研究》，载《云南大学学报（法学版）》2011 年第 1 期。

〔2〕　吴海航、黄凤兰:《日本虞犯少年矫正教育制度对我国少年司法制度的启示》，载《青少年犯罪问题》2008 第 2 期。

〔3〕　苏春景、赵茜:《中国与英国社区矫正教育比较分析》，载《比较教育研究》2016 年第 8 期。

〔4〕　J. Muncie, B. Goldson, *Comparative Youth Justice*, Sage Publications Ltd, 2006.

义"倾向,并进行了欧美文化价值的分析[1]。加拿大 J. Winterdyk 的著作 Juvenile Justice Systems: International Perspectives[2],也以国际化的视角,系统地介绍了包括中国、美国在内的世界主要国家的少年司法体系与制度,反映了当代世界少年司法的潮流,但比较遗憾的是书中只是简单介绍,并没有各国比较的内容。

总体来看,英文比较研究总体数量较少。从比较的内容看,大部分比较研究以少年司法制度为比较的切入点,缺乏专注于罪错少年社区教育矫正的比较研究。从比较的对象看,英美等西方发达国家更倾向于与政法制度、文化渊源类似的国家进行比较。

五、研究思路与方法

(一) 研究思路

首先,系统、概观而又有侧重地介绍与对比中外罪错少年的社区教育矫正,包括:罪错少年群体,以及罪错少年社区教育矫正的历史沿革、价值取向、制度、模式、方法等议题。其中包含中外主要差异的评价与分析。

在中国实施社区矫正的初期,曾对美英等国的社区矫正有过许多有益借鉴。然而,必须看到的是,中外各国在历史、文化、社会制度、法律体系、国情现状等方面都存在巨大差异,这必然导致了在社区教育矫正上的分歧与差异。本书中,中外

---

[1] J. Muncie, "Thepunitive turn´in juvenile justice: Cultures of control and rights compliance in Western Europe and the USA", *Youth Justice*, 8 (2), pp. 107–121.

[2] J. Winterdyk, *Juvenile Justice Systems: International Perspectives*, Canadian Scholars' Press, 2002.

社区教育矫正的对比与分析，其中心问题围绕"中外罪错少年社区教育矫正有何不同""国外是否有值得中国学习的先进经验""中国怎样依据自身特点和需要，将国外先进经验进行本土化适应与创新"等。在研究视角方面，与目前中国多为"一边倒"的法学视角相比，本研究采用多学科交叉视角，特别关注教育学、心理学、社会学视角下的社区教育矫正的方法与技术，关注中国罪错少年社区矫正的实务性、操作性问题，并将其与社区矫正法律基础和制度建构相结合，是理论与实践相结合，宏观架构与微观方法相结合的研究。

其次，是以中外研究的概观、分析与评价为基础，为我国罪错少年社区教育矫正带来启示与创新。介绍、分析与评价均是手段和方法，根本目的还是在于发展和创新我国自己的罪错少年社区教育矫正。教育矫正是我国社区矫正的基本任务之一，是我国对罪错少年"教育为主，惩罚为辅"原则的根本要求。这种创新建立在对国外先进经验的批判性吸取之上，以国外的有效实践为基础，结合中国社区矫正现状，关注的问题在于：如何在国外优质实践基础上，结合中国现状进行创新，创建符合我国现状、具有我国特色的罪错少年社区矫正。

最后，在研究中有机地融入访谈成果。对中外一线社区矫正工作人员的访谈，带来了实践中最新的观点、价值与趋势。这些观点与价值所带来的极大的启迪，丰富和完善了整个研究，为研究创新提供必要的佐证。

（二）研究方法

总体来看，本研究采用质性研究方法，具体方法包括：

第一，文献研究法。通过查阅中外罪错少年社区教育矫正相关文献，包括历史性文献、法律政策性文件、研究性文件等，明确中外罪错少年社区教育矫正的整体概况、细节特点、关键数据、研究现状等，包括中外罪错少年社区教育矫正的历史、基本理论、矫正制度、矫正方法等，分析中外各国在教育矫正中各自的优缺点，综述现阶段的研究现状与各派理论，为研究概观与比较打下基础。文献研究法是本研究的基础方法。

第二，比较研究法。本研究主要通过系统、客观地比较中外罪错少年社区教育矫正的基本理论、矫正制度、矫正方法，发现新问题，提出新观点，最终立足于发展与创新中国的罪错少年社区教育矫正。比较研究法是本研究的主要方法。

第三，访谈法。笔者于 2017 年 5 月至美国加利福尼亚州阿拉米达郡少年司法中心（Juvenile Justice Center）进行调研；2017 年 7 月至美国弗吉尼亚州威廉斯堡市法庭服务单位（Court Service Unit）进行调研，并对该法庭服务单位主任及少年保护观察官进行了访谈。2017 年 9 月至山东省某市司法局社区矫正科进行调研，并对其中工作人员进行了访谈；对山东省某市某区司法所，以及某区某街道综治中心进行了调研。2018 年 2 月至山东省某县人民检察院未检科进行调研，并对未检科检察官进行了访谈。通过对罪错少年社区矫正相关的司法所工作人员（中国）、社区矫正官（美国）、社会工作者、矫正服务提供者等相关人员进行访谈，深入了解中外罪错少年社区教育矫正实践的真实运行情况以及发展趋势，以及身处矫正系统中的个体的主观个人观点与价值，将这些个体的观点与价值所带来的启发，有机地融入本书的构思、结构与行文。

第一章
罪错少年群体的现状与特征

想要对罪错少年社区教育矫正的研究与实践进行概观分析，就不可不先分析罪错少年这一特殊的对象群体。罪错少年不同于成年犯罪者，有其独特的现状与特征，这些现状与特征都将深刻地影响对他们的矫正乃至少年司法制度本身。

一、罪错少年的现状

考虑到人口统计数据的可获取性，在域外国家中，选取人口统计数据披露比较详尽的美国为例。据美国人口统计局（U. S. Census Bureau）统计，2010 年美国 18 岁以下人口约 7400 万人，占美国居民总数的 24%。[1] 而据 2010 年美国少年法院数据统计，在少年法院管辖之下的，也就是通常来说 10 岁以上 18 岁以下的少年，约有 3100 万人口。[2] 而据中国 2010 年的第六次人口普查显示，中国 18 岁以下的未成年人约有 2 亿 7800 万

---

〔1〕 M. Sickmund, C. Puzzanchera, Juvenile offender and victims: 2014 National Report. National Center for Juvenile Justic, 2014, p. 2.

〔2〕 C. Puzzanchera, S. Hockenberry, Juvenile Court Statistics 2010. National Center for Juvenile Justice, 2013, p. 8.

人，占总人口约为 21%。[1] 而按照我国当年（2010 年）施行的《刑法》中的规定，除极个别情况外，14 岁以下未成年人免于刑事责任，因此我国法律意义上的罪错少年应为 14 岁以上，18 岁以下。据统计，我国 14 岁以上，18 岁以下的未成年人口数约为 3600 万人口。可以看出，中国的未成年人口数量远远大于美国。但由于法律规定的不同，实际处于司法管辖下的未成年人，也就是美国 10 岁以上，18 岁以下；中国 14 岁以上，18 岁以下的未成年人，其实数量相差并不悬殊，相差大约 500 万人口（见图 1.1）。

在罪错少年方面，中美两国存在统计方式的差异，这是由于两国更深层次的司法制度差异造成的。美国的罪错少年统计数据主要分为两部分，一部分是由警察部门统计的逮捕数据，统计的是警察部门的逮捕次数，但并不是逮捕人数或犯罪数量，因为某些人可能不止一次被逮捕，而一个人被逮捕也可能因为多项犯罪；另一部分是由审判机构——美国少年法院发布的数据，其中的统计单位是少年法院处理的少年罪错案件数量，但同一个罪错少年可能涉及多起案件，因此也并不等同于罪错少年的个体数量。而中国，主要以未成年犯人数为统计单位，这里的未成年犯主要指已构成犯罪并被审判机关判处刑罚的未成年人，而不包括不构成犯罪的违法未成年人，及尚未触及法律但具有风险的问题少年等。基于这种统计上的差异，许多数据无法直接进行对比，但还是可以从数据中看出中美两国罪错少年群体的一些现象与特征，并进行必要的分析。

---

〔1〕 国务院人口普查办公室、国家统计局人口和就业统计司：《中国 2010 年人口普查资料》 〔EB/OL〕. http：//www. stats. gov. cn/tjsj/pcsj/rkpc/6rp/indexch. htm，2018-04-03.

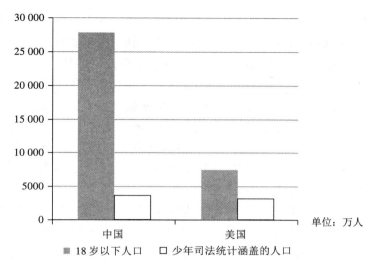

**图 1.1　2010 年中美 18 岁以下少年与少年司法统计
涵盖人口数量比较[1]（单位：万人）**

据美国警察部门的统计：[2]

2010 年美国执法部门逮捕低于 18 岁的罪错少年达到 160 万余次。其中，因财产类犯罪包括盗窃、入室盗窃、偷车、纵火等引起的逮捕最多，超过 36 万次，接近 2010 年逮捕低于 18 岁罪错少年总次数的 1/4，其余主要的罪错类型包括，单纯性袭击（21 万余次），违禁药物滥用（17 万余次）和危害社会秩序行为

───────────

〔1〕　如正文中提到的，中美两国少年司法统计数据的范围不同，中国只对少年犯数量进行统计，因此只涉及到达到刑事责任年龄的未成年人，也就是 14 周岁以上，18 周岁以下；而美国的少年司法统计数据则针对所有处于少年法庭管辖之下的少年，虽然美国各州的规定有所差别，为统计方便，认为这一年龄范围是 10 周岁以上，18 周岁以下。

〔2〕　M. Sickmund, C. Puzzanchera, Juvenile offender and victims：2014 National Report. National Center for Juvenile Justic, 2014，pp. 115-123.

（15 万余次）；而因严重暴力犯罪，如谋杀、强奸、抢劫、严重袭击等导致的逮捕达 75 000 余次。在包括成人罪犯在内的全国年度逮捕总次数中，18 岁以下的罪错少年占据的比例为 12%，但在抢劫、盗窃和危害社会秩序行为这些特定的罪名上，罪错少年几乎占到了包括成年人在内的年度逮捕总次数的 25%。也就是说，警察每逮捕 4 名抢劫犯中，就有一名是低于 18 岁的未成年人。但从总体趋势来看，2010 年罪错少年的逮捕次数比 2001 年减少了 21%。除抢劫这类罪错的微小幅度上升外，其他各种罪错类型都有不同程度的下降。

从年龄来看，处于 16～17 岁的少年几乎占据了罪错少年被逮捕总次数的 3/4，达到 73%。而低龄少年（低于 13 岁）司法卷入的比例进一步下降，从 1980 年占被逮捕少年总人数的 9.4%，下降到 2010 年的 6.6%。虽然总比例呈现下降，但是在某些特定的罪错种类，例如攻击、武器使用和物质滥用等方面，低龄少年的被逮捕比率反而有大幅增长趋势。

从性别来看，被逮捕的少年主要为男性，女性占 29%。但从趋势来看，越来越多的少年女性因罪错行为而卷入了司法系统。20 世纪 80 年代，少年女性占被逮捕少年的比例只有 17%，而至 2010 年，这一数字变成了 29%。在许多具体的罪错类型上，少年女性的比例也逐步增加，例如从 1980 年至 2010 年，少年女性因暴力犯罪被逮捕的比例从 10% 上升至 18%，而财产犯罪更是从 18% 上升至 38%。

从种族来看，在 2010 年罪错少年中，白人少年占 66%，非洲裔少年占 31%，美国印第安人和亚洲人各占 1%。但值得注意的是，2010 年非洲裔少年只占美国少年总人口的 17%，但非洲裔少年却卷入了 31% 的逮捕，并且在严重暴力犯罪的逮捕率上甚至超过了白人少年，卷入了 67% 因抢劫导致的逮捕，56% 因谋杀导致的逮捕和41%因严重攻击导致的逮捕。

而依据审判机构——美国少年法院2013年的数据统计：[1]

2013年美国少年法院处理少年案件的总数为 1 058 500 件，其中财产类案件占比最高，达到35%，人身案件与危害公共秩序案件均占26%，物质滥用案件占13%。总体来看，案件总数比10年前的2004年下降了37%。同时，各种具体的罪错类型的数量均有所下降，例如严重攻击行为的数量较2004年下降42%，财产类犯罪同样下降42%，公共秩序类案件下降38%等，唯一的例外是抢劫，抢劫案件的数量较2004年反而上升了2%。同样的，少年案件的比率也在下降。少年案件比率（case rate）这里指1000名美国少年（10岁至各州规定的少年法院年龄上限）中的平均案件数。2013年，少年法院在每1000个少年中平均处理33.8件案件，显著低于1996年的64.2件。

从年龄看，呈现出案件比率随年龄上升而上涨的趋势，每1000名17岁的少年中，平均案件数达到76.1件，16岁则是68.6件，年龄下降至13岁，这一数字则仅有22.5件，可以看出处于青春期中晚期的16~17岁少年罪错问题较多；此外，低龄少年（低于13岁）虽然在案件总数中占比较低，但其在人身案件，如谋杀、强奸、抢劫、攻击等较严重罪错占比相对较高[2]。

从性别来看，男性仍然是少年案件的主体，达到案件总数的72%左右，但少年女性的案件出现增长趋势，由1985年的

[1] S. Hockenberry, C. Puzzanchera, Juvenile Court Statistics 2013. National Center for Juvenile Justice, 2015, pp. 29-64.

[2] J. Furdella, C. Puzzanchera, Delinquency cases in juvenile court, 2013. U. S. Department of justice, 2015, p. 2.

19%，增长至 2013 年的 28%，少女相关案件超过了少年案件总数的 1/4。

从种族来看，从 2004 年到 2013 年的 10 年间，各种族少年的案件数量全部呈现下降趋势。在 2013 年，美国处于少年法院管辖下的少年人口中，76% 是白人，16% 为非洲裔，美国印第安人和亚洲人分别为 2% 与 6%。从少年案件的总数来看，超过 2/3 的案件与白人相关。但从案件比率来看，也就是每 1000 名少年中的案件数量，非洲裔少年为 74.3 件，比白人少年的 27.4 件的 2 倍仍多。说明美国罪错少年案件中的种族问题也较为严重。

从少年法庭的处置情况看，在美国 2013 年共 1 058 500 件少年案件中，正式进入司法程序的有 582 800 件，占总数的 55%。其中，被判定为少年罪错的案件有 323 300 件，其中，判处保护观察处置的有 205 300 件，占所有少年罪错案件的 64%，而那些正式进入司法程序却未被判定为少年罪错的案件中也有 28% 被判保护观察，数量为 70 900 件。此外，还有 45% 的少年案件并未正式进入司法系统，数量达到 475 700 件，这其中也有 23% 的案件被判保护观察处置，数量达 107 400 件。总体看来，各类不同性质的少年案件导致保护观察这一结果的有 383 600 件，占当年少年案件总数的 36.2%。而在被判少年罪错的案件中，以保护观察为代表的社区矫正运用比例达到 64%，是最为主要的处置方式。

在中国方面，依据对我国未成年犯的统计:[1]

从 2000 年至 2008 年，我国法院判处的未成年犯人数呈逐渐增长趋势，从 2000 年的 41 709 人，逐年增长到了 2008 年的

---

〔1〕 路琦、董泽史等:《2013 年我国未成年犯抽样调查分析报告（上）》，载《青少年犯罪问题》2014 年第 3 期。

88 891 人，平均每年递增 9.2%。而从 2009 年起至 2013 年，全国法院判处的未成年犯罪人数逐年递减，从 2009 年的 77 604 人，到 2013 年的 55 817 人，平均每年递减率 8.8%。可见我国目前未成年犯罪情况稳中向好。[1]

从未成年人犯罪占全国（包括成年人）的刑事犯罪的比例看，2005 年达到峰值 9.81%，几乎达到每 10 个刑事罪犯中就有一个未成年犯的程度。之后，逐年稳步下降，到 2012 年降至 6.47%。

从未成年犯的犯罪类型来看，最主要的犯罪类型是抢劫罪，占未成年人犯罪总数的 55%。其次是故意伤害罪、强奸罪和盗窃罪，分别占 15.8%、15.6% 和 9.8%。

从年龄来看，我国未成年犯以 14~16 岁为主，其中 14 岁的占 27.75%，15 岁的占 26.4%，16 岁的占 33.14%，17 岁的占 12.52%。2013 年，已满 14 岁未满 16 岁的未成年犯占 54.12%，比 2010 统计时增加了 12.14。此外，在某些特定罪名上，未成年犯的低龄化尤其明显，例如，犯有故意杀人罪的未成年犯，14 岁的比例接近 50%。

从性别来看，2013 年男性未成年犯占 95%，女性占 5%。从数量看，男性还是占据绝大多数。而女性未成年犯的比例比 2009 年的统计的 7% 进一步减少。但值得注意的是，女性在某些特定罪行上数据突出，例如性犯罪中女性比例相对较高。

通过分析，不难发现中美罪错少年群体的异同：

首先，在两国内部各自进行纵向对比发现，目前中美两国的罪错少年问题都处于稳定向好的趋势中。当前，中美两国的

---

〔1〕　中国法律年鉴编辑部编：《中国法律年鉴（2014）》，中国法律年鉴社 2014 年版，第 1134 页。

罪错少年情况，不管是从逮捕总次数、案件总量、案件率[1]，还是未成年犯总人数上来看，都体现出稳定的逐年递减的趋势。

其次，从中美两国数据的横向对比来看，美国的罪错少年问题应远比中国严重。在中国的少年人口基数远远大于美国的情况下，2010年，美国针对少年的逮捕次数达到160余万次；2013年美国少年法院全年处理的少年罪错案件达到100余万件，最终经少年法院正式判定为少年罪错案件的有32万余件。而在2013年，中国所有被判处的少年犯人数仅有55 817人。按照比率看，2013年，美国每1000名少年[2]中就会出现33.8件进入少年法院的案件，其中的10.4件案件，被少年法院正式判定为少年罪错案件；而相比之下，中国每1000名少年[3]中，则只有1.5位未成年犯（详见图1.2）。

事实上，中美两国的少年罪错的数据横向比较困难重重，其中最直接的困难是统计单位的差异，美国的统计单位是逮捕次数、案件数量等，但由于同一个罪错少年可能被多次逮捕，或卷入多个案件，因此不能代表罪错少年的人数；而中国则惯于直接统计被法院判处未成年犯的人数。而在直接的原因之外，更深层的原因是中美两国法律规定、司法制度上的差异，这使中美两国对罪错少年的逮捕、审判和处置标准都存在差异。尽

---

〔1〕 案件率或案件比率（case rate）是美国少年法院统计数据中常用的数据指标，指每1000个适龄少年中所出现的平均案件数。

〔2〕 这里的"少年"特指处于美国少年法院管辖范围之内的少年，虽然美国各州对此年龄的规定有一定出入，但此处为方便统计，将此年龄范围固定为10周岁以上，18周岁以下。据统计，2013年美国符合条件的少年约3100万人。

〔3〕 这里的"少年"特指中国14岁以上，18岁以下的，处于中国《刑法》规定的未成年人刑事责任年龄之内的少年，据统计，2013年中国符合条件的少年约有3600万人。

管如此，数据上的巨大差异，例如美国数以百万计的逮捕次数、极高的案件比率等，都让人有理由推断，美国的少年罪错问题比中国更为严重。这也突显出中国近年来在罪错少年防止与矫正方面取得的成绩。

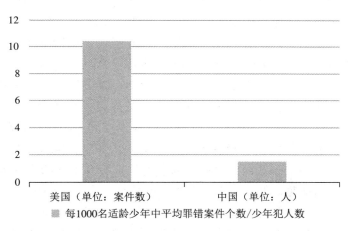

图 1.2 中美 1000 名适龄少年中的平均罪错案件个数/少年犯人数

最后，横向分析中美两国罪错少年的动态趋势发现：

第一，在各种罪错类型方面，抢劫罪是中美面对的共同难题。抢劫罪是中国未成年犯最主要的犯罪类型，占据未成年人犯罪总数的55%；同时，抢劫罪也是美国罪错少年最主要的犯罪类型之一，在美国少年罪错逐年下降的大趋势下，因抢劫而导致的逮捕和少年案件都呈现逆势上涨的趋势。

第二，少年女性犯罪需要更加注意。目前看来，美国的少年女性犯罪更加严重，涉及女性的少年案件已从 1985 年的19%增长至 2013 年的28%，也就是说美国少年法院每处理 4 件少年案件中，就有一件涉及少女。中国的少女犯罪问题目前并不十分严重，女性未成年犯只占未成年犯总数的 5%，但少年女性在某些犯罪类型上，如性犯罪中非常突出，因而对于少女犯罪应加以特别的注意。

第三，应注重防范"低龄重罪"趋势。参考美国的逮捕数据和少年法院数据可以发现，不管是从逮捕次数还是案件率来看，美国少年罪错较为严重的年龄阶段集中于 16~17 岁，属于少年阶段的晚期，青春期中后期。但并不代表低龄少年罪错问题无需注意。在美国，13 岁以下的少年虽然其罪错行为的发生总体较少，但他们在谋杀、强奸、抢劫、攻击等严重犯罪中占比反而较高。在中国的未成年犯中，这种趋势更为明显，我国的未成年犯以 14~16 岁为主，已满 14 岁未满 16 岁的未成年犯占据未成年犯总数的 54.12%，而故意杀人罪中，14 岁的比例接近 50%。目前，我国已将最低刑事责任年龄有条件的降低为 12 周岁，这即是对低龄未成年人严重犯罪的一种立法上的回应。

此外，中美的罪错少年群体也有各自的独特问题。例如美国有种族问题，非洲裔少年司法卷入率过高。而中国有城乡问题，如农村籍未成年犯罪率较高等。这些问题是基于中美两国各自的社会形态与现状而产生的。数据的比较应该是最直观而准确的，但由于中美两国统计过程中不可避免的误差和统计方式的差异，还是应该看到并允许这种比较的误差存在。

二、罪错少年的特征

罪错少年的个体千差万别，但研究同时表明他们也具有某些显著的共性，人们甚至可以利用这些共性来早期识别和预防少年罪错。想要有效矫正罪错少年，必须先对这一群体有足够的了解。因此，分两方面介绍罪错少年的特征，分别是罪错少年的个体水平特征以及社会化特征。其中，个体特征侧重于罪错少年个体的心理与行为特征，而社会化特征则主要从他们生活的社会环境与社会互动的视角切入。分析发现，中外罪错少年群体特征大致趋同，但也有所差异。需要注意的是，不能割裂看待罪错少年的个体特征与社会化特征，这两种特征互相作用，互相影响。

（一）罪错少年的个体水平特征

从个体特征看，罪错少年在智商、认知能力、情绪情感、心理与精神障碍、物质滥用、态度和行为等方面都普遍存在问题：

第一，低智商与低认知能力。许多研究表明了智商、认知发展和神经认知问题都与严重和持久的罪错行为有关。美国匹茨堡的一项针对问题青少年的大规模纵向研究结果显示[1]，罪错少年往往智商较低（low IQ）。该研究显示，罪错行为与智商分数之间呈现显著负相关，通过韦氏智力测验儿童版（WISC-R）的测验结果显示，罪错少年的测验分数比非罪错少年平均低8分。此外，罪错少年往往还伴有学业障碍和注意力缺陷等。此外，有研究也表明，罪错少年的认知过程也是错误和不适当的，他们会扭曲外界的信息，引起社会适应不良和越轨行为。[2] 对比中国未成年犯的相关调查发现，中国的未成年犯文化程度普遍较低，其中初中未毕业及其以下学历的和文盲占比 74.5%。

---

〔1〕　R. Loeber, et al. "Multiple risk factors for multiproblem boys: Co-occurrence of delinquency, substance use, attention deficit, conduct problems, psysical aggression, covert behavior, depressed mood, and shy/withdrawn behavior", *New perspectives on adolescent risk behavior*, 1998, pp. 90–149.

〔2〕　Y. Ziv, A. Sorongon, "Social information processing in preschool children: Relations to sociodemographic risk and problem behavior", *Journal of Experimental Child Psychology*, 2011, 109 (4): p. 412.

低学历不能说明他们的智商状况，但通常来说，受教育程度低的认知水平也较低。

第二，情绪情感负面且不稳定。美国的研究表明，罪错少年往往具有较为严重的负性情绪，如气愤、恐惧、抑郁、自杀意念等，并且伴随情绪的不稳定，如焦躁不安（restlessness）和渴望冒险的高冲动性特征，以及较强攻击性等易激惹特征。[1]而中国的一项对未成年犯心理状况的研究显示，未成年犯在抑郁、焦虑、偏执、精神病性等情绪方面显著高于正常少年群体，同时未成年犯也普遍存在人格障碍，表现出冷漠、内向、固执、攻击性、情绪不稳定等特征。[2]另一项研究结果表明，我国青少年罪犯的抑郁发生率高达72.6%，而自杀意念检出率达到12.8%[3]。

第三，伴有心理与精神障碍。少年的心理健康与罪错行为之间的关系已经成为众多学者和法制工作者共同的关注点。这是因为在罪错少年群体中，心理障碍发生的比例显著高于正常少年群体。在美国，心理障碍在普通的青少年群体中的比例大约为20%，而这一比例在罪错少年群体中，则至少为非罪错少年的2倍以上。[4]中国2007年的一项大规模调查显示，我国普

---

〔1〕 R. Loeber, et al. "Multiple risk factors for multiproblem boys: Co-occurrence of delinquency, substance use, attention deficit, conduct problems, psysical aggression, covert behavior, depressed mood, and shy/withdrawn behavior", *New perspectives on adolescent risk behavior*, 1998, pp. 90-149.

〔2〕 李俊丽、梅清海等：《未成年犯的人格特点与心理健康状况和应对方式的相关研究》，载《中国学校卫生》2006年第1期。

〔3〕 常向东、马丹英、胡静雅：《149名青少年罪犯自杀意念影响因素分析》，载《中华行为医学与脑科学杂志》2013年第2期。

〔4〕 J. J. Cocozza, K. R. Skowyra, "Youth with Mental Health Disorders: Issues and Emerging Responses", *Juvenile Justice*, 2000, 7: pp. 3-13.

通青少年群体的心理问题发生率为 16%，而据其他研究和报告显示，这一比率大致在 10%~30% 之间。而通过心理测验结果显示，未成年犯群体的心理健康状况水平明显较正常群体更低。[1]

在罪错少年群体中，最常见的心理障碍包括品行障碍（conduct disorder）、亲子关系障碍（parent - child relationship disorder）、注意缺陷与多动障碍（ADHD）和抑郁障碍（depressive disorder）等。其中品行障碍、注意缺陷与多动障碍与少年罪错关系最为密切，且这两种障碍经常合并发生。品行障碍以攻击他人、破坏财物、欺诈和盗窃等为主要症状，常会直接导致逮捕和少年罪错。并且品行障碍儿童常常伴有冷漠、缺乏共情，对他人漠不关心等，因此更难以被矫正。在美国，品行障碍在普通男性少年群体中的检出率在 6%~16% 之间，而在罪错少年群体中的检出率则介于 37.8%~90%。[2] 在中国，一项有关男性青少年罪犯心理障碍的调查显示，在暴力犯罪的青少年罪犯中，不同地区样本的品行障碍的患病率介于 69.1%~86.6%。[3] ADHD 以注意力难以集中，多动和易冲动为主要特点，ADHD 对青少年的学业表现、认知功能、社会关系都会造成显著破坏。在美国，普通学校儿童中 ADHD 的患病率在 3%~5% 之间，而在罪错少年群体中则达到 16.6%~21.4%。在中国，

〔1〕 冉云梅、刘闵：《我国儿童青少年精神卫生状况研究》，载《预防青少年犯罪研究》2012 年第 4 期。

〔2〕 American Psychiatric Association. Diagnostic and statistical manual of mental disorders（4th Edition），Washington DC，1994.

〔3〕 周建松、蔡伟雄等：《湖南、四川部分男性青少年犯罪者精神障碍患病情况调查（英文）》，载《中南大学学报（医学版）》2012 年第 3 期。

在少年犯群体中 ADHD 的患病率达到 31.04%，明显高于普通人群。[1]

第四，反社会态度与行为。罪错少年群体往往体现出反社会的态度、信念与行为。这体现为易激惹，对他人有敌意，具有攻击性，惯于使用暴力，可能反复的斗殴或人身攻击，并且不在意后果。反社会者缺乏同理心，对他人的苦难体现出无情和蔑视，因此对他们犯下的罪错缺乏懊悔之意；而面对自己时，他们往往极度夸大自身，自我膨胀，目中无人。必须注意的是，罪错少年越早表现出反社会态度与行为，他们就越有可能成为重复罪犯，甚至生涯罪犯。[2]

第五，物质滥用。在美国，物质滥用，包括滥用酒精和违禁药物，是与少年罪错、反社会行为等显著相关的影响因素之一。在美国监禁矫正的罪错少年中，有 50% 报告了物质滥用历史。但也有研究指出，物质滥用与少年罪错的相关随着年龄增长而减小，也就是说一个 9 岁开始物质滥用的少年，比 14 岁开始的更有可能出现罪错行为。[3]

（二）罪错少年的社会化特征

中外罪错少年的社会化特征，侧重从罪错少年生活的社会环境与社会互动中发现与其罪错行为相关的因素。这里将社会化特征主要分为家庭特征、学业特征、社区环境特征、同辈特征等。

---

〔1〕 冉云梅、刘闵：《我国儿童青少年精神卫生状况研究》，载《预防青少年犯罪研究》2012 年第 4 期。

〔2〕 R. Sampson, J. Laub, *Crime in the making*: *Pathways and turning points through life*, Cambridge, MA: Harvard University Press, 1993.

〔3〕 K. Heilbrun, N. Goldstein, R. Redding, *Juvenile delinquency*: *Prevention*, *assessment*, *and intervention*, Oxford University Press, 2005, pp. 23-24.

1. 家庭特征

家庭是儿童成长中最重要的场所,对儿童的心理发展与社会化起到至关重要的作用。好的家庭是人一生中永远温暖的避风港,但不良的家庭,也可能直接导致少年罪错的产生。其中,罪错少年中常见的家庭特征包括:

第一,家庭结构不完整与规模过大。家庭结构不完整或家庭规模过大,如父母早丧、父母离异、家庭重组、孩子太多等都会加剧少年罪错的风险。[1] 这可能是由于父母的缺失,或太多兄弟姐妹等会减少父母对孩子的积极影响,削弱亲子联系,并增加与越轨同辈的接触。并且不完整的家庭结构,也会给孩子的社会交往带来压力。在中国的一项关于未成年犯的调查中,与亲生父母共同生活的未成年犯仅占比 45.6%。[2] 这表明多数的中国未成年犯普遍存在严重的家庭问题,他们中许多人的原生家庭遭遇了毁灭性、不可逆转的破坏,事实上已处于解体状态。可见,家庭结构的完整性对于少年的发展有至关重要的作用。

第二,父母教养失当与亲子关系不良。父母的教养方式与亲子关系相辅相成,互相影响。美国方面研究表明,过于严苛的管教,体罚,监管缺失,或前后矛盾、不一致的管教等都可能导致少年罪错行为的发生。而如果父母的家庭卷入度过低,出现亲子隔离、忽视儿童、亲子关系薄弱等状况,那么儿童卷

---

〔1〕 G. Wasserman, K. Keenan, R. Tremblay, et al. Child delinquency. Washington, DC, U. S. Department of Justice, 2003.

〔2〕 路琦、董泽史等:《2013 年我国未成年犯抽样调查分析报告(下)》,载《青少年犯罪问题》2014 年第 4 期。

入罪错行为的比例也更高。[1][2] 在中国关于未成年犯的调查中,特别强调了家长溺爱儿童的现象,认为 60% 以上的未成年犯父母存在溺爱的情况,20% 存在缺乏关爱的问题。此外,中国的未成年犯父母还存在教育方式滞后与不适当的情况。[3]

第三,父母有攻击或反社会行为。美国研究指出,家庭暴力与反社会的家长与少年罪错行为显著相关。[4] 生活在家庭暴力与虐待中的受害儿童,会更容易卷入少年罪错。而若其父母卷入犯罪行为,那么儿童的罪错行为发生率将会是正常父母的儿童的 2 倍。[5] 帕顿森提出了"强制性家庭过程"模型(coercive family process model),认为儿童的攻击与反社会行为主要来自于对其家长的模仿和家长的强化。具体来说,儿童模仿了其家长的攻击与反社会行为,而其家长做出了积极关注和允许的回应。[6] 中国的一项调查发现,在父母间经常使用暴力的家庭中,青少年出现暴力行为的比例为 32.4%,而在父母间从不使用暴力的家庭中,出现暴力行为的青少年比例仅为 15%。[7]

〔1〕 R. Sampson, J. Laub, *Crime in the making: Pathways and turning points through life*, Cambridge, MA: Harvard University Press, 1993.

〔2〕 G. Wasserman, K. Keenan, R. Tremblay, et al. Child delinquency. Washington, DC, U. S. Department of Justice, 2003.

〔3〕 路琦、董泽史等:《2013 年我国未成年犯抽样调查分析报告(下)》,载《青少年犯罪问题》2014 年第 4 期。

〔4〕 D. Farrington, D. Jolliffe, R. Loebe, et al. "The concentration of offenders in families, and family criminality in the prediction of boys' delinquency", *Journal of Adolescence*, 2001, 24: pp. 579-596.

〔5〕 K. Heilbrun, N. Goldstein, R. Redding, *Juvenile delinquency: Prevention, assessment, and intervention*, Oxford University Press, 2005, p. 27.

〔6〕 G. Patterson, *Coercive family process*, Eugene, Castalia, 1982.

〔7〕 张艳琴:《青少年暴力行为形成的家庭根源及防治措施》,河北师范大学 2007 年硕士学位论文。

　　第四，低家庭社会经济地位。家庭社会经济因素主要包括父母工作、学历、家庭收入等。低家庭社会经济地位意味着拥挤破旧的房子，失业在家且教育程度低下的父母。美国的研究表明，生活在低社会经济地位家庭中的未成年人，比那些高社会经济地位家庭中的未成年人有更高的犯罪风险。特别是儿童早期（6~11 岁）的家庭社会经济地位，与其日后是否出现罪错行为有更为显著的联系。[1] 1987 年，美国学者威尔逊提出了"下层阶级"（underclass）的概念，用来指生活在极端贫困和长期失业状态中的人们。而长期处于下层阶级身份的未成年人，更容易出现严重犯罪行为。[2] 美国匹茨堡青少年研究也显示，与罪错行为显著相关的因素之一是他们生长在接受社会经济援助的家庭。[3] 据中国的相关调查发现，中国的未成年犯群体与其父母的身份和文化特征存在趋同性，即其父母的文化水平较低，多为初中及以下，未成年犯自身的文化程度也较低；其父母的职业多为农民、工人、个体劳动者，未成年犯自身的职业也集中在无业、农民、学生和工人。[4]

　　2. 学业特征

　　罪错少年群体常伴随着低学业成就、低学业投入、逃学、

〔1〕 J. Hawkins, T. Herrenkohl, D. Farrington, et al. Predictors of youth violence. U. S. Department of Justice, 2000.

〔2〕 W. J. Wilson, *The truly disadvantaged : the inner city, the underclass, and public policy*, University of Chicago Press, 1987.

〔3〕 R. Loeber, et al. "Multiple risk factors for multiproblem boys: Co-occurrence of delinquency, substance use, attention deficit, conduct problems, psysical aggression, covert behavior, depressed mood, and shy/withdrawn behavior", *New perspectives on adolescent risk behavior*, 1998, pp. 90-149.

〔4〕 路琦、董泽史等：《2013 年我国未成年犯抽样调查分析报告（上）》，载《青少年犯罪问题》2014 年第 3 期。

中途辍学等学业特征。美国的一项元分析研究表明，学业失败、频繁缺课、学校退缩、多次转学以及与学校中的越轨同伴接触等，是与少年罪错显著相关的学校因素。[1] 但有研究者也指出，多次转学或许与少年罪错无关，导致其罪错行为的真正原因可能是其潜在的家庭原因。此外，研究也证实了逃学与少年罪错之间的显著关联，指出逃学和纪律问题与青少年暴力犯罪相关。[2] 中国的相关研究也指出，未毕业的学业经历对未成年犯罪的影响非常显著。在该调查中，"未毕业"的未成年犯合计达到未成年犯总数的 75.4%，显示出未完成义务教育对青少年影响较大，显著增加了其犯罪风险。[3]

3. 社区环境特征

中美研究均表明，罪错少年往往更多来自于贫困、混乱、破旧的社区环境。例如美国的一些研究均表明，低收入社区的生活环境与少年暴力犯罪显著相关。另一项研究也表明，生活在犯罪高发和贫困社区的少年出现严重袭击和抢劫行为的比例是在中产社区中生活的少年的 2 倍。[4] 中国的相关研究也显示，未成年犯与其居住地有密切的关联，其中居住在乡村和城乡结合部地区的占比达到 67%，居住在机关学校等社区的仅有

---

〔1〕 J. Hawkins, T. Herrenkohl, D. Farrington, et al. Predictors of youth violence. U. S. Department of Justice, 2000.

〔2〕 K. Heilbrun, N. Goldstein, R. Redding, *Juvenile delinquency*: *Prevention*, *assessment*, *and intervention*, Oxford University Press, 2005, pp. 28-29.

〔3〕 路琦、董泽史等：《2013 年我国未成年犯抽样调查分析报告（上）》，载《青少年犯罪问题》2014 年第 3 期。

〔4〕 J. Hawkins, T. Herrenkohl, D. Farrington, et al. Predictors of youth violence. U. S. Department of Justice, 2000.

2.3%。[1] 这一特征正好符合"越轨地区理论"（the theory of deviant places）的观点，认为有时地区比其中的居民更为重要。这也就是社区居民不断更迭，但该地区的犯罪率却一直居高不下的原因。产生这种越轨地区的原因大致有三种主要解释：其一，是社会解组观点（social disorganization），认为贫困、破败的社区和其中充斥的潜在问题，如失业、家庭矛盾、毒品泛滥等会导致社区中社会控制和社会纽带的崩溃，从而引发居民对规则的困惑，并引起越轨行为。其二，是亚文化观点（subculture），认为贫困破败的社区之所以犯罪高发，是因为其中充斥着犯罪、暴力的亚文化，青少年成长于这样的环境中，很容易就习得了其中的犯罪价值观，从而引发了罪错行为。其三，是与差异接触（different association）观点，认为生活在贫困破败社区的青少年，更容易接触到越轨的朋友，并与他们学习越轨行为。

4. 同辈特征

从中美调查研究情况看，越轨同伴对罪错少年群体的影响很大。青春期时，同辈群体对个体产生的影响首次超过了家庭影响。如果在这个时期接触、结交越轨同伴，那么将会对少年产生极大的影响。美国研究表明，越轨同伴，不管是兄弟姐妹还是朋友，都将增加少年出现罪错行为的风险。[2] 有研究甚至得出结论，有越轨同伴的青少年卷入严重犯罪的可能性，是没有越轨同伴的少年的 10 倍之多。此外，如果少年加入帮派，那

---

〔1〕 路琦、董泽史等：《2013 年我国未成年犯抽样调查分析报告（上）》，载《青少年犯罪问题》2014 年第 3 期。

〔2〕 J. Hawkins, T. Herrenkohl, D. Farrington, et al. Predictors of youth violence. U. S. Department of Justice, 2000.

么帮派成员将会比越轨同伴产生更加严重的消极影响。[1] 中国的相关调查也显示，2010 年，未成年犯犯罪前处于无业、闲散状态的达到 67.6%。这种游手好闲的状态，为其结交越轨同伴提供了条件。此外，在他们的犯罪原因自评中，认为"受人教唆"或出于"朋友义气"的占据 35.8%，与他人共同犯罪的高达 84.8%，属于 3 人以上团伙的达到 68.2%。[2] 这些都说明了中国未成年犯罪中，越轨同伴产生的巨大影响。

---

〔1〕 U. S. Department of Health and Human Services. Youth violence: A report of the surgeon general, 2001.

〔2〕 关颖：《未成年人犯罪特征十年比较——基于两次全国未成年犯调查》，载《中国青年研究》2012 年第 6 期。

第二章

罪错少年社区教育矫正的历史沿革

不同国家具有不同的历史文化渊源与政法制度，对罪错少年社区教育矫正的研究，不能脱离历史发展的视角而孤立地分析。本书选取了中国与国外两个视角，以纵向的历史发展为脉络，分别梳理了中外罪错少年社区教育矫正的发展历程。综合地看待中外罪错少年社区教育矫正发展的历史、时代背景，统合分析中外罪错少年社区教育矫正的整体发展历程，有助于客观地评价中外罪错少年社区教育矫正的发展水平，并揭示其深层本质。其中，美国作为现代少年司法制度的发源地，西方儿童思想的集合者，美国罪错少年社区教育矫正的历史发展具有代表性意义。因此，本书选取美国作为域外国家的主要代表。

与域外相比，中国虽然确立社区矫正制度的时间很晚，但其关于儿童保护和教育矫正的思想却有悠久的历史渊源。早在先秦时代的《周礼》中就出现了赦免幼弱和类似罪犯矫正的内容。先秦时代的荀子，就强调了儿童后天学习和教化的重要性。在中国漫长的封建社会中，"父慈子孝"一直是统治者所极力提倡的封建道德。这时候儿童服从于父权的绝对权威，法律也愿意仁德宽大地处置儿童，体现出了一定的儿童司法保护的观点。

但陷入封建社会泥淖和近代混乱的中国，始终无法真正实现矫正制度的近现代化。

而由于近代生产力的发展与社会变革浪潮的推动，美国通过 19 世纪的人道主义运动，促使社会公众不再将儿童视为父母的附属品，儿童问题成为美国社会改革中的重大议题。此时，美国社会树立了坚定的信念：对于罪错和无人照管的儿童，需要进行特殊的照管和矫治。美国的少年司法制度也建立在儿童福利制度的基础上，带有鲜明的保护性、福利性色彩。1825 年，美国建立了第一个专门的少年矫正机构——庇护所，标志着美国专门化的罪错少年矫正的开端。1891 年，马萨诸塞州通过法律，确立了少年保护观察制度，这是少年保护观察首次作为一项制度被法律确认。1899 年，美国在芝加哥附近建立了第一个少年法院。从历史年代看，美国这一系列关于少年司法和矫正的变革措施都早于中国。虽然在 1910 年，四面楚歌的清政府曾颁布新法，首次提出要为未成年犯开"特设监狱"，并实施"感化教育"，但在当时的时代背景下，这也不过是一纸空文。到中华人民共和国成立后，我国才具备了发展现代意义的罪错少年社区教育矫正的社会条件，也进行了一系列的探索，包括劳动教养制度、工读学校、社会帮教制度等，但效果都差强人意。直至 2003 年，我国才正式展开社区矫正的试点工作。

与中国相比，域外的罪错少年社区教育矫正经过长期发展，在法制化、制度化、体系化方面已经较为完善。20 世纪 80 年代，美国兴起的平衡与恢复性司法理念，以及 1999 年 Sherman 提出循证矫正范式，使美国对罪错少年的社区矫正进入了一个平衡与理性的时代。

自 1825 年美国建立首个专门的少年矫正机构开始，域外的罪错少年社区矫正已经走过了近 200 个年头。与 2003 年至今，中国社区矫正制度确立实施的 20 年相比，域外有足够的时间探索、积累经验和修正不足。中国社区矫正不足 20 年的发展历史实在非常短暂，但必须看到的是，我国在这短短 20 年的发展历程中，已经取得了不可忽视的成果。2019 年，我国正式颁布了《社区矫正法》，其中包含了"未成年人社区矫正特别规定"专章，相信以此为基础，我国的罪错少年社区矫正会逐步走向制度化、法制化和专业化。

一、域外罪错少年社区教育矫正的历史发展阶段

（一）探索与初创阶段：19 世纪初至 20 世纪 20 年代

1790 年的美国贵格会改革运动（Quaker Reform Movement）认为犯罪者背弃了上帝。因而应把他们监禁隔离，并向犯罪者提供圣经，以供其阅读和忏悔。他们相信矫治就是把罪犯引向上帝，一旦罪犯们发现了上帝，犯罪行为也必然停止。这一事件也标志着千百年对罪犯的矫正观开始由以报应、威慑为代表的惩罚模式（punishment），向通过矫正治疗促使罪犯再社会化的康复模式（treatment/rehabilitation）转变。19 世纪早期，贵格会改革者发起了建立专门的少年矫治机构的计划。1825 年，贵格会在美国纽约市建立了第一个专门的少年矫正所—庇护所（House of Refuge）。创立者们相信，结构化的环境可以重塑少年的人格，严格的纪律、劳动和教育是矫正的主要方法。虽然创立者们笃信纪律和惩罚的作用，但也非常重视教育。庇护所提供儿童的阅读、写作和算数的"3R"[1] 基础教育（three R's），道德和宗教的辅导，以及职业技术教育。贵格会认为，只有广

---

〔1〕　在英语的习惯表述中，常将基础教育的三要素"读"（reading），"写"（writing），"算"（arithmetic）称为"the three R's"。

泛的教育才能使这些问题少年在成年后具有适当的态度、价值观和技术，使他们成为守法和自给自足的公民。[1] 当时的少年矫正所的理念，与监狱、精神病院基本相同，认为将他们置于特殊的结构化的环境，才能避免他们的无知和犯罪。这体现出19世纪美国的少年矫正中深度的隔离主义。当时，庇护所被赋予了广泛的权利，不仅犯有罪错的少年，流浪的、被忽视的、不服管教的儿童皆被置其中，这些不同类型的少年在一起接受基本相同的矫治。这体现出当时美国将儿童福利与少年司法合二为一的政策。

在同一时期的19世纪早期，美国的社区矫正也开始萌芽。美国社区矫正中最重要的种类和制度——保护观察制度（Probation）在美国出现。保护观察"probation"这一词语来源于拉丁文，词义本为"to prove"（为了证明），保护观察的目的是使犯罪者证明他们值得享有一个重归社会的机会。1830年，美国马萨诸塞州宣判了美国第一例保护观察的个案，1878年，马萨诸塞州通过了美国，也是世界上第一个保护观察立法。1891年，美国马萨诸塞州确立了少年保护观察制度，在刑事法庭的少年案件中引入保护观察官（Probation Officer），并通过法令要求全州的所有刑事法庭招募保护观察官。这可以说是美国少年社区矫正的开端。

马萨诸塞州少年保护观察制度的确立刺激了少年司法的进程，1899年，伊利诺伊州通过《无人照管、疏于管教以及罪错少年处遇和监管法令》（An Act for the Treatment and Control of Dependent, Neglected and Delinquent Children），在芝加哥附近建

---

[1]　H. Allen, C. Simonsen, E. J. Latessa, *Corrections in America: an introduction* (10*th* ed), Pearson, 2004, pp. 43-57.

立了第一个少年法院，少年法院的法官可以对罪错少年判处个别化的处遇，目的是促进其康复和再社会化，而不是以单纯的惩罚为目的。少年法庭与保护观察制度息息相关，保护观察官是少年法庭的左膀右臂，他们的责任包括调查家庭；访谈邻居、教师、雇主；向法庭建议少年的处遇措施；在保护观察期内监管儿童等。保护观察官还会介入罪错少年的家庭等生活环境，进行"治疗性"的矫正，目的是使罪错少年的行为正常化。这意味着不仅罪错少年自身，他的整个家庭和生活环境都成为了矫正对象，为此保护观察官可能提出迁居、转换工作、改善家庭管理方式、戒酒等命令，不服从者可能会受到法院制裁。[1]少年法院和少年保护观察体现出美国在罪错少年矫正中的福利性、复原性和个体化的原则。但在当时，保护观察并没有制度化和政府机关化，这种过度依赖个人学识和小团体的非正式制度，已不足以满足对罪错少年保护观察的需要，少年法院需要更加严谨的制度。

（二）发展阶段：20 世纪 20 年代至 20 世纪 80 年代

20 世纪 20 年代，美国罪错少年的矫正体现出专门化趋势。19 世纪虽然存在一些专门的少年矫正机构，但绝大部分的罪错少年仍然被送进当地的看守所、劳教所或成人监狱，直到 20 世纪二三十年代，专门的少年矫正机构才开始真正普及，1923 年，72%的进入机构的少年犯进入专门的少年训导学校或感化院。[2]同时，少年福利与少年司法的界限也开始清晰，将无人照管少

---

〔1〕〔美〕玛格丽特·K. 罗森海姆等编：《少年司法的一个世纪》，高维俭译，商务印书馆 2008 年版，第 62 页。

〔2〕〔美〕玛格丽特·K. 罗森海姆等编：《少年司法的一个世纪》，高维俭译，商务印书馆 2008 年版，第 93 页。

年与罪错少年一起矫正的趋势逐渐消失。至二战后，人们逐渐达成共识，认为将无人照管少年等普通的困境少年安置于寄养家庭等类家庭的关系中是更好的，只有问题严重的少年才需要专业的机构矫正。

20世纪还是康复或治疗主义（rehabilitation/treatment）的矫正观蓬勃发展的时代，在这一理念的指导下出现了医疗模式和复归模式等矫正模式，它们的最终目的都是使罪犯重新适应社会：

20世纪20年代末至30年代初，在美国联邦监狱局（Federal Bureau of Prison）的领导下，矫正领域出现了医疗模式（medical model），认为矫正应仿照医生对待病人的模式，先以罪犯个体为基础对其进行"诊断"，再根据"诊断"结果设置合适的矫治项目和计划对其进行矫治，直至其"康复"。当罪犯被认为"好转"后，会被有条件释放或假释进入社区，在假释官的监督下继续个案治疗，直至被矫正。医疗模式的兴起，体现出提前释放和社区矫正理念的进一步普及，同时，矫正人员与矫正内容也更加专业化、科学化。少年司法系统为使少年犯接受科学的处遇，聘请精神病学家、心理医生等专业人士参与矫正。为保证矫正的有效性，有时矫正者们为罪错少年量身设计适合的矫治方案和项目。

20世纪六七十年代兴起了复归模式（the reintegration model），认为以监禁隔离为本质特征的监禁刑会导致犯罪人的"监狱化"，与罪犯矫正的最终目标"再社会化"背道而驰。D. Clemmer 提出了监狱化的概念[1]，认为罪犯对监狱亚文化的学习与吸收是监狱化的核心。因此监狱化是一个"反社会化"

---

〔1〕　D. Clemmer, *The prison community*, Christopher Publishing House, 1940.

的过程，更佳的罪犯矫正的场所应为社区而非监狱。复归模式认为，矫正的任务包括在罪犯和社区之间建立或重新建立联系，恢复其社会关系和社会技能，最终帮助他们重返社会。矫正应为罪犯尽可能提供融入社区和复归社会的机会，例如职业培训、提前释放、离监探亲、工作释放等，复归模式的主要形式即为社区矫正。社区矫正也开始在罪错少年矫正中占据主要地位。

康复的理念，对美国的少年司法产生了巨大影响，成为了当时少年司法的基础和目的，是少年司法系统与普通刑事司法系统区别的根本标志。但这种过于追求儿童与儿童家庭最大利益的理念，导致少年司法系统开始忽视广泛的社会利益和司法公正，少年司法系统目的单一性广受诟病，有人认为惩罚、义务、社会防卫等目的都属于成人刑事法庭，而不存在于少年司法。[1] 这也为日后美国少年司法"康复主义"的危机和"惩罚主义"大行其道埋下了伏笔。

康复的矫正模式，也促使罪错少年矫正走向科学化。为了使罪错少年能够"康复"并重归社会，相关的青少年犯罪学理论研究也空前活跃，人们迫切寻求罪错少年的"病因"，以便能够及时修正矫正方案。特别在20世纪前半叶，人们热忱地认为，一旦识别出那些少年犯罪的危险因素，就可以制定策略来改变这些因素的影响。然而，随着研究的深入，20世纪70年代许多研究开始质疑康复模式，研究者直言对犯罪者的矫正和治疗都是无效的，其中最著名的当属 R. Martinson 在 1974 年发表

---

〔1〕 J. Sanborn, A. Salerno, *The Juvenile Justice System: Law and Process*, Roxbury Publishing Company, California, 2005, pp. 453–497.

的论文 What Works? Questions and Answers About Prison Reform[1]，被称为"马丁森炸弹"，康复模式岌岌可危。然而，这种全盘否定罪犯矫正的观点，并不完全建立在理性的证据分析上，而是特定的历史时期和社会转型的产物。[2]

（三）理性与科学阶段：20世纪80年代至21世纪初

20世纪80年代，人们对罪错少年矫正的看法开始回归理性，不再持过激的全盘肯定或否定的态度。修正主义学者们指出，保守主义和"左倾"激进社会学的结合，并没有促进司法进程亦或犯罪控制。相反，一些罪犯矫正所显示的积极证据，正形成令人信服的观点，对抗"毫无作用"主义。人们形成了更加理性的观点，意识到矫正有效与否，取决于矫正内容、罪犯个体和特定的环境设置等。[3] 这种理性的、注重证据的趋势也为美国循证矫正（Evidence-based Corrections）的发展奠定了基础。

不可否认的是，美国20世纪80年代的矫正效果不尽人意，美国的重犯率达到40%~70%[4]，同时，因为暴力犯罪被逮捕的少年罪犯的比率几乎是成人的3倍。[5] 但罪错少年的监禁率

---

〔1〕　R. Martinson, "What works? Questions and answers about prison reform", *The Public Interest*, 1974：35, p. 22.

〔2〕　D. A. Andrews, et al. "Does correctional treatment work? A clinically relevant and psychologically informed meta-analysis", *Criminology*, 1990, 28（3）：pp. 369-404.

〔3〕　Ibid, p. 371.

〔4〕　D. Hartmann, J. Wolk, J. Johnston, et al. "Recidivism and substance abuse outcomes in a prison-based therapeutic community", *Fed. Probation*, 1997, 61：pp. 18-25.

〔5〕　C. Lawson, J. Katz, "Restorative justice：an alternative approach to juvenile crime", *Journal of Socio-Economics*, 2004, 33（2）：pp. 175-188.

的持续增长并无益于社会，因为对罪错少年监禁的成本和收益并不成正比。在这一背景下，人们开始寻找罪错少年矫正的新方向。

首先，预防模式（the Prevention Model）被提出和发展，认为矫正措施应关注怎样阻止虞犯成为犯罪者甚至生涯罪犯，因此预防项目往往在学校层面就已开展，例如针对逃学、辍学、问题行为学生的的预防项目，旨在对犯罪的危险因素进行早期的识别和干预。学校预防项目给予问题学生支持性的帮助，如特殊教育、职业教育以及咨询等[1]，而不是简单地隔离和排除。预防模式引导了司法矫正机构与社会服务机构的互助与合作的趋势，促使学校、教堂、社工组织及其他社会机构能够更多地参与到问题青少年的矫正当中，这使许多虞犯行为在进入司法体系之前就可以被阻止，许多犯罪生涯也不会开始。转处制度（diversion）和其他非司法的方法，避免正式刑事程序和刑罚，也是预防模式的体现。更多罪错少年，不需要进入司法程序，被转处安置到社区进行矫正，这不仅体现出美国少年司法体系对罪错少年的保护，也进一步强调了社区矫正在罪错少年矫正中的作用。

到 20 世纪 90 年代，人们还在持续追问减少监狱人数和降低矫正预算的方法。为了回应美国国会提出的"对每年超过 30 亿美元的帮助州和地方刑事司法和社区预防犯罪的投入的有效性进行综合性评估"的要求，美国马里兰大学的研究者 Sherman 和同事发表了长达 600 页的研究报告 Preventing Crime：What

---

[1] L. Dahlberg, "Youth violence in the United States: Major trends, risk factors, and prevention approaches", *American journal of preventive medicine*, 1998, 14（4）: pp. 259-272.

Works，What Doesn't，What's Promising[1]，分析了当时 500 多个犯罪预防的相关研究的科学严谨性，并总结了这些研究的结果，最终识别出什么是有用实践。同时，1999 年，Sherman 提出了罪犯矫正的新范式——循证矫正（Evidence-based Corrections），用研究来指导和评估罪犯矫正，作出循证的决策，"用最好的证据来塑造最好的实践"。美国的罪犯矫正进一步科学化。

其次，平衡与恢复性司法（Banlanced and Restorative Justice）理念于 20 世纪 80 年代开始在欧美盛行，被认为代表了未来刑事司法发展的新方向。1977 年，美国学者 R. E. Barnett 首次提出了恢复性司法的概念，他批评了刑罚的惩罚范式，认为惩罚范式在哲学基础、"罪行相适"、罪犯矫正和受害者赔偿等方面都有明显的缺陷，因而他提出了"恢复性范式"（restitution paradigm），将看待犯罪的视角从宏观转向微观，认为犯罪首先是对受害者个人权利的损害，其次是对社区的损害，最后才是对国家法律的损害，这就要求着重关注犯罪受害者和社区的基本需求。基于恢复性司法的理念，发展出了平衡与恢复性的矫正模式（The Balanced and Restorative Justice，BARJ）。该模式着重修复和重建罪犯、受害者和社区之间的关系，在赔偿受害者、矫正罪犯与与维护社区公共安全之间建立平衡。在这一矫正过程中，罪犯、犯罪受害者、社区等利益相关者都应是积极的参与者。当评估矫正的结果时，应关注犯罪者、受害者、社区之间的关系在多大程度上获得了修复，而不应只注重犯罪者受到了什么惩罚。由于其恢复性和高效性，恢复性司法的方法被广

---

[1] L. Sherman, D. Gottfredson, D. Mackenzie, et al. "Preventing Crime: What Works, What Doesn't, What's Promising. Research in Brief. National Institute of Justice", *Bureau of Justice Statistics*, 1998, 162（1）: pp. 95-109.

泛适用于罪错少年的矫正，并取得了很大成功。[1] 美国对罪错少年的矫正，总体上体现出从监禁到非监禁，从非理性到科学理性，从报应主义到康复主义等的趋势转变。

二、中国罪错少年社区教育矫正的历史发展阶段

（一）萌芽前阶段：先秦时期至 20 世纪 10 年代

中国历史源远流长，在历史发展的长河中，形成了自身独特的"儿童观"。中国先秦时代百家争鸣，依据各家对人性的观点，可以看出其秉持的儿童观，其中影响较大的包括：孔子提出的"性近习远"（《论语·阳货》），指出儿童时期人本性上是相近的，是后天的教习经历使其产生差异；孟子的"性善论"，认为人天生具有仁、义、礼、智等美德，具有"赤子之心"（《孟子·离娄下》）等；荀子的"性恶论"，认为人性本恶，他提出"人之性恶，其善者伪也……今人之性恶，必将待师法然后正，得礼义然后治"（《荀子·性恶》），这种思想强调了后天教化的重要作用。也可以看出，中国自古就非常重视对于儿童的后天教化，认为后天的教化可以改变儿童。其后的《礼记·学记》中也有"长善救失"的教育矫正思想。

同时，在刑法上也出现了对未成年人区别对待的保护性内容，其最早可追溯至《周礼·秋官司寇之职》中的"三赦"制度，就包括赦"幼弱"；《礼记·曲礼》中也包含"七年曰悼，悼与耄，虽有罪，不加刑焉。"[2] 虽然当时的奴隶社会还是以

---

〔1〕　C. Lawson, J. Katz, "Restorative justice: an alternative approach to juvenile crime", *Journal of Socio-Economics*, 2004, 33（2）: pp. 175-188.

〔2〕　张忠斌：《未成年人犯罪的刑事责任研究》，武汉大学 2005 年博士学位论文。

"墨、劓、刖、宫、大辟"为代表的肉体刑为主，但西周的文字记载中已出现类似矫正的思想，如"以圆土聚教罢民……其能改者，返于中国……其不能改而出圆土者杀"（《周礼·秋官司寇·大司寇》），即将罪犯监禁起来，最终还是希望他们可以改过并回归社会。[1]

自公元前221年秦统一中国，到15世纪明代中叶，是中国封建制度产生、形成和巩固的时期。儒家思想在这一时期占据了绝对的主流。孔子提出的"君君、臣臣、父父、子子"（《论语·颜渊》）的封建伦理道德观被大力提倡，一方面，在"家天下"的封建君主制下，"父"就是家中的"君"，父权绝对权威，儿童要通过"孝"而绝对服从于父亲，处于绝对臣服的状态；另一方面，儿童也是家族得以延续和发展的保障，父母要爱护儿童，孟子甚至提出"不孝有三，无后为大"（《孟子·离娄上》）这种说法。总之，我国的封建社会所极力推崇的是"父慈子孝"的道德伦理关系。基于这种封建伦理道德的内在要求，我国封建刑法也存在保护未成年人的内容，这是古代礼刑合一的必然结果。[2] 我国古代刑法引礼入法："德主刑辅""仁本刑末"是基本论调，"矜老恤幼"是重要原则，"知错能改，善莫大焉"是对于矫正的基本认识。在恤刑仁政的这些思想原则中，可以看到一定的教育矫正的思想。唐律是中国古代立法之大成，其中，以年龄为标准，阶梯式划分未成年人刑事责任的规定，和对罪错未成年人从轻发落的理念，甚至与我国现行

---

〔1〕 王敏：《矫正基本原理研究》，西南政法大学2010年博士学位论文。
〔2〕 周红安：《中西儿童观的历史演进及其在教育维度中的比较》，华中师范大学2003年硕士学位论文。

的《刑法》相似，足见其对后世的深远影响。[1] 而唐律规定的未成年人刑事责任的实现方式以刑罚为主，主要包括五刑——"笞、杖、徒、流、死"，虽有"七岁以下，虽有死罪，不加刑"这样的规定，但刑罚仍以惩罚、报应等目的为主。值得注意的是，唐律非常强调少年罪错中尊长的责任，如《唐律疏义·名例（卷五）》中规定："若家人共犯，止罪尊长"，强调了少年罪错中，家长教养失职的责任。[2] 唐律中的未成年人相关规定，是古代同类型立法的顶峰，后世如宋、元、明、清等朝代的相关立法基本沿用《唐律》，甚至我国现行的《刑法》也与之形神具似。

（二）萌芽阶段：20 世纪 10 年代至 20 世纪 40 年代

1910 年，清末的《大清新刑律》是我国历史上第一部中西合璧的刑法，它在继承我国古代刑法精神的基础上，也大量融入了德、日、意等国的内容，也正是在这部刑法中，首次规定了中国的缓刑和假释制度，这是绝大多数学者所认同的我国社区矫正的起源。[3] 其第 11 条还规定"未满十二岁人之行为不为罪，但因其情节，得施以感化教育。"这是"感化教育"第一次正式出现在中国的刑法中。主持制定这部刑律的法学家沈家本还主张对 16 岁以下的少年犯改用惩治教育处分而非刑罚，设立学校或惩治场，通过强迫教育达到挽救的目的。但遗憾的是，清末内忧外患，积贫积弱，这部刑法并未真正实施。同年，还诞生了中国第一部监狱法典草案《大清监狱律草案》，其中就包

〔1〕 张忠斌：《未成年人犯罪的刑事责任研究》，武汉大学 2005 年博士学位论文。

〔2〕 姚建龙：《青少年犯罪与司法论要》，中国政法大学出版社 2014 年版，第 131~136 页。

〔3〕 柳忠卫：《假释制度比较研究》，中国人民大学 2004 年博士学位论文。

含分类处遇的规定，要为 18 岁以下的未成年犯开辟"特设监狱"，还要求调查囚犯的个人身份及社会关系，建立罚教结合的作业和教诲、教育制，体现出一定程度的个别化矫正理念。这两部清律预示着我国近代矫正制度的萌芽，其中已显著蕴含了教育矫正的思想，但它们本质上还是封建法律，并且也由于历史原因未能实施。直至 1933 年，中国近代意义上的少年监才正式诞生，即 1933 年建于山东济南的山东少年监及 1934 年建于武昌的湖北少年监。[1]

　　民国时期，中国出现了更多对外国的效仿与借鉴。法律上，在沿袭了清末关于缓刑和假释相关规定的同时，也进行了进一步的发展，例如在 1935 年的《中华民国刑法》中设置了"保安处分"制度，种类包括：感化教育、监护、强制工作、强制治疗、保护管束等。广义的保安处分，就包含了社区矫正、教育矫正的理念。[2] 在监狱改革方面，国民党政府在其 1928 年颁布的《监狱规则》中规定了以作业、教诲和教育三要素为主要内容的感化行刑原则[3]，规定"在监者一律施以教诲和教育"。[4] 依据规定，"教诲"与"教育"有着不同内涵，教诲指思想品德方面的教导，目的在于促使犯罪人改恶从善；而教育专指文化知识方面的传播，旨在增强其生活技能。其中，教诲更受重视。监狱中设有专职教诲师，教诲方法包括集体教

---

〔1〕 王素芬：《明暗之间：近代中国狱制转型研究——理念更新与制度重构》，中国方正出版社 2009 年版，第 43 页。

〔2〕 郭建安、郑霞泽主编：《社区矫正通论》，法律出版社 2004 年版，第 67~68 页。

〔3〕 王敏：《矫正基本原理研究》，西南政法大学 2010 年博士学位论文。

〔4〕 高铭暄等主编：《中华法学大辞典：刑法学卷》，中国检察出版社 1996 年版，第 332~333 页。

海、类别教诲和个人教诲等几种，与我国现行的教育矫正非常类似。

清末至民国时期，是混乱与变革的时期，思想活跃，文化碰撞，我国移植国外法律，进行监狱改革等，社区矫正、感化教育、教诲与教育、未成年犯分类矫正等包含近代矫正观的思想和理念已经萌芽。但事实上，在当时中国内忧外患的社会状况下，这些法律与改革无外乎一纸空谈。最根本的是社会本质没有改变，矫正不可能走向真正的文明与现代化。

（三）制度确立与发展阶段：20世纪40年代至21世纪初

1949年中华人民共和国成立，我国实现了社会根本性质的变革，也最终具备了建立现代化矫正制度的条件。与历史上的其他矫正观念和制度不同，中华人民共和国建立的是具有中国特色的社会主义矫正制度。追溯其发展过程，自革命根据地时期，我国就已创设"监外执行"，由群众对罪犯进行监督，并且实行感化教育方针，注重思想教育等[1]，因此，虽然我国社区矫正制度正式确立的时间较晚，但事实上，我国早已存在社区教育矫正性质的矫正活动。

至1954年，我国颁布《中华人民共和国劳动改造条例》，这部法律具有重要意义：首先，它第一次将假释和监外执行作为我国重要的刑罚执行方式写入法律；其次，虽然当时仍然以监狱矫正为主，但它确立了"惩罚和改造相结合，教育和劳动相结合"的矫正原则，并设专章规定了"以人为中心"的教育矫正内容，为我国教育矫正的发展奠定基础；最后，它最早规定建立未成年犯管教所，对未成年犯着重进行政治教育、新道德教育和基本的文化与生产技术教育，并在各方面都做出了适

---

〔1〕　王敏：《矫正基本原理研究》，西南政法大学2010年博士学位论文。

合少年犯身心特点的特殊规定，这也标志着新中国罪错少年矫正制度的正式建立。[1] 此后，我国开始了对中国特色罪错少年矫正制度的探索，历经了劳动教养制度、工读学校、社会帮教制度等。

1957 年，国务院颁布《关于劳动教养问题的决定》，劳动教养正式成为一种非刑事的未成年人矫正制度，劳动教养不是刑罚，不需要经过法院审判，只需各地劳动教养委员会审查批准即可。在历史上，劳动教养作为一种非刑罚的矫正方式确实发挥了其应有作用，但其弊端所引起的争议也从未停止，这些争议广泛的存在于劳动教养的性质及法律地位，适用对象，决定权和程序正当性，以及劳动教养的期限与执行模式等领域。[2] 2013 年，在经过长期论证后，我国废止了劳动教养制度。

工读学校也曾经是我国矫正罪错少年的一种重要手段。1955 年在党中央的重视下，北京市试点性的创办了中国第一所非司法性质的未成年人矫正机构——工读学校，目的是矫正那些有轻微违法犯罪行为的少年，同时也不剥夺他们受教育的机会。工读学校半工半读，以教育为主，同时以劳动改变恶习，辅之以情感感化，加之其开放性，不与社会脱节，取得了不错的矫正成效。20 世纪 80 年代，在国务院的明确指示下，全国大中城市开始兴建工读学校。当时全国范围内建成约 100 所工读学校。[3] 然而，随着时代发展与人民意识转变，有研究者指出

---

〔1〕 阳桂凤：《论我国未成年犯矫正制度》，湘潭大学 2002 年硕士学位论文。

〔2〕 金筱明：《论青少年犯罪的矫正制度》，中国政法大学 2005 年硕士学位论文。

〔3〕 金筱明：《论青少年犯罪的矫正制度》，中国政法大学 2005 年硕士学位论文。

工读学校可能给学生贴上"不良标签",并造成学生之间的"交叉感染"等,使工读学校处于争议和困境当中。[1] 2006 年修订的《未成年人保护法》中,将工读学校更改为专门学校,意图改变"污名化"的状况。此外,由于工读教育法律基础日渐薄弱,不再具有强制性,而是自愿申请,进一步限制了其矫正功能的发挥。

1983 年,公安部等七单位联合发布《关于做好违法或轻微犯罪行为的青少年帮助教育工作的几点意见》,确立了社会帮教制度。社会帮教制度是具有中国特色的,与社区矫正有一定类似的青少年的社会教育措施。[2] 说其类似社区矫正,是因为社会帮教的场所具有开放性,一般就在青少年的学校、单位和街道、居委会进行,并不脱离其生活环境,并且是依靠广泛的社会力量,具有社会性、群众性的帮助教育措施。但也必须看到,社会帮教与社区矫正还是存在本质区别。社会帮教并不是一种刑罚,也不具有强制性,缺乏必要的法律支撑,甚至没有正规程序,因此社会帮教并不属于矫正制度,而仅是一种社会教育措施。

随着刑罚轻缓化、行刑社会化等国际趋势的发展,我国逐渐意识到社区矫正已成为现代刑罚发展的趋势。经过长期的调研论证,2003 年,我国正式开始社区矫正的试点工作。此后,2009 年社区矫正开始在全国全面试行;2011 年通过的《中华人民共和国刑法修正案(八)》和 2012 年修订的《中华人民共和

---

〔1〕　向帮华、孙霄兵:《中国大陆工读学校现状及对策研究》,载《中国特殊教育》2009 年第 7 期。

〔2〕　康树华:《社区矫正的历史、现状与重大理论价值》,载《法学杂志》2003 年第 5 期。

国刑事诉讼法》（以下简称《刑事诉讼法》）对社区矫正制度作出明确规定，标志着我国社区矫正制度的基本确立；2014 年，全国社区矫正工作进入全面推进的新阶段；2016 年，我国颁布了《中华人民共和国社区矫正法（征求意见稿）》（以下简称《社区矫正法（征求意见稿）》）；2019 年，我国的《社区矫正法》正式颁布，其中包含了"未成年人社区矫正特别规定"专章，该法作为我国第一部社区矫正专门法律，为我国社区矫正的法制化发展提供了坚实的法律基础。

虽然我国社区矫正实施的历史不长，但我国一直在扎实稳步地推进社区矫正的本土化发展，通过不断实践探索，也形成了各具特色的工作模式：如强调社区矫正刑罚性质和司法所主导的"北京模式"；强调社会参与，重视运用民间资源的"上海模式"；率先采用现代信息技术加强对社区矫正服刑人员监管的"江苏模式"；以及注重多元化公益劳动，利用私营企业安置帮教的"浙江模式"，等等。[1]

在未成年人社区教育矫正方面，我国也创建了一些值得推广的方法。例如北京市司法局成立了专门的未成年人社区矫正领导小组，并聘请北京大学等多名专家教授对未成年人社区矫正的一线工作人员进行培训。此外，在政府和司法机关的牵头下，建立了一些针对罪错少年社区矫正的服务性机构，如上海市闵行区的"旭日新航"工作室等。2016 年，我国司法部社区矫正管理局与中国关心下一代工作委员会儿童发展研究中心、联合国儿童基金会合作开展了为期 5 年的"未成年社区服刑人员心理、行为教育矫正项目"，意图创立我国自己的未成年犯社区教育矫正的"范例项目""品牌项目"。但必须看到的是，目

---

〔1〕 王顺安：《社区矫正理论研究》，中国政法大学 2007 年博士学位论文。

前我国罪错少年的社区教育矫正领域还存在诸多问题，如制度不完善，缺乏专门机关、设施和专业人员，缺乏适合未成年人特点的专门方法与社区矫正项目等。

第三章
罪错少年社区教育矫正的价值取向

　　价值取向是事物主体在面对和处理各种矛盾、冲突、关系时所表现出来的基本价值立场和价值态度，是主体进行价值选择与价值判断的决定因素，往往表现为行为的根本准则，以及生活的价值追求方向等。

　　中外在历史文化渊源、政治制度、法律制度、现实国情等诸多方面差异明显。因此，想要系统地研究中外罪错少年的社区教育矫正，必须首先立足于各国的政法、文化环境和现实国情，对各国的罪错少年社区教育矫正的价值取向进行全面的探讨与厘清。罪错少年社区教育矫正的价值取向，是罪错少年社区教育矫正的核心问题，关乎对罪错少年社区教育矫正的根本性认识；对这一问题的界定，决定了罪错少年社区教育矫正制度、模式与方法的发展走向。本章从共同价值与价值差异两个角度入手，分析中外罪错少年社区教育矫正的价值取向。

一、中外的共同价值取向——罪错少年的保护取向

　　对罪错少年进行司法保护，是中外少年司法与社区教育矫正共同的基本价值取向。正是出于对罪错少年进行保护的需要，

才产生了区别于成人刑事司法系统的少年司法系统，继而产生了专门针对罪错少年群体的，带有保护性、福利性色彩的社区教育矫正。对卷入社区矫正的罪错少年进行司法保护，是中外各国的共同原则与价值追求，也是目前被主流社会广泛认同的国际共识。

罪错少年保护取向的产生与发扬，源于学者们对儿童研究的不断深入和对儿童权利与福利保护的不懈追求。[1] 儿童的概念有多层意义：在生理、心理学意义上，儿童意味着身心发展的不完善；在法学意义上，儿童意味着未满法定成年年龄和有限的法律责任；在社会意义上，儿童是处于依附、弱势地位，但有无限发展潜能的社会成员。在中外历史上，儿童长期以来被当作成年人的附属品，其应有的权利未能得到保护。直至18世纪，伴随着社会重大变革的来临，人们关于儿童的看法才逐渐改变。随着西方启蒙运动的兴起，欧美地区首先萌发了新的儿童观。以卢梭为代表的思想家，发现了"儿童期"的存在，并指出了儿童的特殊性，儿童发展的节律、规则以及儿童存在的潜能等。[2] 19世纪初期，人道主义思潮的出现，促使人们重新审视了儿童独立个体的地位，并促进了儿童福利观点和制度的形成。这种观点很快扩展到了少年司法的领域，人们意识到，将少年罪错行为全部归咎于发展还不完善的少年自身，是极不

---

〔1〕 "罪错少年"是对犯有罪错行为，特别是卷入司法系统的一类少年的统称，是司法语境下的一种常见说法。相比之下，"儿童"则具有更普遍的意义。虽然有些研究在少年与儿童的内涵上做出了进一步区分，但本文认为，"儿童"与司法中所用的"少年"概念内涵相同，都是不同于成年人的，具有依附性、脆弱的、缺乏能力的特殊群体。"罪错少年"是一类特殊的"儿童"，对罪错少年的研究从属于对儿童的研究。

〔2〕 周红安：《中西儿童观的历史演进及其在教育维度中的比较》，华中师范大学2003年硕士学位论文。

明智的，因而需要对罪错少年实行特殊的司法保护，包括在矫正中采取特殊的教育矫正措施。目前，这种重视儿童、保护儿童的理念已被广泛地认同，成为国际的主流。人们意识到，儿童群体不仅需要保护，而且需要符合他们自身特殊性的特殊保护。

（一）儿童的特殊性

对儿童的特殊保护，是基于儿童自身的特殊性。在中外的历史上，都曾出现过关于儿童不同于成人的特殊性的思想。但在当时奴隶社会或封建社会的背景下，儿童地位低下，只被人们看作弱小笨拙的成人而已。那些有关儿童特殊性的思想未能引起人们的重视。直至近代思潮涌动，随着启蒙运动、科学革命等的推动，人们的认识水平得到极大提升，开始用科学的眼光看待儿童，也涌现出了许多有关儿童发展的理论与观点。人们开始逐渐认识到儿童不同于成人的特殊性。

第一，儿童的身心发展尚不完善。儿童的生理发育是心理发展的基础。儿童年龄越小，其生理对心理的影响就越大。其中，神经系统是儿童生理发育中最重要的部分，也是其心理功能产生的物质基础。目前，脑与神经科学早已发现了神经系统的发展规律。新生儿出生时，脑重约400克，为成人脑重的25%左右，在这之后，儿童的大脑不断发育，脑细胞增殖，脑重增加，发育的速度表现为先快后慢，六七岁时，儿童脑重接近成人的90%左右，以后的发育逐渐缓慢，到20岁时基本停止发育。而从脑结构的形态上看，发育也要持续到儿童十二三岁左右才能基本完成。[1] 可见，儿童时期神经系统的发育是不完善的，那么作为其功能的心理的发展则必然也是不完善的。心理

---

〔1〕 桑标主编：《儿童发展心理学》，高等教育出版社2009年版，第72~73页。

学研究普遍认为，儿童的心理发展受到内部和外部因素的共同影响，内部因素即遗传与生理因素，外部因素则是社会化、学习过程等。在儿童生理发育不成熟的前提下，其学习与社会化过程也没有完成，因而在认知、情绪、人格、道德发展等各个方面，均未发展完善。以著名儿童心理学家让·皮亚杰提出的儿童认知发展阶段论为例，他认为儿童至少要到 12～15 岁的形式运算阶段，才能摆脱具体事物的限制，通过假设-演绎推理的方法，考虑到多种可能性和解决问题的多种方法。而在此阶段之前，儿童的认知和思维是缺乏逻辑和灵活性的。在此基础上，皮亚杰还提出了儿童道德发展阶段理论，认为在相当于形式运算阶段的 12 岁之后，儿童才有可能形成较为公正客观的、超越主观价值的道德观。可见，在这种身心发展不完善的情况下，儿童有时无法正确判断是非对错，并且在面对问题时，缺乏有效解决方案，又难以自控，很容易采取冲动的、不计后果的方法。

　　第二，儿童具有更高的发展潜能。虽然毕生发展观已被心理学领域广泛接受认同，但人们也普遍承认，人的发展阶段有快有慢、有主有次，而儿童阶段是人生发展的主要年龄阶段。儿童期对于人日后能否顺利成为合格的社会成员具有极重要的意义。心理学研究认为，人的发展具有不平衡性，其中幼儿期是人发展的第一个加速期，青春期是第二个加速期，其后人的发展进入平稳状态，直到老年时开始衰退。幼儿期和青春期都属于广义的儿童期，可见儿童期对于人的整个人生具有重要意义。发展心理学中的关键期理论也认为，人的众多能力发展的关键时期都处于儿童阶段。[1] 这意味着，儿童相比成人有更高

---

　　〔1〕　桑标主编：《儿童发展心理学》，高等教育出版社 2009 年版，第 11～12 页。

的发展潜能，也更加需要正确、适当地引导和教育。同时，儿童的发展有其自身的规律，一旦打破了他们发展的规律，将很容易引起发展问题。例如，将罪错少年判处监禁，无疑是对他们发展规律的破坏，很容易引起发展问题。对儿童的教育与引导，还是应最大限度地尊重其发展规律，因势利导，顺势而为。

第三，儿童具有依赖性和脆弱性。在由成人所主导的世界中，儿童无疑处在弱势地位。他们的生理发育不成熟，身体的各项机能发展均不完善；相应的，他们的心理发展也不完善，认知、情感、社会化等发展均未完成。在这种情况下，儿童缺乏自我保护和独立生活的能力，其生活具有依赖性，依赖于成人物质与精神上的支持与保护。例如，我国规定的最低就业年龄为16岁，并规定雇佣14岁以下儿童将承担刑事责任。[1] 这就意味着，从法律意义上讲，我国16岁以下的儿童是没有收入来源的，他们的生存和成长势必依附于成人。正是由于儿童处于这种弱势和依附地位，使他们的权利常常难以得到保障，经常受到侵害。近年来，针对儿童的侵害，如家庭暴力、儿童虐待、性侵害等案件经常发生。美国的数据统计显示，少年暴力受害的比例是其他年龄组的2倍。[2] 而据中国的一项针对大学生的调查，10.5%的人在儿童期曾经历过性侵害。[3] 而这些受到侵害的少年，其出现罪错行为的可能性也会升高。有研究表

---

〔1〕　UNICEF ed. Thesate of the world's children 2001: Early childhood. UNICEF, 2001.

〔2〕　Bureau of Justice Statistics. Criminal victimization in the United States, 1999 statistics tables: National Crime Victimization Survey. Washington, DC: U. S. Department of Justice, 2001.

〔3〕　李成齐:《大学生儿童期遭受性侵害的回顾性调查研究》，载《中国特殊教育》2008年第4期。

明，经受家庭暴力的少年，出现暴力行为的可能性将会翻倍，从而发展为"暴力循环"。[1]

（二）儿童的权利概述

儿童权利保护是儿童保护的根本性内容。目前，儿童权利保护已成为国际性共识。这很大程度上要归功于联合国等国际组织的推动与促进。

在 1924 年国际联盟的《日内瓦儿童权利宣言》和 1948 年《世界人权宣言》的基础上，1959 年，联合国大会通过《儿童权利宣言》（以下简称《宣言》），明确指出了各国儿童应享有的基本权利，指出"儿童因身心尚未成熟，在其出生以前和以后均需要特殊的保护和照料，包括法律上的适当保护"。"人类有责任给儿童以必须给予的最好待遇。"《宣言》还确立了平等保护原则、最大利益原则、获得姓名与国籍原则、健康与发展权原则、特殊待遇原则、家庭保护原则、受教育原则、优先保护与救济原则、禁止忽视虐待与剥削原则、培养良好习惯原则等 10 项儿童权利保护的基本原则。[2]《宣言》进一步确立了儿童应享受特殊保护的儿童权利观，并首次将"儿童最大利益"这一儿童权利领域首要和核心原则在国际性文件中予以确认。

然而，《儿童权利宣言》只是国际性文件，其性质更多的是建议和指导，不具有法律的约束力，因而作用有限。真正的儿童权利保护的里程碑式的文件应属联合国 1989 年通过的《儿童权利公约》（以下简称《公约》）。《公约》分为 3 部分，共 54 条，其中重申了"儿童特殊照料的需要"，并明文规定了儿童享

---

〔1〕　C. Widom, "The cycle of violence", *Science*, 1989, 244：pp. 160-166.

〔2〕　王勇民：《儿童权利保护的国际法研究》，华东政法大学 2009 年博士学位论文。

有生命权、发展权、姓名权、国籍权、健康权、医疗权、受教育权等多达数十种的权利。有学者将这些权利进行了分类：

首先，有"四分论"，认为《公约》中的权利可以归结为四种，分别是包括生命权和健康权在内的生存权；免遭歧视、虐待、伤害的受保护权；有权接受教育，享有促进自身发展的资源和条件的发展权；包括表达权在内的参与权。

其次，还有"三分论"，认为儿童权利可以概括为"基本的健康和福利""教育、闲暇和文化活动"及"特别保护"三种。

最后，是儿童权利的"二分论"，认为儿童权利一是国家、家庭和社会对儿童个体生命和生存权利的特别保护；二是涉及儿童在特定社会条件下能获得个人潜质的最全面的发展。概括说来，也就是生存权和发展权。[1] 这些不同的分类方法，不存在本质上的冲突，可以说是从不同角度对儿童权利进行的概括性归类。

《儿童权利公约》以公约法的形式确立了儿童独立的权利主体的地位，明确了儿童的各项基本权利，并获得了国际社会广泛的接受与认可，是最为成功的国际公约之一。1990年，中国正式成为《儿童权利公约》的缔约国之一。在2015年索马里正式成为《儿童权利公约》的缔约国后，美国因成为唯一一个未批准该公约的国家而饱受诟病。[2] 也有一些学者为美国的选择做出辩护，认为多年来美国一直拒绝批准该公约是因为公约与

---

〔1〕 王雪梅：《儿童权利论：一个初步的比较研究》，社会科学文献出版社2005年版，第31~35页。

〔2〕 联合国新闻：《索马里向联合国递交〈儿童权利公约〉批约书，成为第196个缔约国》 〔EB/OL〕. http：//www.un.org/chinese/News/story.asp？NewsID＝24833。

美国的政治传统、联邦法律体系和传统家庭理念存在冲突。[1]

此外，在我国，《中华人民共和国宪法》（以下简称《宪法》）中也有专门针对儿童权利的条款。如《宪法》第 46 条规定："中华人民共和国公民有受教育的权利和义务。国家培养青年、少年、儿童在品德、智力、体质等方面全面发展。"《宪法》第 49 条第 1 款规定："婚姻、家庭、母亲和儿童受国家的保护。"《宪法》的规定，为我国其他儿童权利保护的立法奠定了重要基础。其后，我国相继修订《未成年人保护法》《预防未成年人犯罪法》等未成年人专项法律，规定未成年人享有生存权、发展权、受保护权、参与权等基本权利。结合《儿童权利公约》的宗旨和我国的发展现状，我国分别于 2001 年、2011 年和 2021 年分别制定了《中国儿童发展纲要》，从儿童健康、教育、福利、环境与法律保护等诸多方面做出了儿童发展的纲领性规划，切实促进儿童权利的保护。

虽然美国未批准《儿童权利公约》，但在美国的联邦法律体系内，确实对儿童权利做出了规定。在美国，每个儿童与生俱来享有安全环境、优质营养、健康护理和教育的权利。美国宪法第十四修正案平等保护条款（The equal protection clause of the 14th Amendment）规定，每个儿童，不管是否婚生，不论其种族、性别、宗教信仰等，都享有包括平等保护权（equal protec-tion right）和正当程序权（Due process right）在内的基础的宪法权利。[2] 此外，美国各州法律（state statutes）管理条例（regu-lation）和政策（policy）都对儿童权利做出了各自具体的规定。

---

〔1〕　王崇兴：《美国拒绝批准联合国〈儿童权利公约〉原因探析》，载《南京师大学报（社会科学版）》2006 年第 2 期。

〔2〕　42 U. S. C. sect. 1983

（三）罪错少年的司法保护理念

对于卷入司法系统的罪错少年来说，对其权利保护最直接的体现，就是对他们进行特殊的司法保护。而独立的少年司法体系则是对罪错少年司法保护最直接的体现。域外一些国家，少年司法体系与成人刑事司法体系的分离，体现出二者司法理念与司法程序的本质差异。以美国为例，美国是少年司法制度的发源地，美国的少年司法是典型的福利型司法，它以国家亲权理念为哲学基础，以"儿童最大利益"为基本原则，排斥刑事司法体系中的惩罚与报应理念，认为其根本目的在于对罪错少年的保护和矫正。同时，少年司法的程序也被认为是民事程序，而非刑事诉讼。可以说，少年司法本身就是一种司法保护。中国并没有完全独立的少年司法系统，但在立法与司法中，也系统地体现出罪错少年司法保护的原则和理念。我国《未成年人保护法》第 100 条规定："公安机关、人民检察院、人民法院和司法行政部门应当依法履行职责，保障未成年人合法权益。"对罪错少年的司法保护是一个非常广泛的议题，这里主要从国际文件公约以及中外的法律和司法过程着眼，将中外国家在少年司法保护中体现出的理念与原则，特别是与社区教育矫正相关的部分，进行阐述与分析。这里我们以美国为例进行阐述。

1. 国家亲权理念

国家亲权（Parens Patriae）理念，是美国的少年司法制度得以建立的根本性的哲学基础。在英国的影响下，美国自殖民地时代就秉承国家亲权理念。这一理念的内涵主要包括三点：首先，国家是儿童最后的父母，对儿童负有责任；其次，国家亲权高于父母亲权，如果父母不能适当地履行其监护权时，国家有权剥夺父母的这种权利；最后，国家在履行亲权时，要以儿童为本，维护其最大利益。[1]　国家亲权理念根本性地改变了国家与儿童的关系。在19世纪后，这一理念被少年司法领域广泛引用，奠定了美国福利型少年司法的基础。1925年，美国首次发布了标准少年法院法（Standard Juvenile Court Act），以便规范和提升各州少年法院法的立法水平。在其1959年的修订版本中，它阐述了少年法院的目的，认为当进入少年法院的儿童脱离他们父母的管控，少年法院应向他们提供关怀和控制，就像他们的父母一样。这一关于少年法院目的的阐述，被美国多个州所认可与引用，体现出鲜明的国家亲权理念。在这一理念的指导下，罪错少年不是国家的敌人，而是国家的被监护人，是国家的"犯了错的孩子"。因而罪错少年不会被当作罪犯（criminal），而是被当作越轨者（delinquent），少年司法的程序也被看作民事诉讼而非刑事诉讼。在处置罪错少年时，关注的重点也并不在于惩罚和报复，而在于找到导致他们犯罪的问题，并想方设法矫正和治疗这些问题。因此，在少年司法体系中，律师和检察官的位置被保护观察官、社会工作者、心理学家、精神病学家以及医生等取代，以便个别化、专业化地评估、治疗和矫正罪错少年。

但是，国家亲权与少年司法的结合必须以牺牲罪错少年部分的宪法权利作为前提。因为少年司法的目的是保护、矫正而非惩罚，诉讼程序也是民事而非刑事，所以美国宪法所赋予刑事被告人的许多权利，在少年司法中都不适用，例如律师咨询

---

[1]　姚建龙：《国家亲权理论与少年司法——以美国少年司法为中心的研究》，载《法学杂志》2008年第3期。

权、陪审团审判权等。[1] 因此，少年司法过于依赖法官、保护观察官等人的自由裁量权，这使对罪错少年的处置和矫正具有很大任意性。例如，由于少年诉讼程序的非正式和不可上诉的特点，相比于同样罪行的成年人，他们的保护观察条件可能更为严苛，被监禁的时间也更长。[2] 此外，对于基本相同的罪行，不同的法官可能给出不同的处置，这也造成了美国少年司法的混乱和不一致。基于这些考虑，1966 年，美国最高法院在高尔特案（In re Gault）中，正式赋予罪错少年基本的程序性正当程序权利（Procedural due Process rights），少年司法程序变得更正式，也更类似于成人刑事司法体系。但这又引发了新一轮的争议，因为美国少年法院与刑事法院在目的与任务上具有明显差别，前者是为了矫正、康复，后者则为了定罪和惩罚。而在改革之后，少年司法与刑事司法体系愈加相像，人们开始在少年司法中加入更多的惩罚性内容，维护社会公正，这使得少年司法中根本的康复主义哲学基础遭到了质疑。目前，美国的少年司法在目的与程序上，往往在矫正与惩罚之间、正当程序与非正式程序之间不断摇摆。但总体来说，美国国家亲权的理念还是为少年司法体系带来了重大进展，R. Caldwell 评价说，它开创了法律、科学和社会工作在儿童福利领域合作的新时代，预示着所有罪犯都将通过科学和个案工作获得个别化的处遇，

---

〔1〕　M. R. Gardner, "Punishment and Juvenile Justice: A Conceptual Framework for Assessing Constitutional Rights of Youthful Offenders", *Vanderbilt law review*, 1982, 35 (4): pp. 791-847.

〔2〕　K. L. Atkinson, "Constitutional Rights of Juveniles: Gault and Its Application", *William & Mary Law Review*, 1967, pp. 492-508.

而不是通过刑法而惩罚。[1]

在历史上，中国也有过类似于国家亲权的理论渊源。中国古代的封建伦理提出"三纲五常"，其中，君为臣纲，父为子纲，夫为妻纲，这其实是强调了君权、父权、夫权的权威，其中君权高于父权，"君"即所有子民的"父"。此外，中国古代的法律中早有"矜老恤幼"的思想，国家因"恤其年幼"而对其施以额外的恩惠，带有一定国家亲权的色彩。[2] 但是这些思想未能发展形成体系，也没能成为如国家亲权一般的基础与指导性的理念。中华人民共和国成立后，一直非常重视保护未成年人，我国《宪法》第49条第1款规定："婚姻、家庭、母亲和儿童受国家的保护。"说明国家对未成年人保护负有责任。我国的《未成年人保护法》中明确规定，如果父母不依法履行其监护职责，那么人民法院可以依法撤销其监护人资格，另行指定监护人，这说明国家对未成年人的保护高于其家庭保护。此外，1981年，无产阶级革命家彭真提出"三像方针"，要求司法人员"像家长对待子女，像医生对待病人，像老师对待学生"一样的教育失足青少年。从儿童福利角度来看，其强调的对罪错少年关怀、矫治、教育的理念与国家亲权似乎如出一辙。但我国"三像方针"及类似理念，与国家亲权仍存在很大差别。

2. "儿童最大利益"原则

1959年，联合国的《儿童权利宣言》原则二指出"儿童应受到特别保护，并应通过法律和其他方法而获得各种机会与便

---

〔1〕　转引自姚建龙：《青少年犯罪与司法论要》，中国政法大学出版社 2014 年版，第 127 页。

〔2〕　姚建龙：《国家亲权理论与少年司法——以美国少年司法为中心的研究》，载《法学杂志》2008 年第 3 期。

利，使其能在健康而正常的状态和自由与尊严的条件下，得到身体、心智、道德、精神和社会等方面的发展。在为此目的而制订法律时，应以儿童的最大利益为首要考虑。""儿童最大利益"首次正式出现在国际文件中，成为儿童保护立法的首要原则。1989 年，联合国在《儿童权利公约》第 3 条中重申，"关于儿童的一切行动，不论是由公私社会福利机构、法院、行政当局或立法机构执行，均应以儿童的最大利益为一种首要考虑。""儿童最大利益"以具有法律效力的条约形式被确定与认同，成为关于儿童的一切行为的首要原则。

中国作为《儿童权利公约》的缔约国，在制定的《中国儿童发展纲要（2011－2020）》中也明确指出，要遵循"儿童最大利益"原则，从儿童身心发展特点和利益出发处理与儿童相关的具体事务，保障儿童利益最大化。美国虽从未批准《儿童权利公约》，但事实上，"儿童最大利益"作为国家亲权的本质要求，自 19 世纪初起，就成为美国儿童福利和少年司法领域的核心和首要原则。美国所有的州和地区，都有法律要求少年法院在做出与少年相关的处置时，要考虑少年的最大利益。[1] "最大利益"（best interests）要求法院在做出与少年相关的决定时，将少年的终身安全与幸福置于首要位置，考虑何种类型的服务、行为、法令等会最好的服务于罪错少年，以及谁最适合为他们提供监管和照顾。最大利益原则也是对少年司法保护内涵的高度概括。

然而，作为一项国际公认的重要原则和一个国际法律概念，"儿童最大利益"是笼统、模糊和不确定的，它是儿童保护的总

---

〔1〕 Child Welfare Information Gateway. Determining the best interests of the child. Children's Bureau, 2016.

纲领和对其内涵的高度概括，缺乏固定的定义和标准。"儿童最大利益"的实现，依赖于各国在立法和司法中对其的贯彻和解释。纵观中美对罪错少年的司法保护，特别是在行刑和矫正阶段的保护，"儿童最大利益"原则主要体现在以下几方面：

（1）非刑罚理念

美国的少年司法系统出于对罪错少年的保护，一直强调其非刑事的司法程序。但对此的质疑从未停止，美国法官 Musmanno 对这一理念发出了非常著名的反驳，认为那些裁定儿童有罪或是无辜的诉讼程序，或许被叫作民事质询（Civil inquiry），但实际上就是审判（trial）。[1] 而中国并没有独立的少年司法体系，因此，卷入司法系统的少年很容易受到司法系统固有消极因素的影响。出于这种理由，从罪错少年最大利益出发，对其最直接的司法保护就是将其转移出司法体系，进行非刑事、非正式的处置和矫正。联合国《儿童权利公约》第 40 条第 3 款 B 项也提出，必要时，国家要制订不对罪错少年诉诸司法程序的措施。

中外国家都有类似的规定。以美国为例，1974 年，美国少年司法中里程碑式的法案——少年司法与犯罪预防法案（Juvenile Justice and Delinquency Prevention Act，JJDPA），推行非刑罚、非监禁的少年矫正，倡导将身份犯（status offender）与少年犯区别与隔离，对罪错少年进行司法转处（diversion）等。转处，又称转向处分，起源于美国 20 世纪 60 年代的儿童保护运动，旨在将罪错少年转移出正式的司法体系，从而避免审判，并以教

---

〔1〕 Com. Ex Rel. Hendrickson v. Myers.

育性措施代替刑罚。[1] 转处有其适用的标准和对象，主要适用于无前科、轻微犯罪的罪错少年。在美国的少年司法系统中，有权做出转处决定的主要有警察和法庭接收过程（court intake）的工作人员（主要由保护观察官担任）。转处后的青少年大部分接受了非正式的社区矫正。2013 年，美国少年司法中被判处非正式处罚的少年案件有 283 800 件，占当年少年案件总数的 26.8%。[2]

在中国，根据《中华人民共和国刑事诉讼法》（以下简称《刑事诉讼法》）规定，检察机关具有不起诉权。在相对不起诉条件下，检察机关拥有起诉裁量权。在理论上，检察机关可以运用这一权利对符合条件的未成年犯不予起诉。在实践中，我国未检机关还探索出了"暂缓起诉"或称"附条件不起诉"这种方式，即对符合条件的未成年犯暂时不予起诉，采取取保候审的方式并设置一定的考察期（一般为 3 个月至 12 个月），如其确有悔改表现则不予起诉，若在考察期内又出现违法犯罪行为，则撤销取保候审，与前罪一并起诉[3]。暂缓起诉也是一种对罪错少年的有条件司法转处，符合我国"宽严相济"的刑事政策，并取得了很好的效果。需要注意的是，暂缓起诉并不是对罪错少年的放任。在考察期内，应对罪错少年进行非正式的社区矫正和帮教工作。

---

[1]　姚建龙：《未成年人犯罪非监禁化理念与实现》，载《政法学刊》2004 年第 5 期。

[2]　S. Hockenberry, C. Puzzanchera, Juvenile Court Statistics 2013. National Center for Juvenile Justice, 2015, p. 52.

[3]　姚建龙：《未成年人犯罪非监禁化理念与实现》，载《政法学刊》2004 年第 5 期。

（2）非监禁理念

非监禁是联合国少年司法的一项重要准则。《北京规则》第19条规定："把少年投入监禁机关始终应是万不得已的处理办法，其期限应是尽可能最短的必要时间。"并在此条的说明中解释到，由于少年正处于早期发育成长阶段，失去自由且与正常的社会环境隔绝对他们来说会产生比成年人更为严重的消极影响。因此，要从数量上（"万不得已的办法"）和时间上（"最短的必要时间"）对少年的监禁加以限制。《儿童权利公约》第37条 B 款规定："不得非法或任意剥夺任何儿童的自由。对儿童的逮捕、拘留或监禁应符合法律规定并仅应作为最后手段，期限应为最短的适当时间"。

未成年人是不同于成年人的特殊群体，对罪错少年使用监禁处遇将造成比成年人更为严重的消极后果，这至少包括以下几个方面：监禁将迫使未成年人与家人、朋友隔离，破坏社会纽带，违反人道主义；未成年人自我保护能力低，其身心健康与合法权益等更容易受到监禁带来的伤害；监禁矫正将带来沉重的"标签效应"，影响未成年人此后的生活和发展；未成年人缺乏辨别能力，更容易受到监狱中的"交叉感染"；监禁使未成年人正常的社会化过程中断，对其健康的影响是巨大的；此外，监禁未成年人所花费的司法成本也高于成人；监禁的长期影响更容易导致未成年犯向惯犯累犯转变等。[1]

结合联合国规则和公约的宗旨，我国在未成年人进入司法系统的各个阶段，都作出了非监禁化的规定：包括在审前阶段，检察机关要严格审查和限制对未成年嫌疑人的逮捕；在审判阶

---

[1]　姚建龙：《未成年人犯罪非监禁化理念与实现》，载《政法学刊》2004 年第 5 期。

段和量刑阶段，对未成年犯从轻或减轻处罚，并在适用刑罚时坚持教育为主，惩罚为辅的原则；在行刑阶段，我国对罪行轻微、主观恶性不大的未成年犯，重点适用社区矫正。

非监禁原则同样是美国少年司法的重要原则，监禁矫正作为最后考虑的一种矫正方式，只有在其他方式均不适用的情况下，才会考虑运用。1938 年，美国颁布的联邦少年犯罪法案（Federal Juvenile Delinquency Act）规定，个体在 18 岁之前违犯联邦刑法的行为都属于少年犯罪。除非在保证其自身和社区安全的必要情况下，罪错少年有权不被监禁等，并且每个被监禁的少年犯都应被提供适当的咨询、教育、培训和医疗护理，包括必要的精神病学的、心理的、其他的护理和治疗。

（3）家庭保存理念

家庭保存（family preservation），指尽量将卷入司法系统的罪错少年留在家中并在其父母的监管下，不破坏其家庭的完整性，是非监禁理念的进一步深化。联合国《北京规则》第 18 条第 2 款规定："不应使少年部分或完全地离开父母的监管，除非其案情有必要这样做。"第 25 条规定："应发动志愿人员、自愿组织、当地机构以及其他社区资源在社区范围内并且尽可能在家庭内为改造少年犯做出有效的贡献。"这些条款初步阐明了少年司法中的家庭保存理念。对于罪错少年的矫正来说，家庭保存有多层意义：首先，将儿童留在家中，保护了家庭的完整性，也保留了儿童的原生环境，避免了转换环境对儿童带来的伤害；其次，将儿童留在家中进行矫正，可以变家庭为矫正的积极参与者，充分发挥家庭亲情纽带在矫正中的作用；最后，罪错少年中很大一部分存在家庭问题，家庭保存意味着矫正不仅针对罪错少年，也针对其整个家庭。

家庭保存是目前美国儿童福利与少年司法领域中共同的重

要理念。家庭一直处于美国儿童福利体系中的首要和中心地位，1909 年的"关于需要救助儿童问题的白宫会议"（the 1909 White House Conference on Dependent Children）的报告指出，"家庭生活是社会文明最高、最好的产物"，并且"儿童的这项权利不应当被剥夺，除非是紧急且迫不得已的原因。"[1] 这直接阐明了美国儿童福利中家庭保存的理念。这种理念也直接影响了美国的少年司法。美国至少有 28 个州在立法中强调，要尽可能维护儿童家庭的完整和避免将儿童从家庭移出。此外，美国 15 个州和哥伦比亚特区立法要求维护儿童与其父母和家庭亲属的情感纽带和关系。[2] 根据美国 2013 年的统计数据，少年法院判处离家处置（out-of-home placement）的案件数量比 1985 年下降了 26%，比 1997 年达到峰值时，更是减少了 53%，达到了历史最低水平。2013 年只有 24%的少年罪错案件被判处离家处置。相反的，2013 年判处保护观察的案件数量却比 1985 年上升了 6%，占当年判处案件总数的 64%，这使保护观察成为美国少年法庭最常用的处置措施。[3] 弗吉尼亚威廉斯堡地区的 PO—J Wright 认为，美国罪错少年矫正的一大趋势，是将更多的罪错少年留在家庭中进行矫正，其中一个明显的佐证是，社区矫正设施在近几年大幅减少。[4]

目前，我国愈加重视罪错少年的社区矫正，在社区矫正中

---

〔1〕 转引自［美］玛格丽特·K. 罗森海姆等编：《少年司法的一个世纪》，高维俭译，商务印书馆 2008 年版，第 39 页。

〔2〕 Child Welfare Information Gateway. Determining the best interests of the child. Children's Bureau, 2016.

〔3〕 S. Hockenberry, C. Puzzanchera, Juvenile Court Statistics 2013. National Center for Juvenile Justice, 2015, pp. 46-48.

〔4〕 来自于本研究的访谈之一，对美国弗吉尼亚州威廉斯堡地区法庭服务部（9 District Court Service Unit）保护观察官（Joe Wright）的访谈。

也更加突出家庭的作用。例如，我国《社区矫正实施办法》（已失效）中第 33 条第 1 款第 7 项规定："督促未成年社区矫正人员的监护人履行监护职责，承担抚养、管教等义务。"我国 2019 年颁布的《社区矫正法》第 12 条第 2 款规定："社区矫正对象的监护人、家庭成员，所在单位或者就读学校应当协助社区矫正机构做好社区矫正工作。"说明我国已经看到了家庭、家庭成员、亲情感化在社区矫正中的价值。但必须注意的是，我国社区矫正的社会群众基础尚不牢固，许多人仍然认为罪犯矫正是国家的职责和工作，与家庭、个人无关。但事实上，社区矫正的成功必定无法绕开儿童成长发展最重要的场所和环境——家庭。家庭，特别是儿童的监护人，不仅不能置身事外，而且应该在矫正中承担更多的责任。我国应更加明确国家和家庭在罪错少年矫正中的职责划分，发展更多适当的教育矫正方式，不仅将少年留在家庭矫正，并且将家庭变为矫正的积极参与者，也同时矫正家庭存在的问题。

（4）个体化处遇理念

依据《北京规则》第 17 条"审判和处理的指导原则"规定，处置罪错少年时需要考虑的因素至少包括：首先，处置要与罪错少年犯罪的情况和严重性相称；其次，要与他们的个人情况及需求相符，并应将其福祉看作主导因素；最后，要与保护社会的需要相符。而这些因素使对罪错少年的处置充满哲理性冲突，这也是少年司法所固有的矛盾——"矫正帮扶"还是"惩罚报应"，"保护儿童利益"还是"维护社会安全"。联合国《儿童权利公约》第 40 条第 4 款也指出："应采用多种处理办法，诸如照管、指导和监督令、辅导、察看、寄养、教育和职业培训方案及不交由机构照管的其他办法，以确保处理儿童的方式符合其福祉并与其情况和违法行为相称。"对罪错少年的司法处置是复杂且矛盾的，对其处置既要与其犯罪行为相适应，又要维护其福祉，并满足其由于身心发展不完善而产生的特殊需求，这给罪错少年的处置和矫正体系建设提出了很高的要求。普适的标准与做法并不存在，其潜在的要求，就是对罪错少年进行个体化的处遇。量刑与行刑的个别化也是教育刑理念的要求。罪错少年即使罪名相同，也不能一概而论，每个个案具体问题需具体分析，以适应其特殊的身心发展需求，维护其福祉，并平衡社会利益与儿童最大利益。有研究者认为，少年司法是"柔性司法"，与成人刑事司法中的"刚性司法"理念不同，少年司法不应是一成不变的，而应是人性化的，紧密围绕少年的身心和社会化发展而设计，其法律法规应根据少年的实际情况而适当"软化"，[1] 从而对他们做出最合适的处置。

美国的少年司法体系个体化程度很高，少年个案从进入司法体系开始，即有司法专员负责，一般由保护观察官（PO）担任，对其进行社会调查和个体的需求评估。而在审判阶段，少年法官可以基于其个人的自由裁量权，为罪错少年量身设计各种保护观察法令（Probation orders），依法对特定的罪错少年增加某些特殊的、个体化的保护观察条件，这使得对罪错少年的处置和矫正灵活性很高，当然也需要有完备的矫正服务体系作为支持。而在矫正阶段，负责个案的PO还会为罪错少年做出个体化的矫正计划，并根据实际不断修改，促进罪错少年的矫正成功。中国没有独立的少年司法体系，社区矫正体系也正在发展中，目前我国尚未完全达到个体化处置罪错少年的条件。虽然我国已经开始社区矫正的信息化建设，每个社区服刑人员都

---

[1]　皮艺军：《中国少年司法理念与实践的对接》，载《青少年犯罪问题》2010年第6期。

有独立的社区矫正档案，但距离对每个在社区服刑的罪错少年都进行个体化处遇还是存在差距。我国曾在《社区矫正实施办法》和《社区矫正法（征求意见稿）》中都作出了相关规定，要求针对未成年社区矫正人员的年龄、心理特点和发育需要等特殊情况，采取有益于其发展的矫正措施。可以说为我国罪错少年的个体化处遇奠定了法制基础。相关研究和实践者已经开始探讨和实践用个案社会工作的方法介入罪错少年的社区矫正。

二、中外的价值取向差异分析

对罪错少年进行司法保护，是整个国际社会的思想共识与价值追求。然而，中外各国在罪错少年社区教育矫正的价值取向上，仍存在显著的差异。这里仍然以美国作为域外国家的主要代表。

（一）服务取向与刑罚取向

由于中外各国有着不同的文化渊源与司法土壤，因而中外各国的社区教育矫正在内在属性上存在差异。以美国为例，由于美国少年司法体系的独立性，美国对罪错少年的社区教育矫正就是促进他们康复的"帮助"或"服务"，没有刑罚的性质，服务取向明显。尽管目前在美国少年司法中，以"康复之名"行"惩罚之实"的现象广泛存在并广受诟病，但理论上，美国的少年司法与矫正不应具有任何惩罚性，这才是其与美国成人刑事司法系统的根本区别。而中国的社区教育矫正是社区矫正的核心任务之一，应具有与社区矫正一致的刑罚执行属性。那么中国的社区教育矫正必然带有刑罚所具有的惩罚性、强制性等属性，具有刑罚取向。

1. 域外罪错少年社区教育矫正的服务取向

在西方的刑事司法系统中，社区矫正的性质存在争议。有学者认为，社区矫正并不是一种刑罚，而是刑罚的有条件暂停（conditional suspension of punishment），因为社区矫正开始的初衷就是将罪犯从严酷的刑罚之下转移出来，并拯救他们的思想灵魂。因此，康复主义应是社区矫正的核心哲学和指导思想[1]。另一些学者认为，社区矫正是一种刑罚模式，只是这种刑罚模式已经从"单纯惩罚"转变为恢复性司法理念下的兼顾各方利益，但根本上讲社区矫正就是刑罚，而不是刑罚的替代措施[2]。

　　针对罪错少年来说，美国的少年司法体系与成人刑事司法体系完全脱离，有其独特的哲学基础与司法理念。想要理解美国的罪错少年社区矫正，就必须先理解美国的少年司法制度。在整个 18 世纪的美国，少年都被当作成人对待，但凡年满 7 岁的罪错少年，都会像成人一样站在刑事法庭接受审判。但这种情况在 19 世纪有了根本性改变。1825 年，美国纽约市建立了庇护所，专为罪错少年提供矫正治疗，将罪错少年与成人罪犯隔离开来。可以说，矫正机构的分离成为了美国少年司法体系与成人司法体系分离的第一步。随后，随着少年司法改革运动的展开，至 1899 年，美国伊利诺伊州通过了少年法院法，首次在州范围内建立了独立的少年法院体系，这标志着整个少年司法体系首次与成人刑事司法体系整体的分离。司法体系的分离，也意味着司法理念的本质差别。建立在国家亲权理念上的美国少年司法与刑事司法有截然不同的理念，惩罚、报复等观点被认为不应存在于美国少年司法，康复主义哲学（Rehabilitative i-

〔1〕　W. Mcwilliams, K. Pease, "Probation Practice and an End to Punishment", *The Howard Journa*, 1990, 29（1）: p. 15.

〔2〕　R. Duff, "Probation, Punishment and Restorative Justice: Should Al Turism be Engaged in Punishment?", *The Howard Journal*, 2003, 42（2）: pp. 181-197.

deal）在美国少年司法中占据绝对统治地位。

鉴于美国少年司法体系的情况，美国针对罪错少年的社区教育矫正体现出非刑罚的特点，依据如下：

首先，在理念上，美国少年司法体系以国家亲权为理论基础，以康复主义为其哲学基础，立足于维护罪错少年的最大利益，通过对罪错少年适当的矫治与支持，促进他们发展与重归社会。美国少年司法建立的初衷就是希望将少年从严厉的刑罚中转移出来。如果对他们的社区教育矫正是一种刑罚，那么就完全与少年司法的基础和前提相悖。

其次，在实践中，美国整个少年司法的过程被认为是民事而非刑事的，罪错少年并不是"罪犯"而只是"越轨者"；PO承担了检察官与律师在成人刑事司法系统中的角色；"处置"（disposition）代替了成人刑事司法系统中的"量刑"（sentencing）。那么，作为美国少年司法体系的重要组成部分，社区教育矫正必定也是一种非刑罚的措施。虽然目前美国的少年司法更加注重少年个人利益与社区利益的平衡，也通过一些措施，如加强型监管来保障社区安全，但就总体来说，还是立足于维护罪错少年的最大利益，以促进少年发展和重归社会为根本目的。

虽然，目前很多人质疑美国少年司法所宣称的民事程序和康复主义哲学，认为其与成人刑事司法体系过于相似并存在惩罚性内容，但就主流来看，美国少年司法中的社区教育矫正是一种保护和福利性的处置，是刑罚的替代性措施，不具有刑罚的惩罚性。因此，这种社区教育矫正可以说是针对罪错少年特殊需求，帮助他们重归社会的康复性帮助或服务活动，具有明显的服务取向。

2. 中国罪错少年社区教育矫正的刑罚取向

在中国，社区教育矫正就是社区矫正的基本任务之一，其内在属性与价值取向自然也应服从于社区矫正。但目前，中国学界对社区矫正的认识尚有一定争议，主要观点有：

第一，非监禁刑罚执行说。这也是我国官方确认的我国社区矫正的性质。2003 年，我国两高两部颁发的《关于开展社区矫正试点工作的通知》指出，"社区矫正是与监禁矫正相对的行刑方式，是指将符合社区矫正条件的罪犯置于社区内，由专门的国家机关在相关社会团体和民间组织以及社会志愿者的协助下，在判决、裁定或决定确定的期限内，矫正其犯罪心理和行为恶习，并促进其顺利回归社会的非监禁刑罚执行活动。"2014 年，在两高两部颁布的《关于全面推进社区矫正工作的意见》中，再次明确指出"社区矫正是一项重要的非监禁刑罚执行制度，是宽严相济刑事政策在刑罚执行方面的重要体现，充分体现了社会主义法治教育人、改造人的优越性。"但对这种观点，许多学者提出了异议。例如，姚建龙认为[1]，中国社区矫正明确规定的 5 类对象，包括缓刑、假释、管制、剥夺政治权利和暂予监外执行的服刑人员。其中，属于非监禁刑的只有管制与剥夺政治权利两种，因此不能一概而论地将社区矫正归为非监禁刑罚执行活动。

第二，刑罚执行说。在非监禁刑罚执行说的基础上，研究者更加严谨和规范地总结其性质，认为社区矫正是一种刑罚执行方式，而不是非监禁刑罚执行方式。社区矫正并不等同于非监禁刑。非监禁刑是与监禁刑相对应的刑种概念，而社区矫正

---

〔1〕　姚建龙等：《矫正学导论：监狱学的发展与矫正制度的重构》，北京大学出版社 2016 年版，第 250~252 页。

则是一种刑罚执行方式。[1] 但对于这种刑罚执行说，也存在很大争议。有学者认为社区矫正不能等同于刑罚执行活动，其主要原因在于刑罚的根本性质是严厉的惩罚，而社区矫正的主要价值是通过教育帮扶等手段，矫正犯罪人的心理与行为恶习，促使其顺利回归社会。因此，社区矫正具有鲜明的福利性与社会保障性。如果将其定义为刑罚执行，则与社区矫正的基本价值相悖，可能会导致其实施过程中理念与方法的矛盾与混乱，影响其效能发挥。[2]

第三，双重性质说。这一学说认为我国的社区矫正具有刑罚执行与社会工作的双重性质，或刑罚执行与社会福利的双重性质。[3] 在社区矫正的"上海模式"率先开始将社区矫正与社会工作的理念和方法相结合，并取得了良好效果的情况下，人们开始怀疑社区矫正的刑罚属性，提出社区矫正具有刑罚执行与社会工作的双重属性，认为单单依靠刑罚执行，难以实现矫正犯罪人心理与行为恶习，并促使他们顺利回归社会的目的。因而可将社区矫正视为两个相关过程的有机统一，分别是刑罚执行过程和恢复矫正对象社会功能的过程，社区矫正的性质也应该是刑罚执行与社会工作的内在统一。[4] 另一种观点认为，将刑罚执行看作社区矫正的唯一性质，是对社区矫正的窄化和绝对化，导致社区矫正的实际工作不够专业高效；而对社区矫

---

〔1〕 高贞主编：《社区矫正执行体系研究》，法律出版社 2017 年版，第 4~6页。

〔2〕 转引自姚建龙等：《矫正学导论：监狱学的发展与矫正制度的重构》，北京大学出版社 2016 年版，第 250~252 页。

〔3〕 高贞主编：《社区矫正执行体系研究》，法律出版社 2017 年版，第 5 页。

〔4〕 张昱：《论社区矫正中刑罚执行和社会工作的统一性》，载《社会工作》2004 年第 5 期。

正具有社会工作属性的认识则过于狭隘，无法体现出社区矫正中对罪犯的教育帮扶和对他们福祉的维护。因而，社区矫正应为刑罚执行与社会福利的双重性质。[1] 概括来看，这两种观点都认同社区矫正刑罚执行的根本性质，但在此基础上又强调了社区矫正的双重属性。

第四，非刑罚说。这一类观点彻底的否定了社区矫正刑罚执行的性质，认为社区矫正不属于刑罚。其中，有学者认为社区矫正是一种"新兴的罪犯处遇制度"[2]，是"综合性的非监禁处遇措施"[3] 或是一种"保安处分"[4]。

然而，随着 2019 年末我国《社区矫正法》的正式颁布，我国社区矫正的性质不仅没有得到进一步的澄清与确认，反而更加模糊。因为在《社区矫正法》的许多具体规定中，都对我国社区矫正的法律性质做了模糊处理，这也引起了广泛的关注与争议。从长远来看，对社区矫正性质的认识不明，非常不利于未来我国社区矫正工作的开展。

综上所述，首先，我国并不像美国一样存在完全独立的少年司法系统，我国对罪错少年的社区矫正就是刑事司法程序中的执行环节，因此其必然具有刑罚执行的性质；其次，根据我国 2018 年修正的《刑事诉讼法》中第 269 条规定："对被判处管制、宣告缓刑、假释或者暂予监外执行的罪犯，依法实行社

〔1〕　史柏年：《刑罚执行与社会福利：社区矫正性质定位思辨》，载《华东理工大学学报（社会科学版）》2009 年第 1 期。

〔2〕　冯卫国：《行刑社会化研究——开放社会中的刑罚趋向》，北京大学出版社 2003 年版，第 181 页。

〔3〕　吴海峰：《论社区矫正的性质定位及改革》，载《贵州警官职业学院学报》2013 年第 3 期。

〔4〕　程应需：《社区矫正的概念及其性质新论》，载《郑州大学学报（哲学社会科学版）》2006 第 4 期。

区矫正，由社区矫正机构负责执行。"这四类对象，都是依法受到刑罚处罚的罪犯，对他们的社区矫正自然也就是刑罚的执行。鉴于我国社区矫正依然体现出明显的刑罚执行性质，我国罪错少年的社区教育矫正也必然具有刑罚的价值取向。

当然，罪错少年的社区教育矫正不同于其他传统的刑罚，在其刑罚取向的基础上，还体现出鲜明的保护性、福利性、人道性等价值理念，这些价值理念与其刑罚的价值取向并不冲突，因为当前的刑罚观早已从单纯的惩罚报复观，转向矫正康复、犯罪预防等多元论观点。但如果否认其刑罚的价值取向，则会引起根本性的混乱。

3. 服务取向与刑罚取向的比较

中外罪错少年的社区教育矫正，前者具有刑罚执行的属性，体现出刑罚取向；后者是非刑罚的帮助或服务活动，体现出服务取向。这种价值取向的差异，决定了他们在诸多方面的差异，包括：

第一，惩罚性问题。中国社区教育矫正的刑罚取向，使其具有刑罚的惩罚性。而这种刑罚的惩罚性，一定程度上导致了我国社区矫正中监督管理与教育帮扶两大任务的比重无法平衡。在对现代刑罚目的认识不够全面的前提下，我国很多司法人员始终认为惩罚才是刑罚的根本属性，因此，"重监管，轻教育矫正"的现象普遍存在，本应是社区矫正核心任务的教育矫正却往往得不到应有的重视。此外，这种刑罚的性质也在一定程度上导致了我国在社区矫正体系和工作队伍建设中存在问题。特别是以执法人员为主的工作队伍，缺乏稳定的专业力量与社会力量的参与，导致社区矫正工作体系无法实现专业高效的矫正要求。而国外的罪错少年社区矫正则以服务取向为主，认为社区矫正是一种保护性的处遇，是一种刑罚的替代性措施。一方面，出于对罪错少年的保护，国外广泛利用了社区资源与专业力量，建立了较为完善的罪错少年社区矫正体系，为其提供专业的、个体化的帮助与服务。但另一方面，国外的罪错少年社区矫正却依然存在惩罚性内容，以美国为例，有学者认为，美国的少年社区矫正官在实践中甚至更重视运用惩罚，并经常以"矫正"之名，行"惩罚"之实。[1] 这种"惩罚"的存在，明显与美国少年司法的根本理念相悖，导致了美国少年司法的理念和实践在"康复"与"惩罚"间摇摆不定。

　　第二，强制性问题。中国社区教育矫正的刑罚取向，使其具有刑罚执行的强制性。这表现在社区矫正机关必须严格按照国家法律法规，依法开展教育矫正；同时，社区矫正服刑人员也必须依法接受对他们的教育矫正。这是保证我国社区教育矫正顺利开展的基础。但有学者也对这种强制性提出了异议，认为强制性的教育矫正背离了教育矫正的初衷和规律。[2] 但必须看到的是，教育矫正的对象是罪错少年，他们不仅身心发展不成熟，而且是具有许多心理、行为问题的特殊群体，他们对于矫正很可能存有抵触、抗拒等消极心理。因此，教育矫正必须以强制性过程为保证，才能真正起到改造、挽救的效果，实现矫正对象从"被动"到"主动"的质变。如果教育矫正完全建立在自愿的基础上，势必会造成矫正实施困难和效果低下。国外的教育矫正虽然表现出服务取向，但也并非完全自愿性质。在美国，少年法官和社区矫正官具有广泛的自由裁量权（discre-

---

　　〔1〕　G. Ward, A. Kupchik, "What Drives Juvenile Probation Officers?", *Crime & Delinquency*, 2010, (1): pp. 35-69.

　　〔2〕　叶春弟：《程序与实体：当前监狱教育矫正的理性反思》，载《犯罪研究》2012 年第 2 期。

tion），在他们认为必要时，可以强制性的要求罪错少年参加某种特定内容的教育矫正，如心理辅导、情绪控制课程等，如果罪错少年拒绝或未按要求参加，则可能要承担严重的法律后果。更普遍的情况下，美国的社区矫正官会向罪错少年及其家庭建议某种矫正治疗性的课程或服务等，可以自愿参加，不具有强制性。

第三，法定性问题。中国的社区教育矫正的刑罚取向，决定其必须在现行法律的框架下，严格按照我国的相关法律法规依法执行。法定性是我国社区教育矫正开展的基本前提和保证，保证了我国的社区教育矫正的严肃性、严谨性以及基本效果；但也有研究者认为，社区矫正作为一项司法改革和创新的实践活动，本身就与传统刑罚不同，在实施过程中更要注重突破与革新，如果一味强调规范，强调"在现行的法律框架下运行"，则会明显限制社区矫正的实践创新。而国外的社区教育矫正体现出服务取向，使其在实施中更加灵活、个体化。一方面，这种自由与灵活性使国外的社区教育矫正能够最大化地满足罪错少年的个体需要；另一方面，却也造成了社区矫正在实施中的混乱状态。美国总统委员会（President's Commission）的报告中指出了社区矫正中的"碎片化"（fragmentation）问题[1]，认为"矫正面临着司法权限的重叠、矫正哲学的多变，以及矫正组织机构的混乱的问题。"此外，由于美国的少年法官和 PO 掌握很大的自由裁量权，对罪错少年的社区矫正过于依赖于少年法官和 PO 的个人判断。有研究指出，由于缺乏客观的社区矫正标准，美国的社区矫正存在非公正情况，有研究表明，在对非洲

［1］ President's Commission on Law Enforcement and Administration of Justice. Task Force Report：Corrections，Washington DC：U. S. Government Printing Office，1967，pp. 141–149，211–212.

裔美国少年进行矫正时，PO倾向于选择惩罚性措施，而对白人少年进行矫正时则更多采用康复矫正措施。[1]

（二）"单向保护"的个体取向与"双向保护"的社会取向

中外在进行罪错少年的社区教育矫正时，都面临着一对基本矛盾——保护罪错少年最大利益与维护社会整体利益之间的矛盾。中外罪错少年社区教育矫正不同的价值取向，使各国在面临这一矛盾时表现出截然不同的价值判断。国外的社区教育矫正，表现出明显的"单向保护"的个体价值取向，单方面的维护罪错少年的最大利益；而中国的社区教育矫正既维护罪错少年的个体利益，也注重通过实现社会保护、预防犯罪、维护司法公平等目的来维护社会的整体利益，罪错少年的个体利益必须以社会整体利益为基础，而不能凌驾于社会整体利益之上。这体现出中国罪错少年社区教育矫正既保护罪错少年，又保护社会的"双向保护"的社会取向。

1. 域外罪错少年的社区教育矫正——"单向保护"的个体取向

西方的少年司法制度源自于国家亲权的思想渊源，脱胎于儿童福利体系。以美国为例，在美国的少年司法中，一种传统而根深蒂固的观点是：少年司法系统所关心的并非少年的犯罪行为，而是罪错少年本身，以及做什么才能符合他们的最大利益。[2]特别在20世纪70年代之前，罪错少年的教育矫正以康复主义为哲学基础，以少年的个人最大利益为先，通过包括医疗

---

〔1〕 G. Ward, A. Kupchik, "What Drives Juvenile Probation Officers?", *Crime & Delinquency*, 2010, （1）: p.38.

〔2〕 K. L. Atkinson, "Constitutional Rights of Juveniles: Gault and Its Application", *William & Mary Law Review*, 1967, pp.492-508.

模式、复归模式在内的矫正模式，以及专业化、个体化的矫正手段，促进罪错少年矫正康复，重归社会。此时的少年司法与罪错少年矫正表现出明显的"单向保护"的个体价值取向，单方面以保护罪错少年的最大利益为先。虽然美国少年司法在20世纪70年代后发生了显著的变化，但目前还有少部分州，将维护罪错少年的福利和最大利益当作唯一或最主要的目的。例如，马萨诸塞州在法律中写到"被控告的少年不应被当作罪犯，而应被当作需要帮助（aid）、鼓励（encouragement）和指导（guidance）的儿童。"[1]

　　然而，自20世纪50年代起，随着少年严重犯罪不断增多，以及希望少年对其行为负责的社会意愿的升高，人们开始质疑少年司法体系内的康复主义哲学。20世纪70年代的"马丁森炸弹"及其支持者直指矫正和治疗毫无作用，人们开始希望给予那些罪错少年以惩罚，从而威慑犯罪，保护社会，实现司法公正。但想要做出这样的改变并非易事，因为这是对少年司法体系的康复主义哲学基础的挑战。同时人们也开始正视少年司法中的一对关键性矛盾：儿童最大利益与社会利益的矛盾，并寻求解决的措施。为此，许多州开始建立起具有惩罚性的少年司法，以便使少年司法更公正、维护社会利益。例如，纽约1976年的少年司法改革法案（Juvenile Justice Reform Act of 1976），就要求在审理涉及罪错少年的案件时，不能仅仅考虑少年的最大利益，也同时需要考虑保护社区的需求。该法案定义了一种新的少年犯罪等级——特定重罪行为（Designated Felony Act，DFA），包括谋杀、抢劫、绑架等，犯下这些罪行的少年会被判

---

〔1〕　M. Sickmund, C. Puzzanchera, Juvenile offender and victims: 2014 National Report. National Center for Juvenile Justic, 2014, p. 88.

处"限制性处置"——强制性最短期限的监禁，可以看出这是一种更具惩罚性的少年司法模式。目前美国各州和地区都有少年司法弃权制度，将犯有特定重罪的少年移出少年司法系统，送至成人刑事法庭，犯有特定重罪的少年不再受少年司法保护。同样法律也允许在某些情况下，可以将少年从少年矫正机构移送至刑事监禁机构，这种移送不必再考虑少年的最大利益。[1]

　　然而，人们也意识到在少年司法中一味增加惩罚的比重，并不是平衡各方利益的有效解决办法。少年司法开始探索方法，寻求各方利益的平衡。在 1959 年修订的标准少年法院法（Standard Juvenile Court Act）中，这样阐述少年司法的目的："每一个进入法庭管辖的少年，都应接受……有助于他们的福利和州最大利益的关怀（care）、指导（guidance）和控制（control）。"可以看出，这时少年司法已开始关注少年利益与社会利益二者的平衡。而这一法律被美国许多州所认可，成为了他们少年司法的目的。20 世纪 80 年代，平衡与恢复性司法模式（the balanced and restorative model）的兴起，使这种平衡囊括了三个主要方面——公众安全、追究罪错的责任，以及发展能力使儿童守法并成功的生活。例如，美国宾夕法尼亚州就在少年法中规定了关于少年的处置决定必须遵循的指导性原则[2]，其中的平衡（balance）原则指出，处置要平衡保护社区、追究责任，以及发展少年能力使其成为合格社会成员这三者之间的关系。为达到这种目的，美国也进行了实践探索，例如，加强型

---

〔1〕　S. Davis, *Rights of juvenile: The Juvenile Justice System 2nd edition*, Clark Boardman Co, 1983, p. 537.

〔2〕　Pennsylvania Juvenile Court Judges' Commission, *Pennsylvania Juvenile Delinquency Benchbook*, Harrisburg, PA, 2006, pp. 101-130.

社区矫正项目，对社区中的高危罪错少年进行更严密的监管，并设置更严格的条件，此外还设置了社区机构，如养育家庭等，在允许少年继续留在社区的同时，也提供必要的监控并保护社区安全；恢复性矫正，通过赔偿、社区服务等方法，修复罪错少年、被害人与社区的关系，保护各方利益等。

总体来看，美国社区教育矫正的一对根本性矛盾在于保护罪错少年最大利益与保护社会利益之间的矛盾。基于美国少年司法的非刑事特征，美国罪错少年社区教育矫正仍以保护罪错少年单方面的最大利益为先，以促进罪错少年的康复与重归社会为本，是一种"单向保护"的个体取向。这也是美国少年司法中的固有矛盾，只要美国少年司法体系仍然以国家亲权思想为基础，仍然独立于成人刑事司法体系之外，美国的罪错少年社区教育矫正就始终以保护罪错少年最大利益的"单向保护"为价值取向。美国目前将惩罚性措施纳入少年司法体系，关注罪错少年之外的其他社会群体的利益，并实施平衡的司法模式，也只是在维护罪错少年最大利益基础上，追求各方利益的平衡。

2. 中国罪错少年的社区教育矫正——"双向保护"的社会取向

中国奉行"双向保护"的未成年人刑事政策基本原则，其内涵是既要注意保障社会的安全与秩序，又要考虑到未成年人群体的特殊性，注重保障未成年人的利益，做到保护社会利益与保护未成年人利益的有机统一。在马克思主义人权观的指导下，我国认为人都是社会的成员，人权也并不是天赋的，而是社会的产物，因此社会利益应先于未成年人的个人利益。[1] 因

---

〔1〕 阎昭：《试论我国未成年人刑事政策中的"双向保护"原则》，华东政法学院 2006 年硕士学位论文。

此我国对罪错少年的社区教育矫正既要以"教育为主"又要以"惩罚为辅"，对罪错少年实行"有底线"的司法保护，这是一种"双向保护"的社会价值取向。

从中国的矫正目的分析，我国的矫正目的既包括惩罚罪犯，又包括改造罪犯。而随着刑罚思想与行刑方式的进步，改造罪犯的目的在矫正中愈加突出。改造罪犯就蕴含着罪犯个体利益与社会整体利益相统一的"双向保护"价值取向。首先，对罪犯的改造注重消除罪犯人身危险性，预防和减少犯罪，维护社会与人民的安全；其次，对罪犯的改造改变其心理与行为恶习，促使其能力的发展，使他们再社会化，重归社会，成为合格的社会成员，这符合罪犯个体的根本利益。

我国的社区矫正与监狱矫正都属于刑罚执行方式，广义上讲，它们的根本目的是相同的，都是既要惩罚罪犯，又要改造罪犯，并实现预防犯罪的目的。但具体来说，社区矫正和监狱矫正又有不同。社区矫正的执行场所在开放性的社区，很大程度上避免了监狱固有的弊端，社区矫正可以利用丰富的社区资源，矫正方法与手段更加多样化，社区的环境也更适于实现罪犯的再社会化和重归社会的目标。在社区矫正中，明显更加突出了罪犯改造的目的。相比于我国监狱矫正"正确执行刑罚，惩罚和改造罪犯，预防和减少犯罪"的监狱改造目的，我国两高两部颁布的《社区矫正实施办法》第 1 条指出制定此办法的目的是"依法规范实施社区矫正，将社区矫正人员改造成为守法公民"；我国颁布的《社区矫正法（征求意见稿）》第 1 条中也指出，制定本法的目的是"为了规范社区矫正工作，正确执行刑罚，帮助社区矫正人员顺利回归社会，预防和减少犯罪"。虽然社区矫正也具有刑罚执行的性质，但相比监狱矫正，在我国社区矫正的相关法律或法律性文件中，都对"惩罚"目的只字不提，只突出了罪犯改造的目的。这也说明社区矫正与传统的监禁矫正相比，其更加突出的是改造目的而非惩罚目的。

　　而对于未成年人的社区教育矫正，其人道性、保护性、福利性则更加明显。我国的《社区矫正实施办法》第 33 条规定，对未成年人实施社区矫正"应当遵循教育、感化、挽救的方针"。此外，我国的《未成年人保护法》第 113 条、《预防未成年人犯罪法》第 50 条中也均做出相关规定，对违法犯罪的未成年人，实行教育、感化、挽救的方针，坚持教育为主、惩罚为辅。可以看出，在未成年人的社区矫正工作中，"教育"是其中的基础和核心，起主导作用；"感化"是矫正的态度和方法，重在以情感人，以情动人；"挽救"是促使未成年人改恶从善，回归社会。对未成年人的"挽救"可以说是矫正的出发点与根本目的，是罪错少年社区教育矫正改造目的的集中体现，而"教育""感化"是实现"挽救"的方法和手段，集中体现出中国对罪错少年的司法保护。要达到这种"挽救"的目的，就既要以"教育为主"，注重对他们的改造与司法保护；又要以"惩罚为辅"，辅以惩罚，威慑犯罪，提升改造效果，维护社会正义。因此，对罪错少年的社区教育矫正，要将教育与惩罚手段相结合，即使惩罚只是辅助性手段。[1] 可见，我国罪错少年社区教育矫正秉持"双向保护"的社会价值取向，目的中既有"惩罚罪犯""保护人民"的社会保护取向，又突出了"教育、感化、挽救"的罪错少年保护取向。对罪错少年的保护必须建立在保护社会的价值基础上，罪错少年的利益不能凌驾于社会整体利益之上。

---

　　〔1〕 转引自姚建龙等：《矫正学导论：监狱学的发展与矫正制度的重构》，北京大学出版社 2016 年版，第 292~294。

3. "单向保护"个体取向与"双向保护"社会取向的比较

国外罪错少年社区教育矫正的"单向保护"的个体价值取向与中国的"双向保护"的社会价值取向之差异，可以概括为"康复"（rehabilitation）与"改造"（reformation）目的之间的差异。从形式上来看，康复与改造都是矫正人的活动，都是通过各种科学的干预手段，矫正当事人的心理与行为恶习，并促使其顺利回归社会，成为合格社会成员的活动和过程。但就根本的立足点来说，二者存在很大不同。康复代表着社会福利取向，认为罪错少年也是某些情况（如社会、家庭、心理障碍）的受害者，就如同患病的病人，因此需要向他们提供资源和服务使他们摆脱、克服或治愈这些导致犯罪的因素，本质是一种个体主义价值取向，体现出对罪错少年最大利益的"单向保护"；而改造是刑罚的功能，同时也代表着社会控制取向，认为罪错少年破坏法律，威胁社会，因此必须对其加以改造，消除其人身危险性和对社会的威胁，同时也必须施以与其罪行相适应的惩罚来体现社会正义和刑罚的威慑与预防等功能，本质是一种社会价值取向，认为对罪错少年个人利益的保护不能超越对社会整体利益的保护，是一种"双向保护"的价值取向。

就美国来看，一方面，少年司法建立在国家亲权的理念上，其"康复"的目的是在维护罪错少年最大利益的前提下，促进他们复归社会，成为有能力的社会成员。其中的价值取向，是罪错少年的个人最大利益优先于社会利益的"单向保护"。这种目的论无疑促进了美国罪错少年康复体系的建设和各种专业化、个体化的矫正服务的诞生；但另一方面，美国的少年司法是一种过度注重罪错少年的个人利益的"单向保护"，这致使美国20世纪五六十年代，少年犯罪率与重犯率高，矫正效果不佳，政府财政负担沉重，社会不满情绪严重。这种以保护性、福利性为根本性质的矫正，过于宽仁，缺乏刑罚所具有的威慑与预防功能，丧失了刑罚的威严。这直接导致了 20 世纪 70 年代美国少年司法中"康复"矫正观的全面崩塌。

中国奉行"双向保护"的未成年人刑事政策基本原则，其基本内涵是既要注意保障社会的安全与秩序，又要考虑到未成年人群体的特殊性，注重保障未成年人的利益，做到保护社会利益与保护未成年人利益的有机统一。在马克思主义人权观的指导下〔1〕，我国认为人都是社会的成员，人权也并不是天赋的，而是社会的产物，因此社会利益应先于未成年人的个人利益，这与对罪错少年的"改造"目的是相符的。对罪错少年的改造，应优先考虑代表广大公众的社会利益，考虑预防犯罪、社会防卫的目的，其次才应在允许的范围内保障罪错少年的利益最大化。当然，这种"改造"的目的也存在一定问题。例如有学者提出，目前我国的未成年人司法制度"保护社会"的痕迹过深，对未成年人利益的特殊保护还缺乏科学详细、完整系统的法律保障体系。〔2〕

（三）中外罪错少年社区教育矫正的价值取向比较分析

从中外社区教育矫正的价值取向差异来看，中外针对罪错少年矫正的基本理念在表层的相似之下，仍存在很大分歧。

国外少年司法中的国家亲权思想、康复主义矫正观与中国针对违法犯罪未成年人的"教育为主，惩罚为辅""教育、感化、挽救"的原则与方针政策在表现上呈现出一定类似，均体

---

〔1〕 阎昭：《试论我国未成年人刑事政策中的"双向保护"原则》，华东政法学院 2006 年硕士学位论文。

〔2〕 徐建主编：《青少年法学新视野》，中国人民公安大学出版社 2005 年版，第 546 页。

现出对罪错少年的保护、福利、帮扶等理念。这是由于，一方面，近现代全球思想文化交流碰撞进一步加深，时代的思潮带来的影响是全球性的，如现代儿童观的确立，儿童保护思想，以及刑罚和矫正理念的重大转变等，中外各国都身在其中、受其影响。另一方面，社区矫正是"漂洋过海"而来的"舶来品"，在2003年中国正式开始社区矫正的试点之前，社区矫正在西方国家已经有了较长的历史和先进经验，因此我国在引进社区矫正时，就对这些比较先进的经验进行了理性地借鉴和吸收，这也是造成中外相关矫正观念与理论趋同的一个原因。

　　然而，在"类似"的外表之下，中外的罪错少年社区教育矫正的价值取向实则存在巨大差异。国家亲权（Parens Patriae）是国外少年司法的基础与指导性思想，也是国外少年司法体系与成人刑事司法体系的根本性差异所在。本质上，国家亲权理念过于强调儿童的保护与福利，认为要以儿童的最大利益为先，甚至排斥报应刑思想，认为对于罪错少年的处置不应存在惩罚、报应的内容，这本质上是将儿童的利益凌驾于整个社会的利益之上。这也导致了国外罪错少年矫正的许多问题，如少年司法与矫正缺乏法律的"威严"，如同普通的帮助、服务，导致矫正效果不佳，重犯率高等问题。相比之下，中国则更倾向于折衷与多元的理论，认为矫正罪错少年既要以"教育为主"，又要以"惩罚为辅"，坚定落实宽严相济的刑事政策，对罪错少年实行"有底线"的司法保护。一如我国未成年人刑事政策中的"双向保护"原则所指，既要维护罪错少年的最大利益，同时又要保护社会利益。这种根本性的理论差异，直接导致了中外罪错少年社区教育矫正的不同价值取向：

　　首先，国外罪错少年的社区教育矫正是一种非刑罚的处置，体现出服务取向；而中国罪错少年的社区教育矫正带有刑罚执行的性质，具有刑罚取向。其次，国外罪错少年的社区教育矫正是"单向保护"的个体价值取向的体现，可以说是社会福利取向的"康复"活动，其并不关注罪错少年既往的罪错行为，而更关注罪错少年"此时此刻"的缺陷与需求，并针对性地进行康复；而中国的罪错少年社区教育矫正是"双向保护"的社会价值取向的体现，可以概括为社会控制取向的"改造"活动，其更关注消除他们的人身危险性，并保护社会。社区教育矫正的性质与目的上的差异，也直接导致了其在制度及方法上的差异（见图3.1）。

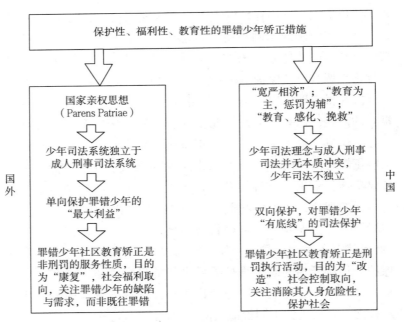

图3.1 中外罪错少年社区教育矫正的价值取向分析

第四章
罪错少年社区教育矫正的制度

对中外罪错少年的社区教育矫正进行概观分析，应首先立足于中外各国的政法制度和现实国情，对各国罪错少年社区教育矫正的制度进行分析比较。中外罪错少年的社区教育矫正制度，是社区教育矫正结构中的宏观架构与设计，是正确有效展开社区教育矫正实践的基础。本章从社区教育矫正的制度入手，首先对社区教育矫正制度的前提与基础——少年司法制度进行了分析。在澄清中外少年司法制度差异的基础上，又继续比较分析了中外社区教育矫正制度中的具体组成成分，包括法律基础、机构设置、人员配置、工作机制等。

一、社区教育矫正制度的前提与基础——少年司法制度

少年司法制度可以说是罪错少年社区教育矫正的前提与基础。广义的少年司法体系包括少年审判制度、少年检查制度、少年警察、少年矫正制度等涵盖面较广。本书的研究重点是社区教育矫正，因此这里无意于详细讨论中外的少年司法体系，而是紧密切题做重点论述。首先，中外的少年司法制度有根本性区别，这种差异主要来自于国外有独立的少年司法体系，而

中国的少年司法体系并未与刑事司法体系完全分离，这也直接导致了中外罪错少年社区矫正制度的差异。其次，是对少年案件的裁量问题，对少年案件的裁量，可能就是社区教育矫正的开端，科学的裁量是科学的社区教育矫正的前提与保证。美国是现代少年司法制度的发源地，因此仍然选取美国作为域外国家代表。

（一）少年司法制度的独立性

1. 域外：独立的少年司法体系

1899 年，美国伊利诺伊州建立了世界上第一个少年法庭，这也标志着美国的少年司法体系正式与成人刑事司法体系在哲学理念与实务操作上的分离。自 1899 年美国第一个少年法庭建立开始，美国各州及哥伦比亚特区都纷纷效仿，创立了独立的少年法庭，并各自确立了少年法、少年法院法等。可以说美国有多少个州和特区，就有多少种少年司法。

总体上看，美国少年司法的独立性首先体现在其哲学基础与根本目的上：美国少年司法建立在国家亲权（Parens Patriae）理念的基础上，旨在维护少年的最大利益，把罪错少年从成人刑事司法和矫正系统中转移出来，在独立的保护性与福利性的司法体系中，给予他们个体化的矫治康复；这与刑事司法体系惩罚、报应、维护社会正义的理念有根本区别。少年司法挑战了传统的犯罪观，采用实证主义（positivism）观点，认为犯罪并不是少年自由意志的选择，而是由某些外部因素引发的，因此少年犯罪学者多年来一直关注于识别那些可能导致少年犯罪的因素。少年司法体系还借用了医学领域的方法与词汇，如犯罪病理学（pathology）、诊断（diagnosis）、矫治（treatment）等。实证主义观点、医疗模式与少年司法中出现的越来越多的专业人员，使罪错少年看起来更像是"病人"，而这些理论假设也极大减轻了罪错少年的责任。[1]

在实践中，美国少年司法的独立性还体现为与成人刑事司法不同的司法程序与处置方式（详见表 4.1）。以美国少年司法历史上著名的高尔特案（In re Gault）[2] 为分界点，可以将美国的少年司法分为两个阶段。在高尔特案之前，美国的少年司法程序是非正式的、模糊的，其处置方法是灵活的、具有高度的自由裁量权。美国少年法庭排斥刑事法庭的审判规程，在使用词汇和场所上都非常注意与成人法庭区别，以避免污名化，例如被判定有罪的少年被认为是"越轨者"（delinquent）而非"罪犯"（criminal）。美国的少年法庭与成人法庭分离，案件审理和记录严格保密，成人刑事法庭中的陪审团和律师等都不存在于少年法庭。

在审理过程中，法庭关注的是罪错少年的背景和需求，而并不是其所犯的罪行，因此处置结果也是模糊的，并不适用"罪刑相适"原则。这是由少年法庭的理念决定的：少年司法主要以"诊断"罪错少年的犯罪原因，并进行个体化"康复"为主要目的。比起"罪刑相适"，少年司法更关注怎样适应罪错少年的个体需求。所以它排斥统一和标准的程序与矫正方法，而倾向于模糊的司法程序与高度灵活的处置。[3]

而在高尔特案之后，美国最高法院赋予了罪错少年多种与成人一致的正当程序权（Due process rights），这也标志着从此美国的少年司法走向正式化，逐渐向成人刑事司法体系靠拢。

---

〔1〕　B. C. Feld, "Juvenile Court Meets the Principle of Offense: Punishment, Treatment, and the Difference It Makes", *Boston University law review*, 1988: p. 824.

〔2〕　387 U. S. 1（1967）.

〔3〕　B. C. Feld, "Juvenile Court Meets the Principle of Offense: Punishment, Treatment, and the Difference It Makes", *Boston University law review*, 1988: pp. 822-826.

美国少年法院的关注点逐渐从维护罪错少年最大利益，转向了判定罪错少年是否有罪。然而在麦凯文案中（McKeiver v. Pennsylvania)[1]，少年法庭拒绝了陪审团审案（jury trial），认为这会破坏少年司法传统与审理实践。麦凯文案法官指出理想的少年司法是"私人的（intimate）、非正式的保护性诉讼（informal protective proceeding）"，陪审团审案这种正式的司法程序将会使少年司法事实上等同于刑事司法，从而根本性违反少年司法独立的基础。可以看出，虽然罪错少年被赋予了许多与成人一样的程序权，少年司法在理念、程序与处置上也与成人刑事司法体系越来越像；但罪错少年的司法权力仍与处于刑事法庭的成人不尽相同，美国少年司法仍保留着其独立性和"康复重于惩罚"的根本理念与目的。

表 4.1　国外独立少年司法系统与刑事司法系统的区别

	少年司法系统 （Juvenile Justice System）	刑事司法系统 （Criminal Justice System）
前提假设	·少年的行为具有可塑性 ·康复的目标总是可行的 ·少年是弱势而非独立的	·罪刑相适应原则 ·发挥刑罚的一般预防作用 ·康复并不是主要目标

---

〔1〕　403 U. S. 528（1971）.

分流（少年司法系统）/起诉（刑事司法系统）（Intake/Prosecution）	·一般由 PO 决定是否立案（file the petition），而并不是检察官（prosecutor） ·立案决定同时考虑社会与法律因素 ·很大比例的少年案件通过转处避免了进入正式少年司法程序 ·被转处的个案会接受少年法院或其他机构的服务	·辩诉交易（Plea bargaining）非常普遍 ·起诉决定以法律事实为依据 ·检方可以行使自由裁量权保留起诉的权利将其转处至刑事司法系统外
判决（少年司法系统）/定罪（刑事司法系统）（Adjudication/Conviction）	·少年司法诉讼是民事的，并非刑事的，一般是保密的 ·如果"有罪"成立，那么不管具体的罪错，都会被判为越轨（delinquent） ·并不是每个州都赋予少年法庭陪审团审案权	·所有的程序都是公开的 ·按照其被起诉的罪行判定是否有罪 ·宪法赋予的陪审团审案权

续表

处置（少年司法系统）/量刑（刑事司法系统）（Disposition/Sentencing）	·处置决定要考虑个体与社会因素、罪行严重性与少年的犯罪历史 ·康复主义哲学是重要理念 ·处置包含广泛的社区以及居住性（residential）的服务与帮助 ·处置可能直接指向除少年外的其他人（如少年父母等） ·处置可能是模糊的	·量刑主要依据罪行的严重性与罪犯的犯罪历史 ·量刑哲学主要是"罪刑相适"和惩罚性哲学 ·量刑往往是明确的
释放后关护（少年司法系统）/假释（刑事司法系统）（Aftercare/Parole）	·具有监管和复归的双重功能	·主要是监管和报告制度以便监控违法犯罪

表格参考：Eds. Juvenile Offenders and Victims: A National Report, OJJDP, 1995, pp. 74-75.

2. 中国：既依附又独特的少年司法体系

普遍认为，1984 年上海市长宁区法院建立我国第一个少年法庭，是我国少年司法的开端。目前，我国的少年司法也已历经了超过 30 年的探索与实践，形成了未成年人检查制度与少年法庭等多种少年司法实践，在治理未成年人犯罪，给予未成年人应有的司法保护方面，取得了很大成效。但是，相比于美国，我国的少年司法体系并非完全独立，从诸多方面来看，都具有依附性，主要依附于我国刑事司法体系，这主要表现为：

第一，在理念上，对未成年人实施有底线的司法保护。在我国目前的少年司法相关工作中，不管是未检工作还是少年法庭工作，都特别注重对未成年人的保护。我国也在《未成年人保护法》《预防未成年人犯罪法》中，以法律的形式明确了对违法犯罪的未成年人实行"教育、感化、挽救"的方针和"教育为主，惩罚为辅"的原则。可以说，在我国的少年司法体系中，坚实地树立起了少年司法保护的大旗。但是，我国的"保护"与美国少年司法中，以维护罪错少年最大利益为基础的"保护"还是有所区别。我国对罪错少年的"保护"，是一种有限度的保护。正如有学者指出，当少年犯罪已经严重危害到他人人身安全或公共安全时，少年司法机构应使少年对其行为更多地承担责任，在责任的范围内追求对少年的改善。任何事物必须在某一限度内才能保持其合理性，过分地维护少年的利益可能导致对受害人和公共安全的损害，也将会导致公众对于少年司法制度的失望和排斥。[1] 我国少年司法中的"保护"本质上是"双向保护"，既要保护罪错少年的利益，更要维护社会利益。对罪错少年的司法保护不能伤害公共利益与社会安全，这可以说是我国对罪错少年司法保护的底线。

第二，在立法上，我国没有独立的少年法、少年法院法、少年案件诉讼法等立法，无法支撑独立的少年司法制度。[2] 不

〔1〕　赵国玲、王海涛:《少年司法主导理念的困境、出路和中国的选择》，载王牧主编:《犯罪学论丛（第四卷）》，中国检察出版社 2006 年版，第 239~240 页。

〔2〕　康树华:《论中国少年司法制度的完善》，载《中国刑事法杂志》2000 年第 3 期。

仅少年法庭的法律地位得不到确保，少年案件的诉讼程序，以及量刑原则和标准等少年司法的主要法律依据还是来源于刑事司法体系。与美国先立法、后建立独立的少年法院不同，我国1988 年建立独立建制的少年法庭时，其实并没有明确的法律依据。[1] 可以说，我国上海长宁区法院设立少年法庭是一项开创性的司法实践，走出了我国少年司法的关键一步，但这并没有改变我国少年司法法律依据不足的尴尬局面。我国《中华人民共和国法院组织法》《刑法》《刑事诉讼法》中对少年法庭都无明确规定，不置可否。我国曾在 2001 年颁布的《最高人民法院关于审理未成年人刑事案件的若干规定》中确认了少年法庭地位，将少年法庭定义为未成年人刑事审判庭等，专门负责处理未成年人刑事案件，该规定已于 2015 年被废止。此外，我国虽有《未成年人保护法》《预防未成年人犯罪法》等两部未成年人专门法律，可其中也并没有对我国的少年司法制度作出明确规定。缺少立法支撑，我国少年法庭的地位并没有得到法律的确认，这势必阻碍了我国少年司法的发展。在诉讼程序方面，2012 年修正的《刑事诉讼法》其中增加的未成年人刑事案件诉讼程序专章，这是我国少年司法的重要进程，其中规定了如社会调查制度、犯罪记录封存制度、合适成年人参与制度、附条件不起诉制度、不公开审理原则等具有鲜明保护性的程序与制度等。但其第 276 条也规定："办理未成年人刑事案件，除本章已有规定的以外，按照本法的其他规定进行。"显然，少年刑事案件的诉讼程序并没有真正脱离刑事司法程序。在量刑方面，主要依据包括我国《刑法》第 17 条关于刑事责任年龄和"从轻或减轻

---

〔1〕 姚建龙：《青少年犯罪与司法论要》，中国政法大学出版社 2014 年版，第 146~147 页。

处罚"的规定，以及《刑事诉讼法》中"教育、感化、挽救"的方针和"教育为主，惩罚为辅"的原则。不可否认的是，目前，我国并没有独立的少年司法方面的立法，其法律体系并没有脱离或超出刑事法律范畴。

第三，我国少年司法的对象具有"刑事单一化"特征。[1]我国未检工作和少年法庭针对的对象主体都是涉罪未成年和相关的未成年刑事案件，这与美国有很大区别。在美国，少年法院有处理少年案件的绝对优先权[2]，这里的少年案件不仅包括触犯刑法的案件，还包括广泛的少年触法行为以及未触法的问题行为等。刑事单一化的特征，必然导致了我国少年司法机构、人员以及程序上的刑事司法特征。例如，我国少年法庭往往寄身于刑事审判庭内部，且我国的少年案件审理程序也是基于对普通刑事程序的修正而成等。

概括来看，我国的少年司法体系目前还是依附于刑事司法体系而存在的，并没有真正的独立。但相比于普通的刑事司法，我国的少年司法又是特殊的，这种特殊性源自于其中蕴含的对未成年人司法保护的理念与实践。相比于刑事司法，少年司法具有特殊的"柔性"与"温度"。一方面，这种刑事司法的特征给少年司法带来了充分的程序与制度保障，保障了少年司法的严肃性、法制性，避免了因对少年过度保护而影响社会利益。然而，另一方面，这种依附性与特殊性也造成了我国少年司法体系在理念上的困惑与发展中的困境。怎样将少年司法的"柔"

---

〔1〕　姚建龙：《青少年犯罪与司法论要》，中国政法大学出版社 2014 年版，第 147~148，154~155 页。

〔2〕　吴宗宪主编：《未成年犯矫正研究》，北京师范大学出版社 2012 年版，第 31~32 页。

与刑事司法的"刚"相结合，怎样将少年司法的保护性、福利性与刑事司法的惩罚与威慑相统一，是我国少年司法发展完善所面临的主要问题。

（二）少年案件的裁量与处置

1. 少年案件的裁量

对少年案件的裁量，可能正是社区教育矫正的开端。中外少年司法制度的差异，自然导致了其对少年案件裁量的差异。

以美国为例，美国的少年司法在理念和制度上都具有独立性。前文已指出，虽然目前美国的少年司法在目的上更加注重平衡各方利益，在程序上也更加正式与规范化，引入了更多惩罚性内容，但总体来看，美国少年司法的裁量仍以维护少年最大利益作为根本出发点。相比于刑事司法的量刑，少年案件的裁量是个体化的、灵活的、模糊的。美国的少年法官们享有广泛的自由裁量权（discretion）。但少年法官对少年案件的裁量还是要遵循一定的原则。以宾夕法尼亚州的少年法案中所体现的裁量原则为例，对少年案件的裁量必须遵循：

个体化原则（Individualization）——每个少年案件、每个少年、每个家庭、每个受害者都是独特的。对少年案件的处置必须是最适合于罪错少年的矫治（treatment）、监管（supervision）、康复（rehabilitation）和福利（welfare）。[1] 罪刑相适原则能执行社会正义，却并不能反映少年独特的个体境况和需求，这不是少年司法的目的。

克制原则（Restraint）——当对罪错少年的处置中包含监禁时，少年法庭应在保护公众和矫正少年的前提下，施加以最小

---

[1] 42 Pa. C. S. § 6352（a）.

化的监禁。[1]

平衡原则（Balance）——对罪错少年的处置必须平衡保护社区、罪错少年为罪行承担责任和发展罪错少年的能力并使其成为负责任和自食其力的社区成员这三者之间的关系。[2]

在这三项主要原则的基础上，美国的少年法官可以基于他们的自由裁量权，为每个罪错少年"量身定制"最适合的处置，以适应他们个体化的需求，包括施加处罚（sanction）并附加各种条件（conditions）、限制（restrictions）、服务（service），等等。为了作出最适合罪错少年的处置，对他们的社会调查必不可少。当然，少年法官的自由裁量权也不是无限的，所施加的条件既不能"违宪性模糊"（unconstitutionally vague），必须足够详细地警示罪错少年被要求和被禁止的行为；也不能"违宪性宽泛"（unconstitutionally overbroad），需要做到平衡社会利益与被矫正罪错少年的宪法权利，否则将视为少年法庭对自由裁量权的误用或滥用。[3] 例如，少年法院在罪错少年的社区矫正中加入去教堂礼拜或任何含有宗教内容的强制性条件，都违反美国宪法第一修正案，这些要求都是无效的。

必须看到的是，这种个体化的、灵活的裁量与处置，需要完善的矫正体系作为支撑。美国的少年法官有详细的处置手册，其中详细列举了当地可获得的资源与矫正项目。少年法官必须对这些资源与项目烂熟于心，并亲自考察，明确其有效性，从而结合少年案件的具体情况，对罪错少年作出最适合的处置。

---

〔1〕　Ibid.

〔2〕　Ibid.

〔3〕　11 Cal. App. 5th 249，217 Cal. Rptr. 3d 535，342 Ed. Law Rep. 1133，17 Cal. Daily Op. Serv. 4067，2017 Daily Journal D. A. R. 4054.

相比之下，中国在少年案件的处理模式上与美国不同。有学者指出，美国属于"司法中心模式"，其主要特点是美国少年法院不仅处置涉及违犯刑法的少年案件，还对其他的少年违法行为、越轨行为、问题行为等进行处置。而中国则是"刑事与行政二元模式"，这意味着，我国的少年司法仅处理未成年人犯罪案件，而不包括美国少年司法中的所涉及的普通触法案件、身份犯罪案件、未触法的越轨行为案件等。[1] 因此，中国少年案件的裁量根本来说就是量刑，要严格遵循"罪行法定""罪责刑相适应"的原则。我国奉行"宽严相济"的刑事政策，该宽则宽，当严则严，既要避免重刑主义，也要避免一味从宽。但对于未成年人，在量刑上的主流还是"从宽"的原则。我国刑法做出了对未成年人从轻、减轻处罚的原则性规定，说明对未成年犯量刑仍应以教育为主，惩罚为辅，真正达到教育、感化、挽救未成年人，并预防与减少未成年人犯罪的目的。从宽原则至少应包括：绝对排除死刑的适用；慎用自由刑；对未成年人的处罚尽量多层次化，依法从轻、减轻、免除处罚，并多适用缓刑以及非刑罚处罚的方法等。我国在 2006 年发布的《最高人民法院关于审理未成年人刑事案件具体应用法律若干问题的解释》中概括性地总结了未成年人量刑的考虑："对未成年罪犯量刑应当依照刑法第六十一条的规定，并充分考虑未成年人实施犯罪行为的动机和目的、犯罪时的年龄、是否初次犯罪、犯罪后的悔罪表现、个人成长经历和一贯表现等因素。对符合管制、缓刑、单处罚金或者免予刑事处罚适用条件的未成年罪犯，应当依法适用管制、缓刑、单处罚金或者免予刑事处罚。"目前，

---

〔1〕 吴宗宪主编：《未成年犯矫正研究》，北京师范大学出版社 2012 年版，第 31~35 页。

在我国少年案件量刑方面的特殊性主要还是"量上的优惠"[1]，而非方法、内容的多样化。此外，许多法官在裁量少年案件时对宽严的尺度把握不准，有时更愿从严而不愿从宽。[2]

概括来看，中国的少年案件裁量，根本上是刑罚适用的裁量，即量刑；而由于美国少年司法处置的非刑罚性质，美国的少年案件裁量主要是依据各方的需求，为罪错少年选择和决定最适合的监管和矫正方式。正因如此，中国的少年案件裁量必须严格按照现行刑法的规定，严格遵循罪刑法定原则、罪责刑相适应原则等，对案件裁量的首要考虑是未成年人的犯罪情节和造成的社会危害后果。而美国的少年案件裁量则是建立在少年法官广泛的自由裁量权基础上的，高度个体化的、灵活而模糊的处置，处置可能没有固定期限，可能在执行过程中又进行调整变更等。裁量不仅要考虑罪错少年的罪行事实等，还要考虑他们的个人背景与情况，做出最符合他们利益的处置，并平衡社会各方的利益。

相比之下，中国少年案件的量刑，可以更大程度地维护社会的正义、法律的威严，但严格按照刑法量刑也会造成中国少年案件裁量的固化与局限，使之难以符合罪错少年的个体化矫正需求。美国的少年案件裁量是个体化的，但却过于依赖少年法官等人的个人判断，并且处置是模糊的、可更改的，有时这种裁量以维护罪错少年的利益为名义，却使他们比成人更久的处于司法体系内，接受比成人更加苛刻的矫正条件。这种基于

---

〔1〕　转引自吴宗宪主编：《未成年犯矫正研究》，北京师范大学出版社 2012 年版，第 41 页。

〔2〕　国家法官学院编：《全国专家型法官司法意见精粹：未成年人犯罪卷》，中国法制出版社 2015 年版，第 4~5 页。

自由裁量权的处置并没有任何通用的标准，在认同每个个案独特性的同时，也使每一个案件的处置都像一次"实验"。至于实验的结果，则过于依赖于少年法官的个人能力与经验。可以说，不管是中国还是美国的少年司法量刑，都应该注意平衡刑罚一般化与刑罚个别化的关系，平衡量刑规范化与自由裁量权的关系。

少年案件裁量的主体是少年法官，中外少年案件裁量性质与方式的差异，也造成了中外少年法官角色的差异。在美国，少年法官不仅是审判人员，更是整个罪错少年矫正过程中积极的监督者和推进者，他们对罪错少年的处置是否能达到预期效果负有最终的责任。因此，美国少年法官的责任不仅仅限于做出最合适的处置，还要持续跟进处置的进展，确定矫正措施是否有效。当原有的矫正措施明显不能达到矫正需求时，少年法官需要积极的修改矫正处置，为罪错少年计划新的处置。相比这种积极的"参与者"角色，中国的少年法官仍然是"审判者"角色，这需要他们保持价值中立，独立超然，以保证量刑的公正。但在我国目前的少年司法实践中，我国的少年法官实际承担许多超出职责范围的工作，甚至要帮助回归社会的未成年犯解决生活难题。[1] 然而有时这些工作不仅得不到认可，反而会招致质疑，这很大程度上是由于我国少年司法发展不完善，权责划分不清所导致的。

2. 社区矫正的主要适用对象

在美国，被判处保护观察（Probation）的罪错少年是美国少年司法中社区矫正的主要对象。以美国少年法庭 2013 年的数

---

〔1〕 姚建龙：《青少年犯罪与司法论要》，中国政法大学出版社 2014 年版，第148 页。

据为例，在被判定为少年罪错（delinquency）的 323 300 件案件中，被判处保护观察处置的有 205 300 件，占所有少年罪错案件的 64%。而这一比例从 20 世纪 90 年代开始，就保持在 60% 以上[1]。在中国，社区矫正对象一般包括被判处管制、宣告缓刑、假释或者暂予监外执行的罪犯。其中，被判缓刑的占据绝大多数，从数据来看，2013 年被判缓刑的人数占社区矫正总人数的比例为 82.7%，而近年来这一比例持续上升，至 2015 年达到 88.7%。[2] 中国目前缺乏全国性的未成年犯适用缓刑的专门数据。数据主要来源于不同地区的基层法院，未成年犯的缓刑适用率从 12.5% ~ 36.67% 不等。[3] 从现有数据来看我国未成年犯适用缓刑的比率仍显著低于美国等发达国家对罪错少年适用保护观察的比例。

在美国，保护观察的广泛应用是因为其最为符合少年司法的理念并适应少年法官个体化的处置。基于自由裁量权，少年法官可以为罪错少年量身设计保护观察令（Probation orders），依法对特定的罪错少年增加某些特殊的、个体化的保护观察条件，使他们必须履行某种义务。甚至有些条件对于成人罪犯来讲是违宪的和不适当的，但对于罪错少年依然被允许，这是因为少年被认为需要更多的指导和监督，并且少年的宪法权利更加受限。宾夕法尼亚州少年法庭对保护观察条件的一般性要求包括：积极的（Active）——保护观察条件应要求罪错少年体现

---

〔1〕　S. Hockenberry, C. Puzzanchera, Juvenile Court Statistics 2013. National Center for Juvenile Justice, 2015, pp. 6-8.

〔2〕　司法部社区矫正管理局编：《全国社区矫正发展情况与数据统计》，法律出版社 2017 年版，第 185~261 页。

〔3〕　吴宗宪主编：《未成年犯矫正研究》，北京师范大学出版社 2012 年版，第 52~53 页。

积极的行为转变，而非消极的服从；具体的（Specific）——保护观察应有具体的目标和可测量的行为目标，并设置逐步的计划来达到这些目标；可清晰理解的（Clearly understood）——少年法官应确认罪错少年及其父母能够清晰理解这些保护观察条件，并明白违犯这些条件的后果。[1]

美国罪错少年的保护观察条件可以分为两大类：一般条件（general conditions）和特殊条件（special conditions）。[2]在罪错少年保护观察的一般条件中，大部分与成年人相同，例如必须遵守所有法律；不得使用违禁药品；在改变工作或住址时需获得相关部门允许；定期向PO汇报情况，并提供所需信息；允许PO家访等。而特殊条件往往是极为灵活、具体与个体化的，包括接受咨询、治疗与个体辅导，参与特定的教育项目，甚至给受害方写道歉信等。例如，加州的法律规定，少年法院必须满足罪错少年的教育性需求，并且在评估认为罪错少年有特殊教育需求的情况下，增加保护观察条件，使罪错少年参加包括精神心理咨询服务在内的矫正治疗项目。[3]而如果罪错少年违犯少年法庭的保护观察条件，则有可能导致保护观察的撤回（Probation revocation），从而导致更严重的判决。

我国《刑法》中对缓刑的适用对象与条件做出了一系列规范性规定，其中规定不满18周岁的人、怀孕的妇女和已满75周岁的人，满足所规定的缓刑条件的，应当适用缓刑。这相当于

---

〔1〕 Pennsylvania Juvenile Court Judges' Commission, *Pennsylvania Juvenile Delinquency Benchbook*, Harrisburg, PA, 2006, p. 115.

〔2〕 J. Sanborn, A. Salerno, *The Juvenile Justice System: Law and Process*, Roxbury Publishing Company, California, 2005, pp. 417-418.

〔3〕 Cal. App. 5th 249, 217 Cal. Rptr. 3d 535, 342 Ed. Law Rep. 1133, 17 Cal. Daily Op. Serv. 4067, 2017 Daily Journal D. A. R. 4054.

我国罪错少年适用社区矫正的标准的明确法律规定。此外，我国刑法还规定了缓刑犯在考验期内应遵守的规定，包括：遵守法律、行政法规，服从监督；按照考察机关的规定报告自己的活动情况；遵守考察机关关于会客的规定；离开原居住地应报告并获得批准等。同时，刑法还规定在宣告缓刑的同时，可以根据罪犯的具体情况，禁止罪犯在缓刑考验期内从事特定活动、进入特定区域和场所、接触特定人员。这与美国少年司法保护观察中的一般条件与特殊条件非常类似。此外，我国的缓刑考验期限也有一定的范围，在法律规定的范围内，缓刑考验期限可以根据未成年犯的个人情况决定，体现一定的灵活性。

美国的保护观察与中国的缓刑在地位与形式上非常接近，有许多研究者将保护观察与缓刑混淆使用，直接将美国少年司法中的"Probation"译作"缓刑"。这实际上是不确切的。"缓刑"在英文中可译作"suspended sentence"（犹豫判决），主要包括刑罚的暂缓宣告和暂缓执行，指法院对被告定罪后，暂时不判处任何刑罚；或在法院宣告刑罚的同时宣告刑罚暂缓执行。如果缓刑人员在其考验期内达到法定要求，则不再宣告对其的刑罚或不再执行原判刑罚。在美国，法官的缓刑权并没有获得普遍认同，例如 1984 年的量刑改革法案（Sentencing Reform Act）就废除了联邦法官的缓刑权。[1] 严格来讲，缓刑是一种并未被广泛接受的刑事制度，而非行刑方式。而保护观察则是美国少年司法中常用的处置方式，并不是"未处刑"或"未行刑"，而是一种司法处置的执行方式，其内涵更加类似于我国的社区矫正。

---

〔1〕　NCJRS. NCJRS Abstract〔EB/OL〕. https：//www. ncjrs. gov/App/Publications/abstract. aspx？ID=179964，2018-04-03.

3. 非正式社区矫正与转处制度

非正式（informal）的社区矫正是美国少年司法中的用语。在美国，一部分少年进入少年法庭，被正式判决为罪错少年（delinquent），并接受法庭判处的社区矫正，这被认为是正式的社区矫正。而另有一部分解决少年问题少年或存在越轨行为的少年，并未进入少年法庭，而是通过转处（diversion）的方式，避免其进入正式的司法程序和为其留下罪错记录，并且其自愿接受社区矫正。如果在矫正期间罪错少年表现合格，则其案件就此终止。这被认为是"非正式"的社区矫正。美国少年司法的转处和非正式的社区矫正的主要目的是为罪错少年避免正式的审判和处置，在进入少年法庭之前，将他们转移至正式司法程序之外，从而避免少年被贴上"罪犯"的标签，也尽可能避免正式的司法程序对其身心产生消极影响。

目前，在美国的少年司法体系中，有多种转处途径（详见图4.1）。首先，非执法的部门和人员可以对其认为有问题和越轨行为的少年，以及有需要的家庭进行转处，当然这是一种非正式的转处，性质是完全自愿的。美国少年法院以及相关的社区矫正机构如青少年服务局（Youth Service Agency）非常鼓励青少年的自我转处，以及父母、学校和所有社区居民的非正式转处。这是有行为问题但未达到犯罪程度的青少年，以及有特殊需要的家庭获得帮助与服务的重要途径。

其次，执法部门，主要是警察部门，也有转处的权利，并且执法部门的转处应该是主要的转处途径，以确保大部分符合转处条件的个案可以尽早离开少年司法体系。执法部门的转处要遵循一定的指导规则，并避免任何形式的歧视与不平等的情况存在，这些指导性原则包括[1]：

第一，非犯罪的不良行为（Noncriminal Misbehavior）不属于少年法庭的管辖范围，也不需要正式的转处，一般采用警告后释放的方式。警察人员应告知其适合的社区矫正服务，但是否参加遵循自愿原则。

第二，被指控为轻罪的少年，如果没有犯罪记录或之前12个月并未卷入少年法庭，则应该被正式转处至相关的社区矫正机构，而非少年法庭。

第三，对于其余的罪错少年，警方也应慎重考虑是否对其进行正式的转处，并至少要将以下因素纳入考虑：少年法庭的司法程序是否会对少年造成严重伤害，或加剧其导致犯罪的社会问题；少年法庭是否可以提供满足少年需求的矫正服务，或经过转处可以更有效地矫正少年；被指控的罪错行为的本质；被指控的罪错少年的年龄、情况、犯罪记录等；受害者的意见等。

最后，在少年法庭分流过程中，相关负责人员仍可以转处少年个案。其转处的指导性原则基本与警方相同。少年法庭分流的负责人员需要在向少年法庭递交的书面材料中阐明该少年个案是否需要被转处及理由。

---

〔1〕 I. R. Kaufman, et al. *Standards relating to youth service agencies*, Ballinger Publishing Co, 1980, pp. 26-28.

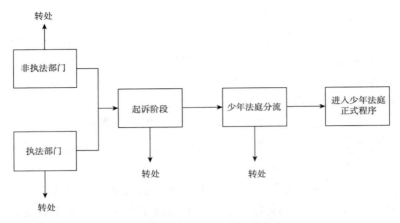

图 4.1　国外少年司法中的转处途径

　　而被转处进入非正式社区矫正的罪错少年，往往会进入青少年服务局或家庭服务局（Family Service Agency），接受针对性的矫正与治疗。青少年服务局是专为卷入少年司法体系的问题少年及其家庭提供所需的服务的社区机构。如果罪错少年通过转处进入青少年服务局，往往就意味着他已经离开了正式的少年司法系统。此外，美国许多州也都设置了初犯项目（First offender program）。初犯项目并不只针对初犯的少年，概括来讲是一个针对需监管儿童（CINS）和轻罪少年、非暴力犯罪少年的转处项目。初犯项目的内容往往包括自愿赔偿受害者，自愿的社区服务，职业训练、教育、咨询和其他康复性服务，以及罪错少年定期向有关部门报告和接受监督等。

　　与国外相比，我国目前还未形成非常完善的罪错少年司法转处制度，在相关立法与法律程序，以及转处后续的非正式社区矫正实施上，都仍需继续完善。

　　我国的检查机关有相对不起诉的权利，如我国现行的《刑事诉讼法》第 282 条第 1 款规定："对于未成年人涉嫌刑法分则第四章、第五章、第六章规定的犯罪，可能判处一年有期徒刑以下刑罚，符合起诉条件，但有悔罪表现的，人民检察院可以作出附条件不起诉的决定……"2012 年，我国在当时第二次修正的《刑事诉讼法》第 271 条中正式确立了对未成年人的附条件不起诉制度，指出人民检察院对于满足相应条件的未成年人可以做出附条件不起诉决定，并且在做出附条件不起诉决定之前，应考虑公安机关和被害人的意见。这是我国少年转处相关立法的重大进程，正式确认了我国检察机关对未成年人案件的转处的权利，对涉罪未成年具有显著的保护作用。

此外，我国公安机关在立案与撤销案件上均依法享有适度的自由裁量权[1]，例如案件情节显著轻微，社会危害性不大的，考虑到未成年人的特殊性，还未立案的可以不予立案，已经立案侦查结束的可以撤销案件。同时，公安机关可以通过判处治安处罚将罪错少年转移出刑事司法体系，这也是一种对罪错少年的"转处"。可以看出，虽然我国目前在少年案件转处上的立法仍不完善，但基础的框架性立法规定已经具备，也表明了我国对未成年人司法转处的重视和提倡的态度与理念。相信随着转处实践的不断展开，我国少年司法转处定会更加法制化、体系化。

但是，转处的出发点不仅在于避免正式的刑事司法程序对少年的伤害，更重要的是对转处后的少年进行有效矫正。过于严厉的矫正措施会使转处失去意义，而过于宽松的矫正措施则无法有效实现矫正目的，无形中纵容罪错少年。因此，相比于

---

〔1〕 姚建龙等：《矫正学导论：监狱学的发展与矫正制度的重构》，北京大学出版社 2016 年版，第 92~95 页。

立法与程序，我国目前更需要完善的矫正体系和具有针对性的矫正方式来应对罪错少年转处后的矫正需要。国外目前所具有的转处项目和接纳被转处罪错少年的社区矫正机构比较完善，而中国的罪错少年接受转处后的后续处置并不完善。

按照我国刑事诉讼法的规定，在附条件不起诉的考验期内，人民检察院对被附条件不起诉的未成年犯罪嫌疑人进行监督考察；同时，未成年犯罪嫌疑人的监护人，应对其加强管教，配合人民检察院的监督考察工作。而对于附条件不起诉未成年人的矫正，刑事诉讼法也概括性地规定他们要"按照考察机关的要求接受矫治和教育"。将经过转处的未成年人转介至刑事司法体系内的社区矫正显然是不适合的。但事实是，我国目前仍没有非常完善的"非正式"社区矫正体系，非刑事的矫正方式仍较为缺乏。目前，我国应对罪错少年的非刑事矫正措施一般包括：训诫、责令具结悔过、赔礼道歉、赔偿损失、责令监护人严加管教、治安处罚、送入工读学校、强制戒毒、政府收容教养等。此外，我国也有一些非正式的矫正机构，一般是官方和民间合作创办，包括"法制教育中心""训诫中心"等，但这些机构面临重重困难，包括无合法地位，缺乏专业人员，矫正手段非专业等问题。[1] 可以说，我国现阶段的非正式矫正措施的惩罚意味仍旧较为浓厚，缺乏有针对性的教育矫正的机构和措施。

二、中外罪错少年社区教育矫正制度的主要组成部分

概括来说，中国的社区矫正制度是一种刑罚执行制度，而

---

〔1〕 姚建龙等：《矫正学导论：监狱学的发展与矫正制度的重构》，北京大学出版社 2016 年版，第 364~365 页。

以美国为代表的国外少年司法中的社区矫正制度则只能说是一种监管和服务的体系。不论中外，社区教育矫正都是社区矫正中的核心任务之一，因此，要在社区矫正制度的基础上看待社区教育矫正制度。本书主要从法律保障、管理体系和机构设置、工作主体、工作机制等方面概观分析中外的社区教育矫正制度。

（一）罪错少年社区教育矫正的主要法律

社区矫正制度的顺利开展与运行，需要坚实的法律作为前提保障。中外的法律体系具有根本性差异。这里无意比较域外国家，如英美的法系与我国法律体系在诸多方面的差异，只是列举中外社区教育矫正执行方面的重要立法，从法律内容以及所反映出的理念和趋势上进行分析，为我国完善社区教育矫正的法律基础提出有益借鉴。

1. 域外罪错少年社区教育矫正的法律

域外的少年司法法律体系是非常庞杂的。以美国为例，美国有联邦与州两个平行的体系并存，少年司法一方面依靠联邦与各州的少年法或少年法院法，另一方面也依靠少年法院的判例。可以说，美国的联邦与各州、特区的少年司法都是不同的。基于这种复杂的情况，这里仅简要列举对域外少年司法和罪错少年社区教育矫正有重要影响以及被广泛认同的法律。

（1）标准少年法院法

1925 年，美国首次发布标准少年法院法（Standard Juvenile Court Act），这一法律由美国儿童局（US Children Bureau）和国家保护观察协会（National Probation Association）草拟，目的是为美国各州的少年法院法立法提供标准版本，提高各州立法水平，促进统一的、有效的少年法院立法。随着少年保护和罪错少年矫正的不断发展，这一法律也经过多次修订，有 1927 年、1933 年、1943 年、1949 年、1959 年等多个修订版，在 1959 年版本中，它阐述了少年法院的目，认为少年法院应给予进入的罪错少年符合其自身福利和州最大利益的关怀、指导和控制，当进入少年法院的儿童脱离他们父母的管控，少年法院应向他们提供关怀和控制，就像他们的父母一样，这一关于少年法院目的的阐述，被美国多个州所认可与引用。

（2）联邦少年犯罪法

1938 年，美国颁布联邦少年犯罪法（Federal Juvenile Delinquency Act）[1]，以便处置少数犯下联邦犯罪行为（Federal Criminal Offense）的少年。虽然这一法案的影响力有限，但有学者指出，其内容在美国少年司法的发展中有重要意义。[2] 该法案着重规定了罪错少年的权利，包括：除非在保证自身和社区安全的必要情况下，罪错少年有权不被监禁等；有权与成年罪犯分开处置；每个被监禁的少年犯都应被提供适当的咨询、教育、培训和医疗护理，包括必要的精神病学的、心理的、其他的护理和治疗等。有学者指出，联邦的罪错少年长久以来都比各州的罪错少年享有更充分的权利保护，各州应借鉴联邦的少年司法模式。

（3）少年司法与犯罪预防法

1974 年，美国颁布的少年司法与犯罪预防法（Juvenile Justice and Delinquency Prevention Act，JJDPA），在促进少年司法、罪错少年矫正、少年犯罪预防的进程中，具有里程碑意义，该法律经过了多次修订，最近一次是在 2002 年。[3] JJDPA 有四点

---

〔1〕 18 U. S. C. A. § § 5031-42.

〔2〕 NCJRS. NCJRS Abstract ［EB/OL］. https：//www.ncjrs.gov/App/Publications/abstract.aspx? ID=179964，2018-04-03.

〔3〕 Public Law 107-273, 42 U. S. C. § 5601 et seq.

核心要求，包括：一是应区别身份犯和少年犯，认为应将身份犯罪的少年移出监禁矫正机构（Deinstitutionalization of Status Offenders，DSO）；二是将少年罪犯与成年罪犯在各种设施内进行隔离（Separation）；三是将少年罪犯移出成年人监狱等监禁设施（Jail Removal）；四是解决少年司法中少数族裔比例过高问题（Disproportionate Minority Contact，DMC）。

此外，JJDPA 授权资助了一系列公式化津贴项目（Formula Grants Program），这些项目是用来帮助和支持美国所有的州和特区的少年犯罪预防工作和少年司法体系提升工作，以及相关的研究、评估、数据分析、培训与技术支持。这些项目涉及的领域包括：帮助各州和地方政府发展、评估和管理少年司法相关的政策与规划；建立少年司法与少年犯罪预防矫正领域的跨机构合作；扩大保护观察的运用并减少监禁，并协助 PO 确保罪错少年达成他们保护观察条件的要求；发展相关的研究、培训、评估能力等。项目的具体内容可能包括：罪错少年的心理健康和物质滥用治疗、职业培训、家庭导向项目、教育项目、社区服务、学校预防项目、个体化处置以及风险评估机制等。[1]

为了激励各州在少年司法与犯罪预防的这些问题上与联邦政府保持一致，JJDPA 规定符合要求的州和地方政府可以获得资助。为了更好地执行这一法律，美国司法部专门建立了少年司法与犯罪预防办公室（Office of Juvenile Justice and Delinquency Prevention，OJJDP），来监督和支持各州和地方政府的实践，如果各地政府没有在实践中与 JJDPA 的核心要求保持一致，那么其获得的资助也会相应减少或取消。[2] OJJPD 目前也成为美国

---

〔1〕 J. Slowikowski, "Formula grants program", *OJJDP In Focus*, 2009, pp. 1-3.

〔2〕 J. Slowikowski, "Formula grants program", *OJJDP In Focus*, 2009, p. 3.

少年司法提升中起关键作用的重要部门，主要关注少年犯罪预防项目的创建、罪错少年的司法转处以及用社区矫正来代替传统的拘留所与机构矫正等。在 2002 年最新修订的 JJDPA 中，该法律加入了新的部分（Part D）授权进行相关的研究、培训与技术支持、信息传播等，并特意强调了资助应优先给予那些循证的项目。[1]

（4）第二次机会法

第二次机会法（Second Chance Act, SCA）是美国联邦政府 2008 年正式颁布的法案，顾名思义，其主要目的在于给予那些从监狱释放的犯罪人第二次重返社会的机会，促进他们重归社会，从而打破重犯的恶性循环，维护社区和社会安全等。该法案可以授权联邦拨付经费，以资助联邦和各州的相关工作，包括：各州和地区的成年和少年犯的回归项目（reentry programs），其中包括教育、读写技能、职业技能、工作安置等服务；一系列的药物滥用治疗；以及回归过程中的综合性服务包括心理和身体健康的关怀等。该法律也同样为有关少年犯回归社会的研究提供资助。在该法案的资助下，许多惠及少年犯的回归项目得以实行。例如，德克萨斯州的少年司法部门在资助下，建立了专为 13 岁至 19 岁帮派少年提供以家庭为重点服务的回归项目。华盛顿州的"康复桥梁"项目（Bridge to Recovery Program）向青少年提供综合的、循证的心理健康和物质滥用治疗以及个人回归计划。这一项目可以为有需求的青少年联系提供法律援助、辅导、教育相关的社区机构，青少年甚至可以通过该项目获得学校学分。

---

〔1〕 OJJDP. Legislation/JJDP Act〔EB/OL〕. https：//www. ojjdp. gov/about/legislation. html，2018-04-03.

2. 中国罪错少年社区教育矫正的法律

相比于域外国家庞杂的少年法律，中国的相关法律体系则较为清晰，由法律与规范性文件组成。其中，《刑法修正案（八）》和 2012 年修正的《刑事诉讼法》首次在我国的刑事法律体系中确立了社区矫正制度。2016 年我国发布了《社区矫正法（征求意见稿）》，向社会各界公开征求意见。2019 年末，我国首部社区矫正专门法律——《社区矫正法》正式颁布，这对于我国社区矫正工作的法制化进程具有里程碑意义，对于完善中国特色社会主义法治体系也具有重要意义。在《社区矫正法》中，特别设立了"未成年人社区矫正特别规定"专章。此外，对于未成年人的社区教育矫正，我国遵循《儿童权利公约》等国际公约中的未成年人保护理念，并在《未成年人保护法》《预防未成年人犯罪法》两部未成年人专门法律中规定了针对违法犯罪未成年人的方针和原则。这里对未成年人社区教育矫正的主要相关法律与规范性文件进行简要介绍：

（1）《未成年人保护法》与《预防未成年人犯罪法》

《未成年人保护法》与《预防未成年人犯罪法》是我国针对未成年人的两部专项法律。在这两部法律中都规定了对于违法犯罪的未成年人实行教育、感化、挽救的方针，坚持教育为主，惩罚为辅的原则。这也奠定了我国未成年人司法工作的基调。特别是我国的《未成年人保护法》，素有未成年人保护领域的"小宪法"之称，其中第 4 条规定："保护未成年人，应当坚持最有利于未成年人的原则。处理涉及未成年人事项，应当符合下列要求：（一）给予未成年人特殊、优先保护；（二）尊重未成年人人格尊严；（三）保护未成年人隐私权和个人信息；（四）适应未成年人身心健康发展的规律和特点；（五）听取未成年人的意见；（六）保护与教育相结合。"这些规定体现出了未成年人工作中的纲领性原则，如特殊、优先保护原则，尊重原则，适应未成年人身心发展的原则等，对我国罪错少年的社区教育矫正工作起到了重要的指导性作用。

（2）《社区矫正实施办法》

2012 年，我国两高两部联合下发了《社区矫正实施办法》。在《社区矫正法》还未正式出台的情况下，《社区矫正实施办法》就是我国社区矫正实际工作中的操作依据与基本规范。其中不仅有关于教育矫正的概况性规定，规定了社区教育矫正的基本内容与时间等，例如社区矫正人员应当参加公共道德、法律常识、时事政策等教育学习活动，且每月参加教育学习时间不少于 8 小时；有劳动能力的社区矫正人员应当参加社区服务，每月参加社区服务时间不少于 8 小时；要根据社区矫正人员的心理状态、行为特点等具体情况，采取有针对性的措施进行个别教育和心理辅导；根据社区矫正人员的需要，开展职业培训和就业指导，帮助落实社会保障措施等。此外，该办法的第 33 条对未成年社区服刑人员做出了专门性规定，指出未成年人社区矫正工作的应遵循教育、感化、挽救的总方针，要在未成年社区矫正人员的矫正小组加入熟悉青少年成长特点的人员；要依据未成年人的年龄、心理特点和身心发育需要等特殊情况，采取有益于其身心健康发展的监督管理措施；要采用易为未成年人接受的方式，开展思想、法制、道德教育和心理辅导；要协调有关部门为未成年社区矫正人员就学、就业等提供帮助等。虽然《社区矫正实施办法》现已失效，但突出了教育矫正在社区矫正中的重要作用，也体现出了对未成年人特殊司法保护的原则。

（3）《关于组织社会力量参与社区矫正工作的意见》

2014 年，司法部、中央综治办、教育部、民政部等多部委联合印发《关于组织社会力量参与社区矫正工作的意见》（以下简称《意见》），指出社会力量参与社区矫正是健全社区矫正制度、落实社区矫正任务的内在要求。《意见》中指出"在工作力量上，既要有专职执法队伍，也要广泛动员社会工作者、志愿者以及社会组织、所在单位学校、家庭成员等各种社会力量，共同做好社区矫正工作；在工作方法上，需要充分发挥专业组织、专业人员的作用，综合运用社会学、心理学、教育学、法学、社会工作等专业知识，实现科学矫正"，并提出要"引导政府向社会力量购买社区矫正社会工作服务"。这一意见强调了社会力量在社区矫正中的重要性，对于社区教育矫正的社会化、专业化发展具有积极作用。但是，由于此工作意见的性质应为行政性文件，不具有法律效力，因此在执行力度方面或大打折扣。

（4）《社区矫正法》

2019 年 12 月 28 日，《社区矫正法》正式通过，并于 2020 年 7 月 1 日起正式施行。《社区矫正法》是我国社区矫正领域的首部专门性法律，此法的出台极大地完善了我国社区矫正法律体系，对于推动社区矫正工作的规范化、专业化、法治化具有关键意义。

在此前颁布的社区矫正相关文件中，社区矫正的基本任务一般表述为监督管理、教育矫正与社会适应性帮扶等三项。例如，《关于全面推进社区矫正工作的意见》中，就指出要"切实抓好对社区服刑人员的监督管理、教育矫正和社会适应性帮扶"。而新颁布的《社区矫正法》的一大变化是将原社区矫正基本任务中的"教育矫正"与"社会适应性帮扶"等两项任务合并为"教育帮扶"，并提出"监督管理与教育帮扶相结合"的社区矫正工作方针，明确了"教育帮扶"作为社区矫正两大基本任务是有许多关于教育帮扶的具体条款。例如，总则第 3 条就确立了"分类管理、个别化矫正"的原则，奠定了个体化、专业化教育帮扶的基础；设有"教育帮扶"专章，提出了包括法制、道德教育，职业技能培训、就业指导，学历教育等多种内容与形式的教育帮扶；在新加入的"未成年人社区矫正特别规定"专章中，也包含了专门针对未成年社区矫正对象的教育帮扶规定，如第 52 条第 1 款规定"社区矫正机构应当根据未成年社区矫正对象的年龄、心理特点、发育需要、成长经历、犯罪原因、家庭监护教育条件等情况，采取针对性的矫正措施。"

《社区矫正法》的出台，填补了我国社区矫正法律体系缺乏高层次立法的空白，其中融合了我国社区矫正十数年的实践经验，是推动我国社区矫正工作的关键一步。但是，不可否认的是，由于现实条件的复杂多变，在《社区矫正法》的实施过程中与社区矫正的实践情境下，都存在着许多现实的困境。

（二）罪错少年社区教育矫正的管理体系与机构设置

目前，中国社区矫正工作由司法行政机关主管，社区矫正的基层执法权事实上集中于县级司法局，司法所承担社区矫正主要的日常工作。县级司法行政机关与乡镇司法所构成了我国社区矫正的基层执法机构。而国外罪错少年社区教育矫正的主要执行机构往往是少年司法系统的所属部门，例如，美国的罪错少年社区教育矫正由少年保护观察部门（Juvenile Probation Department，JDP）承担。由于美国联邦无权直接管辖各州的少年社区矫正事务，因此美国各州的少年保护观察部门情况不尽相同。大致来说，少年保护观察部门分为两个层级：负责日常工作的是郡县（county）或地方（local）的少年保护观察部门，这一部门在不同的州可能有不同的名称，如在弗吉尼亚州就叫作法庭服务单位（Court Service Unit）；更高层级的是州的少年司法部（Juvenile Justice Department/Division of Juvenile Justice）。国外针对罪错少年的社区教育矫正执行机构在管理体系上存在一定的混乱。以美国为例，纵向来看，其自上而下的管理体系并不完善，联邦—州—地方的社区矫正组织管理存在混乱；横向来看，各州社区矫正机构的管辖权归属各不相同：一些州的社区矫正机构归少年司法体系管辖，另一些州的社区矫正机构归政府行政部门管辖，还有些州则的社区矫正机构是联合管辖等。

1. 社区教育矫正的管理体系

美国社区矫正机构的组织与管理存在一定程度的混乱，各矫正机构缺乏系统规划和统一管理，存在"碎片化"现象。以美国加利福尼亚州少年司法体系为例，在加利福尼亚全州有460个警察机构、58个郡县保护观察部门和58个少年法庭，尽管加利福尼亚刑事司法委员会（California Council on Criminal Justice）宣称所有的机构都在严谨地遵循法律与政策，但事实上各机构对法律和政策的解释有许多差异，并且许多地方机构互不交流、彼此忽视。[1] 这造成美国社区矫正机构间教育矫正方法与效果存在极大差异，因为"标准化"的社区教育矫正项目在不同的保护观察部门可能有完全不同的设置与操作，自然获得的效果也大不相同。造成这种现状的主要原因有：

首先，社区矫正机构的管辖权归属一直有所争议。横向来看，一部分人认为少年社区矫正部门应归少年司法体系管理，这样才能加强少年法官与保护观察官之间的沟通与反馈，使少年法官能够更有效准确地处理个案。并且，相比于少年司法体

---

〔1〕　P. G. Garabedian，"Challenges for contemporary corrections"，*Fed. Probation*，1969，33：p. 3.

,少年法官更信任自己部门的工作人员。另一部分人支持政府行政部门对社区矫正机构的管辖,他们认为法院是审判机构,而非服务型机构;法官是法律方面的专家,并不是行政管理的专业人士。因此单靠少年法院无法有效地管理社区矫正机构。此外,由政府行政部门管辖能够更好地协调预算,并获得更多的政府经费支持。据美国司法部的一项调查显示,美国有 23 个州的保护观察部门归少年法院系统管辖;有10 个州的保护观察部门归行政部门管辖;有 14 个州的保护观察部门实行联合管辖,这意味着在州内较大的郡县和城市,少年保护观察部门由当地的少年法院管理,而在较小的郡县则由州行政系统管理;另有 3 个州将少年保护观察部门的管理权全权交给郡县政府管理。[1]

纵向来看,美国并未完全建立"州—地方"的自上而下的管理体系,许多地方保护观察部门"各自为政"。除了上述争论外,美国还存在将社区矫正机构的管辖权留给地方还是上交给各州的争议。支持由地方政府管辖的人认为,社区矫正本身就是以当地社区为基础的活动,由地方管理能更加适应当地的现实需求,并获得更多社区民众的支持。而支持州管辖的人则认为州的管辖可以确保社区矫正服务的统一性,更能确保相关人员、资金和其他资源的合理有效配置。一般来讲,州少年司法部可以监管州内所有地区的少年保护观察部门,使各地方的少年保护观察部门,不管是城市还是农村,富裕地区还是落后地区,在服务的质量和方法上尽量保持统一。如果郡县和地方层次的保护观察服务无法满足罪错少年的特殊需求,那么可以将

---

[1] D. Thomas, P. Torbet, *Juvenile probation administrators' desktop guide*, National Center for Juvenile Justice, 1997, p. 14.

这些少年转介至州部门，州部门有责任利用更广的资源解决他们的问题。此外，由州进行统一管辖，能获得更多州的资金资助。

此外，由于政体因素，美联邦并不直接负责各州的社区矫正工作。社区矫正工作往往由各州，甚至郡县地方自己负责，这使美国的社区矫正工作很容易走向分歧。为了解决这一问题，美国司法部下设少年司法与犯罪预防办公室（OJJDP）通过提供联邦资助的方式鼓励各州的少年司法部门与联邦保持一致。目前，美国所有的 50 州以及哥伦比亚特区等都接受了 OJJDP 的资助与支持[1]。

相比于国外的"碎片化"体系，中国社区矫正机构的体系则比较清晰。依据我国现行的《社区矫正法》中第 8 条第 1 款规定，"国务院司法行政部门主管全国的社区矫正工作。县级以上地方人民政府司法行政部门主管本行政区域内的社区矫正工作。"这说明我国社区矫正工作的主管机构是司法行政部门。此外，第 8 条第 2 款、第 3 款则分别阐述了我国的人民法院、人民检察院、公安机关和其他有关部门为社区矫正的相关责任机构，其中，人民检察院依法对社区矫正工作实行法律监督，而地方人民政府成立的社区矫正委员会则负责统筹协调和指导本行政区划域内的社区矫正工作。

中国已逐渐建立起了较完善的社区矫正管理与执行机构体系。2011 年，根据中央机构编制委员会的批复，司法部社区矫正管理局正式组建，这标志着司法行政机关社区矫正管理体系正式有了"顶层建筑"，也是我国社区矫正制度化深入发展的必然要求。在司法部社区矫正管理局正式组建后，我国已有 27 个

---

[1] J. Slowikowski, "Formula grants program". *OJJDP In Focus*, 2009, p. 1.

省在司法厅局内设立了社区矫正二级局或社区矫正处。再加上我国的地（市）司法局和县（市、区）司法局设立的社区矫正管理机构，司法行政机关社区矫正管理的省、市、县的"纵向体系"基本形成。[1] 截至 2016 年 9 月，全国共有 341 个地（市、州）司法局单独设立社区矫正局，2813 个县（市、区）司法局单独设立社区矫正局（处、科）等。[2]

2. 社区教育矫正的工作机构设置

美国的少年社区矫正的基层执行机构是郡县（County）或地方（Local）的少年保护观察局（JPD），若这一层级的少年保护观察局无法有效对罪错少年进行矫正时，少年将被转介至州部门进行矫正。以美国德克萨斯州[3]来透视美国少年保护观察局（JDP）的设置，美国德克萨斯州范围内有 165 个少年保护观察部门，其中，依据所服务地区少年人口数量，分为城市部门（Urban Department，当地少年总人口超过 70 001 人）、大型部门（Large Department，当地少年总人口在 20 001—70 000 之间）、中型部门（Medium Department，当地少年总人口在 7 501—20 000 之间）和小型部门（Small Department，当地少年总人口少于 7 500 人）。部门规模越大，人员和资源配备越优，所提供的教育矫正服务种类也就越多。

中国负责社区矫正执行的基层单位是司法所，形成了以司法所为主的"司法所模式"。在我国社区矫正试点的初期，司法所就被认定为社区矫正的执行单位。2004 年我国司法部印发的

〔1〕 姚建龙等：《矫正学导论：监狱学的发展与矫正制度的重构》，北京大学出版社 2016 年版，第 276~277 页。

〔2〕 高贞主编：《社区矫正执行体系研究》，法律出版社 2017 年版，第 71 页。

〔3〕 Community-based program evaluation series：Overview of community-based juvenile probation programs（part 1）. Texas Juvenile Justice Department, 2013.

《司法行政机关社区矫正工作暂行办法》（已失效，以下简称《暂行办法》）第 9 条中规定：乡镇、街道司法所具体负责实施社区矫正，并履行包括教育矫正在内的多项职责。此外，《暂行办法》第 12 条规定，社区矫正工作者应当由司法所工作人员、有关社会团体成员和社会志愿者组成。这比较明确地确立了以司法所和司法所工作人员为中心的社区矫正执行模式。2019 年，我国《社区矫正法》正式颁布，其中第 9 条规定："县级以上地方人民政府根据需要设置社区矫正机构，负责社区矫正工作的具体实施。社区矫正机构的设置和撤销，由县级以上地方人民政府司法行政部门提出意见，按照规定的权限和程序审批。司法所根据社区矫正机构的委托，承担社区矫正相关工作。"依据这条法律规定，社区矫正机构事实上才是我国社区矫正的主要工作机构。但是，该法律中其实并未说清什么是"社区矫正机构"，以及"司法所既然不是社区矫正机构，为何要承担社区矫正相关工作"等核心关键问题。对于我国社区矫正机构的性质与设置等问题，仍需深入实践探索。

目前，我国大部分地区的社区矫正仍以"司法所模式"为主。据 2011 年的统计数据，全国共有 34 112 个司法所正在开展社区矫正工作。[1] 然而，随着实践的逐步深入，"司法所模式"的弊端逐渐暴露。其一是司法所地位不明，因此导致其权威性不足，执法力度不够。司法所在法律地位及其管理体制上一直有所争议：大部分地方的司法所归县司法局管理，但仍有些司法所归乡政府管理，并且司法所是否具有独立的执法权一直受到质疑。这些争议很大程度上影响了司法所社区矫正职能的发

---

〔1〕　姚建龙等：《矫正学导论：监狱学的发展与矫正制度的重构》，北京大学出版社 2016 年版，第 277 页。

挥。其二是司法所层级太低，人员和资源配备难以担负社区矫正的各项任务。特别是教育矫正，不仅需要专业的矫正队伍，还需协调各种社会力量参与教育矫正。而目前司法所的现状是人员缺乏、经费缺乏、专业性不足、权限较小、工作量大，因而很难担负起社区矫正的重任。

在这种情况下，一些社区矫正工作深入的省和地区开始探索将"司法所模式"转变为"县级司法局模式"，即将社区矫正的基层执法权转向县级司法局，并由司法所辅助。江苏和浙江是较早开展"县级司法局模式"的省份。如江苏省从 2011 年开始就尝试由县级司法局社区矫正部门与司法所合作负责社区矫正工作，并在县一级全部建立了社区矫正管理教育服务中心，与县司法局社区矫正部门合署办公。县司法局社区矫正工作配置和能力的不断提升，直接促进了社区矫正由"司法所模式"转向"县级司法局模式"。有感于司法所在实践中的困境，我国 2012 年印发的《社区矫正实施办法》将一些社区矫正的职责上移至了县级司法行政机关，其中第 3 条第 1 款规定："县级司法行政机关社区矫正机构对社区矫正人员进行监督管理和教育帮助。司法所承担社区矫正日常工作。"依据该规定，对教育矫正负主要责任的应该是县级司法行政机关。

显然，将司法所的教育矫正职能进行整体上移，上交至县司法局，一定程度上有助于协调利用更广阔的资源来高效完成教育矫正任务。但是，单靠县级司法局的工作人员，能否承担教育矫正、组织监管社区服务、负责个别教育和心理辅导等多项职能，特别是其中一些专业化水平较高的职能，同时还要协调各个乡镇、街道的司法所，仍然存在疑问。

2020 年，为了配合《社区矫正法》的贯彻实施，我国两高两部共同颁布的《中华人民共和国社区矫正法实施办法》（以下简称《社区矫正法实施办法》），修订了 2012 年印发的《社区矫正实施办法》。在《社区矫正法实施办法》中，修改之前对于县级司法行政机关的规定，并确认了县级以上社区矫正机构的"十项职责"，其中就包括"对社区矫正对象进行教育帮扶，开展法治道德等教育，协调有关方面开展职业技能培训、就业指导，组织公益活动等事项"。而这些职责经由社区矫正机构的"委托"，由司法所承担。虽然这种委托的性质并不明确，但我国的社区矫正工作又回到了"司法所模式"。

3. 社区教育矫正机构的职能定位

在国外，由于少年司法的理念和保护观察处置的非刑罚性质，少年保护观察部门的职能具有明显的服务性。例如，美国弗吉尼亚州的法庭服务单位（Court Service Unit），在名称中就直接体现出了其服务性。该机构承担的职能主要包括少年法庭分流、社会调查报告、家庭关系与监护权调查、保护观察与假释服务等。其中与社区矫正相关的服务，既包括对罪错少年的监管，也包括对他们的教育矫正。

以美国德克萨斯州为例[1]，德克萨斯州少年司法部（Texas Juvenile Justice Department，TJJD）于 2010 年创立了"项目与服务注册"（Program & Service Registry），用以记录和分类该州范围内所有少年社区矫正项目。截至 2012 年底，TJJD 的项目与服务注册中记录了 1562 个社区矫正项目，在 2012 年中，这些项目服务了超过 32 000 位罪错少年。这些社区矫正项目可大致分为 33 种，涉及教育、职业培训、心理治疗、家庭治疗、物质滥用治疗、性犯罪矫治、加强型监管等方面：从针对绝大多数社区

---

[1] Community-based program evaluation series: Overview of community-based juvenile probation programs（part 1）. Texas Juvenile Justice Department，2013.

矫正少年的一般性项目，例如咨询、认知行为疗法，到针对某类特殊少年的专业性、针对性项目，例如性犯罪治疗项目等，都包含其中。在德克萨斯全州范围内，最普遍的社区矫正项目是咨询、加强型监管和性犯罪治疗。而不同的少年保护观察部门所提供的社区矫正项目的种类都是不同的，这与它们所服务的地区、自身规模以及当地罪错少年的需求都密切相关。其中，城市部门具有绝大多数种类的社区矫正项目，每个城市部门平均设有 42 个社区矫正项目，包括专业化咨询和教育项目，以及心理健康法庭（mental health court）和药物法庭（drug court）等。大型部门和中型部门分别平均设有 18 个和 11 个项目。小型部门一般平均设有 5 个项目。小型部门主要提供普适性的教育和咨询项目，另一些特殊的项目往往只存在于城市部门、大型部门，以及有需要的地区。比如帮派预防与干预项目，往往存在于人口较多、较混乱的城市部门。

中国的县级司法行政机关、司法所，在工作职能上都具有明显的执法性。根本上，这是由我国社区矫正的性质所决定的。中国的社区矫正是严肃的刑罚执行活动，社区矫正机构必然在其职能中突出执法性。

依据我国《司法行政机关社区矫正工作暂行办法》中第 9 条的规定，乡镇、街道司法所负责实施社区矫正，并履行相关职责，包括落实非监禁刑罚的执行；对社区服刑人员实施管理，并进行监督、考察；对社区服刑人员进行考核、奖惩；组织相关社会团体、民间组织和社区矫正工作志愿者，对社区服刑人员开展多种形式的教育、帮助；组织有劳动能力的社区服刑人员参加公益劳动；完成上级交办的其他有关工作等。可见，司法所虽然以刑罚执行为首要职责，但其也同时担负教育矫正社区服刑人员的职责。然而事实是，全国大部分司法所的人员与资源配备都无法有效地承担起教育矫正社区服刑人员这项职责。以河北省为例，目前河北省登记在册的社区服刑人员有 41 865人，全省司法所有 2362 个，却仅有政法编和地方行政编公务员3721 人，也就是说，平均每个司法所的公务员仅有 1.6 人，但需监管和教育帮助的社区服刑人员则达到平均每所 17.7 名。[1]而社区矫正也只是司法所的 9 项职责之一。可以说，河北省的情况代表了中国绝大多数基层司法所的现状。在这种人力不足、资源有限的情况下，司法所"重监管，轻教育帮助"也是无奈之举。

（三）罪错少年社区教育矫正的工作主体

从目前我国社区矫正的情况看，我国的社区矫正工作者大致可概括为：社区矫正执法工作者、社区矫正社会工作者和社区矫正社会志愿者三类。社区矫正执法工作者，一般包括社区矫正机构、司法所的在编公务员和一定数量的劳教（戒毒）干警；社区矫正社会工作者一般包括政府公开招聘的，或采用"政府购买服务"方式委托社工机构派出的社会工作者；社区矫正社会志愿者包括村、居委会工作人员，学生，社区居民等。社区矫正工作人员有专职和非专职之分，社区矫正的执法者、政府招聘的社工和一些社区矫正专门机构，如阳光中途之家的在编人员等，都属于专职的社区矫正工作者；而绝大部分社工、社会志愿者都属于社会参与力量，并非专职。据统计，我国社区矫正工作人员已超过 10 万人。[2]

---

〔1〕　司法部社区矫正管理局编：《全国社区矫正教育管理工作实践》，法律出版社 2016 年版，第 16 页。

〔2〕　搜狐新闻：《全国社区矫正机构 2800 多个社区矫正工作者超 10 万人》[N/OL]. http：//www.sohu.com/a/218527929_ 660595，2018-1-24/2018-4-3.

　　而美国社区矫正工作人员也可以概括为三类。第一类是保护观察官（Probation Officer，PO）和假释官（Parole Officer），也是美国社区矫正中最重要的工作人员，他们是专职的社区矫正官员，为政府或少年法院工作，承担监督和帮助社区矫正人员的双重职责。保护观察官和假释官除了面对不同种类的社区矫正对象，其承担的职责和工作内容等方面很大程度都是相似的，而在美国的一些司法管辖区内，保护观察官直接承担了假释官的职能。因此，这里不再详细区分，主要介绍保护观察官。第二类是"辅助专职人员"（paraprofessional），包括各类社会组织中的社会工作者，以及受雇于各种社区矫正机构的工作人员，如青少年服务机构（Youth Service Agency）中的服务人员，私立保护观察机构（Private Probation）中的工作人员等。第三类是社区矫正的志愿者（volunteer）。

　　中外罪错少年社区矫正各自的工作人员队伍中，也都有起"主导"作用的工作主体，其"主导"作用主要体现在：首先，他们是专职的社区矫正人员；其次，相比于社区矫正的普通参与人员，他们承担更多的职责，并有更大的权限。目前，中国的社区矫正的工作主体是执法人员，包括司法行政机关社区矫正机构的工作人员，如司法部及各省司法厅局社区矫正局、处、科的工作人员，司法所工作人员，从其他部门转岗或借调的干警等；而对于美国来说，主要工作主体是少年保护观察部门中的少年保护观察官（PO）。

1. 工作职能分析

首先，从职责范围来说，相比于中国的社区矫正执法人员，国外的少年保护观察官承担更广泛的职责，横跨少年司法的整个过程。以美国为例，在美国的少年司法体系中，少年保护观察官（Juvenile Probation Officer，JPO）扮演着极为重要的角色，从少年司法的分流阶段到罪错少年解除矫正，整个过程中都有JPO的参与。JPO的职权主要分为三部分：分流（Intake）过程中，筛选个案并决定是否将个案纳入正式司法程序，是否需要呈交诉状、组织法院听证会等；调查（Investigation）过程中，为少年法院准备罪错少年的社会调查报告；在矫正（Rehabilitation）过程中，为被判保护观察的少年提供监管和服务等。可以看出，自罪错少年卷入少年司法体系开始，JPO的职责也就随之开始，并持续跟进少年个案的整个司法过程。由于其在整个司法过程中发挥重要作用，少年法庭也赋予JPO很大程度的自由裁量权。可以说，JPO在决定对罪错少年的处置上，以及在少年社区矫正的过程中，均有重要的话语权。少年法庭在判处罪错少年保护观察时，经常运用模糊的保护观察条件，如"遵循JPO的建议"等，这事实上给予了JPO决定具体保护观察条件的权利。而保护观察官也会依据他们所了解的具体情况，给罪错少年设置许多明确而具体的限制，如宵禁，达到某一学业目标，或禁止与某人交往等。

相比于国外少年保护观察官在少年司法过程中广泛的职权，中国在社区矫正实施中，把这些职权分散至不同的机关。如《社区矫正实施办法》第2条的规定："司法行政机关负责指导管理、组织实施社区矫正工作。人民法院对符合社区矫正适用条件的被告人、罪犯依法作出判决、裁定或者决定。人民检察院对社区矫正各执法环节依法实行法律监督。公安机关对违反治安管理规定和重新犯罪的社区矫正人员及时依法处理。"由此可见，美国 JPO 所承担的法庭分流阶段的任务和庭审调查阶段的任务，在中国均由其他部门人员承担。社区矫正的执法者，如司法行政机关公务员、司法所工作人员等只负责社区矫正阶段的任务。

中外少年社区矫正主导工作人员的职责范围的差异，很大程度来源于其少年司法制度的差异。国外独立的少年司法制度，使 JPO 担负了成人刑事司法制度中检察官与律师的大部分职能。JPO 从少年个案分流阶段就开始对个案跟进，包括之后对罪错少年进行社会调查，以及人身危险性和需求评估等，可以说负责少年个案的 JPO，对每个少年个案都进行了较为深入全面的了解，这也保证了少年个案可以得到个体化的处置和矫正。

而中国的社区矫正执法人员只具体负责对其社区矫正阶段的监督管理和教育帮扶，其他的职能则由人民法院、人民检察院、公安机关分责。从根本上看，这也是由中国的少年司法制度决定的，中国少年司法并没有脱离刑事司法体系，也并未设有如保护观察官这样的职位。相比于国外保护观察官广泛的自由裁量权，中国社区矫正一线的执法人员，特别是司法所工作人员的权限非常有限，甚至直到现在也有许多人在质疑司法所是否应有独立执法权，这一定程度上限制了中国社区教育矫正的开展。目前，对于中国的少年社区教育矫正，还是要加速"个案化"的司法模式建设，加强公安机关、检察院、法院、司法行政机关与司法所之间的联系与合作，使少年个案进入司法系统后应得的司法保护可以"无缝衔接"，同时也使社区矫正人员加深对少年个案了解，以便针对需求进行高效矫正。

具体来看，聚焦社区矫正阶段的职能：其一，国外的 JPO 要通过对当事少年的社会调查，结合自身的经验、分析，以及评估中心的评估结果等，明确罪错少年的个人需求；其二，JPO需要具备专业的素质与能力，直接为罪错少年提供服务、解决问题，例如 JPO 需具备咨询能力、处理酒精与物质滥用问题的能力、识别与处理心理障碍的能力等；其三，JPO 需要熟悉当地社区矫正服务的提供机构和其他相关的合作机构，及其服务内容，以便在必要时，能为罪错少年筛选最符合其需求的社区矫正服务，并为其转介；其四，JPO 要严格监督少年法庭法令的执行情况和罪错少年的矫正进度，定期与罪错少年会面咨询并进行家访，将罪错少年矫正期间的所有行为及其服从与进步情况，悉数向少年法院汇报。当罪错少年出现违犯保护观察条件的行为时，JPO 有权启动保护观察条件违犯调查程序。少年法院在最终判定是否撤回保护观察时，法官很大程度上会遵循JPO 的建议。

关于我国社区矫正执法人员的具体职责，在《社区矫正实施办法》中有大量的条款通过"司法行政机关""司法所"这样的主语来对社区矫正执法人员的职责进行表述。例如，其第 3条规定："县级司法行政机关社区矫正机构对社区矫正人员进行监督管理和教育帮助。司法所承担社区矫正日常工作。"而其后具体的条款对于教育帮助职能的规定非常笼统，较为相关的规定包括：司法所应为社区矫正人员确定矫正小组；司法所应当为社区矫正人员制定矫正方案；司法行政机关协调有关部门和单位开展职业培训和就业指导，帮助落实社会保障措施；司法所应到社区矫正人员的家庭、所在单位、就读学校和社区了解核实社区矫正人员的思想和行为表现等。一直以来，基层社区矫正人员普遍反映了职权不明的问题，指出法律授予的权力不清、不足、不够。2015 年，江苏省司法厅印发《江苏省社区服刑人员教育矫正办法》，在《社区矫正实施办法》的基础上，对江苏省的教育矫正工作做出了进一步规范，规定"县级司法局、司法所组织开展对社区服刑人员的教育矫正活动"，并将教育矫正的内容界定为教育学习、心理矫正、社区服务、适应性帮扶四类。在我国目前施行的《社区矫正法》中，社区矫正的主导机构变为了"社区矫正机构"，工作主体变为了"社区矫正工作人员"。例如，《社区矫正法》第 10 条规定："社区矫正机构应当配备具有法律等专业知识的专门国家工作人员（以下称社区矫正机构工作人员），履行监督管理、教育帮扶等执法职责。"同时第 9 条第 2 款还规定："司法所根据社区矫正机构的委托，承担社区矫正相关工作。"在 2020 年配套《社区矫正法》出台的《社区矫正法实施办法》中也规定，对社区矫正对象的监督管理与教育帮扶的职责由社区矫正机构承担，而司法所则根据社区矫正机构的委托，承担社区矫正相关工作。这事实上是对目前承担我国社区矫正工作的主要机构与主导工作人员做了模糊处理，长远来看，并不利于厘清我国社区矫正工作中的权责分配。

从目前社区矫正主导人员的职能上看，中外社区矫正主导工作人员都承担综合性的职能，既负责监督管理，又承担教育帮助方面的职责。这种综合性的职能，也带来了角色上的冲突：他们既是执法者，又是社会工作者和咨询师。[1] 对于执法人员来说，法律的威严促使他们要保持严厉、权威的形象；而对于社会工作者和咨询师来说，首要的却是要与工作对象建立起平等、关爱、尊重、相互信任的关系。如何在这两种形象中转换，是困扰中外社区矫正工作者的共同问题。而在实际的工作中，

---

[1] A. Rios, "Arms of the Court: Authorizing the Delegation of Sentencing Discretion to Probation Officers", *Cornell Journal of Law and Public Policy*, 2011, 24 (2): p. 431.

由于国外保护观察的非刑罚性质，并且 JPO 也普遍有心理学与社会工作的经验和资质，因此尚可兼顾两种角色。而中国的社区矫正执法人员，如司法所工作人员，其工作具有鲜明的执法性，自身背景也往往是公务员或公安干警，加之现行法律对教育矫正职能的规定也不够明确，导致他们往往无法有效地履行教育矫正的职责。此外，国外的 JPO 在处理少年个案时享有广泛的自由裁量权，但目前有批评者认为，这种过于依靠 JPO 自由裁量权的矫正模式不够公正客观，JPO 的个人价值观很容易影响他们对少年个案矫正的判断。[1]

2. 任职资质分析

在任职资质上，国外的 JPO 承担广泛的职责，这也决定了 JPO 必须具备相应的资质、能力与严谨的工作态度等。例如，JPO 的从业要求往往需要相关的学士学位、优秀的道德人格和相应的知识和能力等。美国的新泽西州就列出了保护观察官需要具备的条件，包括无犯罪史，有良好的组织、沟通和读写能力，具备法律知识背景，熟悉社区中可利用的矫正资源，具有医学与心理学常识，可识别服刑人员的个体化矫正需求等。[2]另外一些州还要求通过 JPO 训练项目与资质考试，或有相关的工作经历等。

而中国的社区矫正开始时间较晚，社区矫正执法工作队伍的发展仍需继续完善。社区矫正的专职执法队伍主要由司法行政机关的公务员、司法所工作人员和各处抽调的公安干警组成。

---

〔1〕　M. Lynch，"Rehabilitation as Rhetoric：The Ideal of Reformation in Contemporary Parole Discourse and Practices"，*Punishment & Society*，2000，2（1）：pp. 40-65.

〔2〕　ProbationOfficerEdu. org. Probation Officer Career in New Jersey〔EB/OL〕. https：//www. probationofficeredu. org/new-jersey/，2018-4-3.

这支队伍不仅在人员编制上"五花八门",待遇上相差较大,而且在素质和能力上也是良莠不齐,具有专业素养的社区矫正专职人员极为缺乏。根据河南省司法厅的统计,在县(市、区)司法局从事社区矫正的工作人员中,具有法律大专以上学历的仅占34.8%,司法所则为32.2%,其他具有教育学、心理学背景的人就更少。[1] 社区矫正执法人员的专业化水平不高,是目前限制我国教育矫正发展的一大阻碍。

目前我国也已经认识到了这一问题,并采取了解决办法。其一是通过培训提高现有社区矫正执法队伍的专业素养,包括天津、江苏、浙江、吉林、内蒙古等在内的多个省市在社区矫正执法队伍中开展了心理咨询技能培训,培养具有心理咨询师资质的社区矫正执法人员。其二是提高社区矫正执法队伍的工作门槛,招募专业人员。例如河北省近两年通过各种方式为司法所充实公务员800多人,其中64%为法律类专业人才,86%为本科以上学历。[2] 而我国政府也通过公开招募社会工作者的方式,吸引和招募专业人员加入社区矫正的专职工作队伍,甚至是执法队伍。例如天津市公开招录社区矫正专职社工,西青、北辰两区的社工与社区服刑人员比例达到1∶12和1∶7。[3]

3. 人员配备分析

在国外,保护观察一直是少年法庭最常用的处置。从工作量来看,根据美国司法部的一项调查显示,美国平均每个少年

---

〔1〕 转引自高贞主编:《社区矫正执行体系研究》,法律出版社2017年版,第93页。

〔2〕 司法部社区矫正管理局编:《全国社区矫正教育管理工作实践》,法律出版社2016年版,第14页。

〔3〕 司法部社区矫正管理局编:《全国社区矫正教育管理工作实践》,法律出版社2016年版,第7页。

保护观察官（JPO）负责的案件数量是 41 件，而他们理想中的负责案件数量为 30 件。[1] 其中，JPO 的案件数量根据地区的不同而变化。具体来说，城市部门（Urban）的 JPO 平均案件量最高，为 47 件，郊区（Suburban）为 40 件，而农村（Rural）地区则为 30 件。而这些地区 JPO 的理想案件数量则分别是 35、35 和 25 件。2006 年美国保护观察与假释协会（American Probation and Parole Association，APPA）建议了少年案件工作量标准，认为案件与工作人员的比值应该随着监督强度而变化，在低风险案件中，这一比值标准为 100∶1；在中到高风险的案件中，这一比值标准为 30∶1，而在加强型（intensive）监督的案件中，这一比值的标准下降为 15∶1。[2] 目前，美国少年保护观察官超负荷工作已经是社会公认的问题。这种人手不足和工作负荷过重的现状，势必会影响罪错少年的矫正效果。

我国社区矫正专职人员的配置状况则比较严峻。目前，我国司法所的社区矫正人员极为缺乏，至 2014 年 10 月，全国司法所从事社区矫正的编制内工作人员为 79 207 人，平均每所 1.9 人，其中政法编制的公务员占 56.17%，地方行政编制的占 21.97%，事业编制占 21.86%。[3] 而 2014 年 10 月的社区服刑人员为 731 567 人，司法所工作人员与社区服刑人员的比值约为 1∶9.2。

从比值来看，1∶9.2 的比值似乎是一个较为理想的比值。但不能忽视的是，首先，司法所的工作人员并不是专职的社区

---

〔1〕　P. Torbet, Juvenile Probation: The workhorse of the Juvenile Justice System. Juvnile Justice Bulletin, 1993, p. 3.

〔2〕　B. Burrell. "Caseload standards for Probation and Parole", Temple University, 2006.

〔3〕　高贞主编：《社区矫正执行体系研究》，法律出版社 2017 年版，第 90 页。

矫正人员，他们还需要同时承担除社区矫正以外的其他职责，一般只能将 30%～50% 的时间和精力用于社区矫正。[1] 目前，"一人所"现象在我国也非常普遍，因此相当一部分司法所甚至无法保证有 1 人专职负责社区矫正。而事实上，这一比值在各省的统计中却相差很大，河北省社区矫正执法人员与社区服刑人员的比值约为 1∶11，而江苏省的这一比值为 1∶18。[2] 河北、江苏都是我国较发达的、社区矫正实施较好的省份，而中西部一些欠发达省份的现状则更加不容乐观。目前，我国社区矫正服刑人员增长迅速，并呈现出持续增长的大趋势，社区矫正的专职人员却没有明显增加。这造成了我国社区矫正基层单位特别是县级司法局、司法所工作压力很大。其次，根据我国的相关规定，社区矫正工作以执法人员为主，这些执法人员却要承担起教育帮助的主要责任，例如江苏省印发的《江苏省社区服刑人员教育矫正办法》将组织开展教育矫正活动的重任直接交给了县级司法局和司法所。与美国不同的是，美国有较为完善的社区矫正服务机构体系，许多 JPO 无法完成的职责可以直接转介给其他专业机构，而中国在社区矫正体系发展不完善、地区发展水平差异大的情况下，许多县司法局和司法所不得不独力承担这些职责，这必然影响社区教育矫正的质量和效果。最后，中国并没有专业的针对未成年人的社区矫正人员，这导致社区矫正，特别是教育矫正的水平与未成年人的要求不相适应。例如广东省社区矫正基层缺乏从事未成年工作的专门人员，仅能完成基本监管任务，教育矫正方式简单，难以获得未成年

---

〔1〕 高贞主编：《社区矫正执行体系研究》，法律出版社 2017 年版，第 93 页。
〔2〕 司法部社区矫正管理局编：《全国社区矫正教育管理工作实践》，法律出版社 2016 年版，第 12、48 页。

人的认同，矫正效果不佳，这直接导致了未成年社区服刑人员的再犯率高于总体再犯率。[1]

（四）罪错少年社区教育矫正的工作机制

1. 域外——专业化、市场化的社区教育矫正服务

为了达到专业化、个体化、有针对性的教育矫正目的，国外的少年保护观察部门广泛地与各类专业矫正机构合作，对矫正服务进行合同外包。可以说，少年保护观察部门与私立或半私立矫正机构共同主导国外罪错少年的社区教育矫正。由此所导致的社区教育矫正的"市场化"运作，既有可取之处，又备受诟病。

以美国为例，美国的保护观察官都是具有一定资质的专业人士，可以承担咨询与个案社会工作，少年保护观察部门具备直接向罪错少年提供教育矫正服务的能力。然而美国的社区教育矫正包括许多循证的、专业的治疗、服务和干预项目等。这些专业性工作单靠保护观察部门和保护观察官的力量无法有效完成。因此，为了尽可能满足罪错少年的矫正需求，美国的保护观察部门广泛地联合社会专业力量，以合同外包的方式，将许多专业性较高的矫正服务外包至专业机构，通常是私立保护观察机构（Private Probation）。当保护观察官认为罪错少年有必要接受某项专业矫正服务时，他可以强制或建议将少年转介（referral）至相关机构。一般美国的每个司法片区都会有其可获得的保护观察资源和服务的列表，罗列这一片区内所有的保护观察服务，以供少年法官和保护观察官参考。当然，有些核心业务并不适合外包，法庭调查报告、分流过程中的少年个案筛

----

[1] 司法部社区矫正管理局编：《全国社区矫正教育管理工作实践》，法律出版社2016年版，第97页。

查以及监管等不可合同外包。

以美国德克萨斯州少年保护观察部门为例[1]，平均来看，每个部门直接管辖其下 39% 的矫正项目，而其余的项目则不直接负责。45% 的社区矫正项目则通过合同外包的形式，外包给专业的服务机构负责。当地的心理健康机构和其他政府组织则分别提供 4% 和 5% 的社区矫正项目（详见图 4.2）。其中，几乎所有的加强监管项目，如电子监控、家庭监禁项目和超过一半的教育性项目都由少年保护观察部门直接提供。合同外包的项目主要是专业性的矫正服务，如专业评估、性犯罪矫治、心理咨询等。当地心理机构主要提供心理健康以及物质滥用治疗方面的矫正项目，其他政府机构主要提供职业技能相关的项目，以及问题行为早期干预。少年保护观察部门的规模也影响他们的社区矫正项目的来源。保护观察部门的规模越大，其自身负责的矫正项目也就越多，规模越小则外包的项目越多。可以看出，德克萨斯州的少年保护观察部门通过合同外包的教育矫正服务，甚至已经超过了保护观察部门自身管辖的服务。而接受少年保护观察部门合同委托的私立或半私立的少年保护观察机构，已成为少年社区教育矫正服务的最主要的提供者。此外，提供社区教育矫正服务的合作机构还包括当地的医院与心理健康机构、研究机构、政府、社会志愿组织等。

　　[1] Community-based program evaluation series: Overview of community-based juvenile probation programs (part 1). Texas Juvenile Justice Department, 2013.

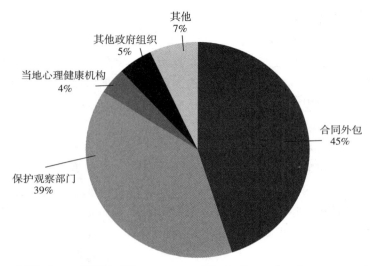

图 4.2　社区矫正项目的来源

图片来源：Eds. Community-Based Program Evaluation Series：Overview of Community-Based Juvenile Probation Programs. Part 1, Taxas Juvenile Justice Department，2013，p. 3.

　　私立保护观察机构（Private Probation）或半私立保护观察机构（少年保护观察部门参与管理）是少年保护观察部门合同外包矫正服务时最主要的合作对象。各州和地方的少年保护观察部门通过合同外包矫正服务的形式与私立机构合作，并监督他们提供的服务。私立保护观察部门的业务涵盖专业化的矫正服务，包括针对各类心理障碍、品行障碍、学习障碍、创伤后应激障碍、注意缺陷、家庭问题等的专业矫正与干预，各类监管设备的研发，以及针对保护观察官的提升培训等。这些私立保护观察机构有营利性与非盈利性的区别，但类似的是，他们提供的服务大多都是收费的。

私立保护观察服务在美国出现可以追溯至 20 世纪 70 年代，起初是为了应对美国社区矫正人数激增，缓解州和地方社区矫正部门的压力。1975 年佛罗里达州政府率先承认建立了"救世军轻罪保护观察项目"（Salvation Army Misdemeanor Probation program），被认为是美国私立保护观察的开端[1]，此后美国多个州开始随之效仿。至 1992 年，私立保护观察作为一项产业获得了普及和长足发展，这时的私立保护观察不仅仅是为了缓解社区矫正部门的压力，更是为了适应社区矫正专业化的需求。目前美国各州已建立了许多横跨多个州的大型私立保护观察服务机构，例如专业保护观察服务公司（Professtional Probation Service, Inc.）等。目前，私立保护观察服务一般要求保护观察者自付费用（offender-funded），甚至将缴费情况与他们保护观察期间的表现挂钩。私立机构宣称，这种费用自付的模式极大地减轻了财政负担，并且增加了税收，但对于这种模式的批判在近年来已经愈演愈烈。有观点认为私立保护观察是对穷人的歧视和压榨，一旦罪错少年及其家庭无法负担数百美元的保护观察费用，他们有可能因为违犯保护观察条件而被改判监禁。

2. 中国——社区矫正机构主导，社会广泛参与的社区教育矫正

为了切实推进社区教育矫正，从 2012 年发布的《社区矫正实施办法》，到 2014 年出台的《关于全面推进社区矫正工作的意见》和《关于组织社会力量参与社区矫正工作的意见》，可以看出，我国正在不断对社区教育矫正做出更加详实的规定：包

---

〔1〕 H. Rappleye, L. Seville, "The town that turned poverty into a prison sentence", *The Nation*, 2014.

括进一步健全社区矫正工作机制，切实加强社区矫正机构与队伍建设等，进一步加强社区矫正工作保障能力，特别是要加强县级司法行政机关社区矫正专门机构的建设，并广泛引入社会力量参与社区矫正，鼓励政府向社会力量购买社区矫正社会工作服务等。

　　2020 年，我国通过的《社区矫正法实施办法》，是对此前的《社区矫正实施办法》进行的修订。《社区矫正法实施办法》第 2 条规定："社区矫正工作坚持党的绝对领导，实行党委政府统一领导、司法行政机关组织实施、相关部门密切配合、社会力量广泛参与、检察机关法律监督的领导体制和工作机制。"其中，社区矫正机构是负责社区矫正工作具体实施的执行机关，司法所根据社区矫正机构的委托，承担社区矫正相关工作。"对社区矫正对象进行教育帮扶，开展法治道德等教育，协调有关方面开展职业技能培训、就业指导，组织公益活动等事项"是社区矫正机构的重要职责之一。此外，社会工作者与志愿者、公检法等有关部门、村（居）委会、社区矫正人员所在单位、就读学校、家庭成员或监护人、保证人等都应参与并协助社区教育矫正的进行，在其中各司其职。但是，该办法对于教育矫正的规定仍旧较为概括化，因此在实践中，我国的社区教育矫正还存有一定的困惑，例如，应怎样界定和协调教育矫正主要职责部门、社会参与者与协助者之间的权责；通过何种方式，以何种路径确保社会力量，特别是专业力量的广泛参与等。但从这些法律文件的发展可以看出，我国的社区教育矫正正逐渐走向制度化、规范化、专业化。

　　事实上，我国从 2003 年社区矫正试点开始起，就一直在探寻有效的社区教育矫正模式。目前，北京、上海、江苏、浙江、山东等地都已积累了较为成熟有效的社区教育矫正的经验。截至 2015 年，我国累计已建成 1319 个社区矫正中心，另有社区服务基地 24 787 个，教育基地 9218 个，就业基地 8165 个。[1]

纵观我国各地的社区教育矫正工作实践，目前有代表性的社区教育矫正工作模式基本如下：

第一，加强县级司法行政机关社区矫正机构与司法所自身的专业化建设，培养具备教育矫正能力的执法人员队伍。社区矫正基层管理、执行机构与工作队伍是社区矫正第一线，他们的执法与教育帮助的能力，决定了社区矫正真正的实施质量。我国《关于全面推进社区矫正工作的意见》中指出要加强社区矫正机构建设，重点加强县级司法行政机关社区矫正专门机构的建设；要切实加强社区矫正工作队伍建设，着力加强县、乡两级专职队伍建设。截至 2015 年我国已建成社区矫正中心 1319 个，就是我国加强"社区矫正机构建设"的最直接的成就。[2]另外，我国多个省份依据《社区矫正实施办法》，结合各省的实际情况，制定了专门的教育矫正工作制度规范。在江苏省司法厅印发的《江苏省社区服刑人员教育矫正办法》中明确规定："县级司法局、司法所组织开展对社区服刑人员的教育矫正活动"，并且"县级司法局应当在社区矫正管理教育服务中心建立心理矫正工作室，组织实施并指导司法所开展心理矫正工作"等。这无疑是对县级司法行政机关、司法所教育矫正职能的突出和强化。我国各省也开始注重对社区矫正工作队伍专业能力的培养与建设。例如吉林省自 2015 年以来组织社区矫正工作人

---

〔1〕 司法部社区矫正管理局编：《全国社区矫正发展情况与数据统计》，法律出版社 2017 年版，第 262 页。
〔2〕 司法部社区矫正管理局编：《全国社区矫正发展情况与数据统计》，法律出版社 2017 年版，第 262 页。

员参与执法规范、心理咨询技能、信息化操作培训班 19 批次，培养近 2500 人。内蒙古自治区为深入开展社区服刑人员的心理矫正，鼓励社区矫正工作人员参与心理咨询师学习考试，在社区矫正工作队伍中培养出 200 余名 2、3 级心理咨询师。[1] 我国的基层社区矫正管理执行机构与工作队伍正处于快速发展期与转型期，政策的重视与扶持，将促使他们实现职能的多样化，从侧重执法监督，真正转变为可以承担监督管理与教育帮助等多样化、专业化职能的综合性机构和工作队伍。

第二，设置中途之家等专门机构，承担教育矫正职能。2008 年北京市朝阳区建立了中国首家针对社区服刑人员和刑释解教人员等两类人员的"阳光中途之家"。阳光中途之家是对社区服刑人员和刑释解教人员进行教育、培训、救助和过渡性安置，提高他们适应社会的能力，帮助其顺利回归社会的社区矫正和安置帮教机构。[2] 阳光中途之家承担管控与服务两大职能，但在实践中明显更偏重于服务职能，可概括为对社区服刑人员的"三统一"教育和对有需求人员的"两项服务"。[3]"三统一"教育包括统一进行法制教育，统一进行心理矫治，统一进行社会认知教育；"两项服务"包括对无家可归、无亲可投、无生活来源的"三无人员"提供食宿服务，以及对有需要人群提供职业技能培训服务等。目前，北京已按照"一区县一家"的格局建立了"阳光中途之家"体系，基本形成了以阳光

---

〔1〕 司法部社区矫正管理局编：《全国社区矫正发展情况与数据统计》，法律出版社 2017 年版，第 25、35 页。

〔2〕 安文霞：《"阳光中途之家"制度研究》，载《研究生法学》2014 年第 1 期。

〔3〕 荣容、刘勇：《北京市朝阳区积极探索阳光中途之家工作模式》，载《犯罪与改造研究》2009 年第 6 期。

中途之家为主导，以司法所为支撑，社会公益组织、公益劳动基地以及社区、村委会等共同参与的"2+N"的教育矫正工作模式。[1]"阳光中途之家"制度是社区矫正北京模式的核心亮点，2011年司法部召开座谈会，向全国介绍推广北京阳光中途之家建设的经验，目前已有多省效仿北京，建立了阳光中途之家。

阳光中途之家来源于对国外"中途之家"（Halfway House）经验的吸取，又基于我国国情进行了探索创新。有学者认为，相比于美国中途之家170多年的发展历史，中国的阳光中途之家无疑是"速成"的产物[2]，而正是因为这种"速成"，使中国的阳光中途之家仍存在一些机构性质、职能、组织方式上的困惑。首先，从机构性质看，与各区县司法局下辖的社区矫正中心不同，阳光中途之家并不是社区矫正的执法部门，因而不具备执法监督的权利，应定义为安置帮教机构。而社区矫正作为严肃的刑罚执行活动，是否可以由安置帮教机构执行；此外，将社区矫正服刑人员的刑罚执行，与刑释解教人员非刑罚性质的安置帮教这两类不同性质的活动"合二为一"是否合理。此外，北京市引入中途之家制度的初衷，是广泛结合社会资源，缓解用于行刑的行政、财政压力。因此，在最初设计阳光中途之家时，将其定义为"民间非营利组织"，由朝阳区政府出资为主、多方筹集资金为辅，采取民间机构运作、司法局监督指导

---

〔1〕 金晓流：《关于优化社区矫正教育模式的实践探索》，载《中国司法》2015年第5期。

〔2〕 马志强：《中途之家的本土形态与本土逻辑——基于国家与社会关系的分析视角》，载《人文杂志》2013年第1期。

的方式展开工作。[1] 然而，在实际工作中，阳光中途之家从设计之初的"民间组织"完全变为了隶属于政府的"事业单位"，其运行方式、制度均是典型的政府行政模式，这背离了其建立的初衷，也不利于社区教育矫正真正走向社会化、专业化。虽然仍有不足，但阳光中途之家无疑是非常有发展前景的教育矫正工作模式。在今后的发展中，可以将阳光中途之家界定为教育帮扶的专门机构，突出其服务性、福利性职能，鼓励和引入社会力量，特别是专业力量的参与，使其与主要负责社区矫正监督管理的司法所分责合作，共同完成社区矫正的任务。

第三，通过"政府出资购买服务"的方式，向社会力量购买社区教育矫正服务，这也是未来我国社区教育矫正走向专业化的主要路径。从 2014 年我国下发的《关于全面推进社区矫正工作的意见》《关于组织社会力量参与社区矫正工作的意见》，到 2019 年的《社区矫正法》、2020 年的《社区矫正法实施办法》，都共同强调了鼓励和引导社区矫正机构向社会力量购买社区矫正服务，这也说明了我国对这种"政府出资购买服务"模式的认可。

在我国率先展开这种模式的是上海市。"政府主导，社团自主运行，社会多方参与"是对社区矫正"上海模式"总体思路的概括，而在这种思路之下，又形成了日常管理、教育学习、心理矫正、公益劳动、帮困解难等五大基本工作内容。[2] 早在 2004 年，上海市民政局就批准建立了民办非企业、非营利性质

---

〔1〕　袁京：《朝阳区"阳光中途之家"6 月启用》，载《北京日报》2008 年 4 月 19 日，第 6 版。

〔2〕　朱久伟、姚建龙主编：《上海市青少年社区服刑人员教育矫正的理论与实践》，法律出版社 2011 年版，第 181 页。

的上海新航社区服务总站，其按照社团章程自主运行。上海市社区矫正办与新航总站签定《政府采购服务合同》，新航总站根据合同的规定，组织社工参与和协调社区矫正机构对社区服刑人员进行教育转化、帮困解难、生活指导、心理咨询等工作，并接受市矫正办的指导、考核与评估。[1] 目前，上海市在分类矫正的基础上，已经要求对未成年社区服刑人员进行个性化的个案矫正，并积极推进社区矫正的项目化运作方式，极大地提高了未成年人社区教育矫正的针对性和效果。

其中，上海市闵行区对未成年社区服刑人员的教育矫正工作模式较为系统、完善。上海市新航服务总站闵行工作站与华东理工大学公共管理学院合作建立了"旭日新航"工作室，以平等、尊重、接纳、同理、服务需求等社会工作的理念，对未成年社区服刑人员进行社区矫正工作。工作室在社区分类矫正的基本框架之内，结合未成年人的个性特点，为其定制矫正项目与服务，促进未成年自我发展，预防再犯，并帮助他们回归社会，取得了良好的成效（工作流程详见图4.3）。

---

[1] 王顺安：《社区矫正理论研究》，中国政法大学2007年博士学位论文。

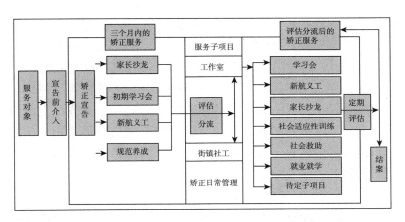

图 4.3　"旭日新航"工作室工作流程

图片来源：朱久伟、姚建龙主编：《上海市青少年社区服刑人员教育矫正的理论与实践》，法律出版社 2011 年版，第 191 页。

3. 中外社区教育矫正的工作机制分析

第一，国外的罪错少年社区教育矫正实行"市场化"的运作模式，实则是需要付费的服务性质；而中国的社区教育矫正是一种刑罚执行活动，完全由政府财政负担。相比之下，双方模式各有优点与局限性：

国外社区矫正付费的模式在一定程度上缓解了财政的压力，但却广受诟病。以美国为例，除了专业教育矫正项目，如咨询、药物测试与治疗等造成的费用，美国的保护观察本身也要收费。目前，美国有 21 个州的部分地区的少年保护观察部门向美国罪错少年收取"监管费"（Supervision Fee），根据其保护观察时间的不同，监管费从 10 美元到 2000 美元不等[1]，平均来说，每人每月的监管费为 50 美元，另外还要加上更高金额的教育矫正项目的费用。事实上，收取费用与少年保护观察的初衷相悖。一方面，卷入少年司法系统的少年往往来自于低社会经济地位的家庭，保护观察的费用会给他们的家庭造成债务或沉重的压力。而一旦这些罪错少年不能按时缴纳保护观察的费用，他们就可能被认为违反了保护观察条件，从而面临监禁或保护观察期限的延长，这正好与促使他们顺利回归社会的目的相背离。另一方面，保护观察费用所带来的压力，使罪错少年无法专注于行为的改变和自身的发展。而一旦他们对收费的公平性产生质疑，这种质疑很容易转变为对少年司法制度本身的质疑，这会极大影响罪错少年对保护观察条件的服从性，也必然会影响矫正的效果。目前，加利福尼亚州的阿拉米达郡（Alameda County）、印第安纳州的马里恩郡（Marion County）已经取消了少年保护观察的一切费用，俄勒冈州的尤马蒂拉郡（Umatilla County）则允许以社区服务顶替保护观察费用[2]。

相比国外，我国的社区矫正则充分体现出了社会制度的优越性。然而，随着社区服刑人员的增长，完全由政府财政支撑的社区矫正也给我国的财政造成了越来越大的压力。目前，我国的社区教育矫正模式愈加提倡"政府出钱购买服务"，确保社区矫正的资金支持成了重中之重。2012 年，我国财政部、司法部联合下发了《关于进一步加强社区矫正经费保障工作的意

---

〔1〕 E Markowitz. The Long-term costs of fining juvenile offenders ［N/OL］. https：//www. newyorker. com/business/currency/the-long-term-costs-of-fining-juvenile-offenders，2016-12-24/2018-4-3.

〔2〕 NJDC. The cost of juvenile probation：a critical look into juvenile supervision fees. 2017，pp. 2、5.

见》，明确要求将社区矫正经费列入统计财政预算予以保障。2014 年，全国社区矫正经费预算总计 11.38 亿元。[1] 当前，我国最普遍的做法是以社区矫正服刑人员的数量核定经费，但不同地区的社区矫正经费差距很大，这也必将导致社区教育矫正效果的地区差异。例如，我国天津市西青区、滨海区、北辰区的每名社区服刑人员每年的经费分别达到 3000 元、4000 元、5000 元。而广州、深圳社区矫正服刑人员的人均经费均超过 7000 元/年。与此相反的是，山东省市县三级社区矫正经费总计达到 1900 余万元，而实得经费人均不足 300 元[2]，经费严重不足。这种现象必将影响教育矫正的效果。社区矫正经费的地区差异可能是由各省经济发展水平、政策重视程度的差异所导致的。我国应注意完善健全社区矫正经费的保障制度，必要时中央财政应进行调控，尽量消除这种地区性的经费差异。

第二，社会参与问题。中外的社区矫正都应立足社会、依靠社区，而其中的教育矫正更加离不开社会力量的参与。美国社会力量参与社区矫正可谓历史悠久，保护观察实际上就起源于志愿者对罪犯的服务。[3] 自 19 世纪下半叶，美国的志愿者就广泛地参与到了保护观察服务中；20 世纪 60 年代，辅助专职人员已经开始作为"保护观察官助手"等角色参与社区矫正。目前看来，美国社区教育矫正的运作更加成熟，私立的、公私合营的社区矫正机构已经非常普及，保护观察官在矫正过程中，与这些社会机构，以及辅助专职人员、专业社工和志愿者合作，

〔1〕 高贞主编：《社区矫正执行体系研究》，法律出版社 2017 年版，第 259 页。
〔2〕 司法部社区矫正管理局编：《全国社区矫正教育管理工作实践》，法律出版社 2016 年版，第 8、94、75 页。
〔3〕 吴宗宪：《社区矫正比较研究（上）》，中国人民大学出版社 2011 年版，第 298~300 页。

共同完成社区矫正工作的模式已经非常普及。

而在中国，自 2014 年我国多部委联合发布《关于组织社会力量参与社区矫正工作的意见》之后，社区矫正中的社会力量参与才真正得到重视。目前，我国社会力量参与社区矫正的现状存在很大的地区不平衡。一些经济发展水平较强的省市，其社区矫正的社会参与度明显优于其他地区。例如，上海自 2004 年就开始探索"政府出资购买社区矫正社会服务"的做法，并形成了社区矫正的"上海模式"。而在大部分地区，我国的社区教育矫正模式仍以社区矫正机构主导的模式运行，社会组织缺席，社工群体专业化、职业化程度不高，志愿精神不足等是制约其发展的重要因素。甚至于北京市的阳光中途之家之所以由最初规划的"民间非营利组织"完全变为了隶属于政府的"事业单位"，其根本原因也是由于当时我国仍缺乏能完全承担起组织管理与矫正职能的社会力量，政府在不得已的情况下只能接管。我国实行社区矫正的目的之一是为解决刑罚执行成本过高的问题。但在运行过程中，实际上又回到了国家自己解决，"行政成本—行政收益"的老路上，使社区矫正模式并未真正向前迈进。当前，我国社区矫正可以说是处于"政府主导，社会缺席"的运行模式。[1] 然而，我国的社区服刑人员必然会越来越多，我国也会面临更大的财政压力，如果不创新思变，那么监狱制度的"今天"，可能就是社区矫正制度的"明天"。加强社会力量的参与是解决社区矫正困境的根本出路之一。

---

〔1〕 马志强：《中途之家的本土形态与本土逻辑——基于国家与社会关系的分析视角》，载《人文杂志》2013 年第 1 期。

第五章

罪错少年社区教育矫正的模式与方法

  罪错少年社区教育矫正的模式并不代表某种具体的方法与技术，而是从具体的方法与技术中提炼出的核心策略。社区教育矫正的模式是社区教育矫正结构中的中观层面。中外社区教育矫正模式的不同，根本上是由中外社区矫正制度的差异所决定的，而中外罪错少年社区教育矫正的不同模式，又导致了在社区教育矫正中运用方法的不同。

  罪错少年社区教育矫正的方法，是罪错少年社区教育矫正结构中的微观层面。社区教育矫正方法的选择和应用，直接决定了社区教育矫正的效果。必须看到的是，中国的社区教育矫正发展时间不长，目前运用的许多主要方法来源于对域外经验的批判性借鉴，如个案调查评估法、分级与分类矫正法、循证矫正法与恢复性矫正法等。目前，我国正不断积累本土化的罪错少年教育矫正方法的实践经验。

  本章从中外罪错少年社区教育矫正的模式与方法分析入手，首先分析了中外罪错少年社区教育矫正的不同模式；其次，介绍了中外罪错少年社区教育矫正中共同的、典型的、影响力较大的方法，包括个案调查与评估、分类与分级矫正、循证矫正、平衡与恢复性矫正等，并分析了中外在社区教育矫正方法的具体内容与实施上的差异；最后，结合罪错少年社区教育矫正蓬勃、快速发展的现状，总结和展望了罪错少年社区教育矫正模式与方法的未来发展趋势。

一、罪错少年社区教育矫正的主要模式

（一）外向归因的医疗模式与内向归因的思想模式

医疗模式是以美国为代表的康复主义矫正观的表现形式，其潜在的假设是，犯罪行为并不是自由意志选择的结果，而是由各种外在的力量所引起的。因此，罪错少年的矫正事实上就像"医生诊病"一样，是识别导致犯罪行为的因素并"对症"地改变和消除它们的过程。目前，许多域外国家的社区教育矫正仍坚持医疗模式的运行方式。以美国为例，美国罪错少年的矫正过程借鉴了许多医疗上的方法和词汇，如犯罪病理学（Pathology）、交叉感染（Infection）、诊断（diagnosis）、矫治（treatment）等。[1] 在医疗模式的指导下，美国非常注重对少年罪错的风险因素的研究，识别并发现了大量与少年罪错行为有关的风险因素，认为这些风险因素才是导致犯罪的真正"病因"。同时，在社区矫正中广泛运用调查评估等方法，以便寻找罪错少年的"症结"所在。因此，在矫正过程中呈现出"发现问题—解决问题"的问题导向模式。

相比之下，中国的社区教育矫正则倾向于思想模式，即中国的社区教育矫正特别注重对服刑人员的"思想矫正"，通过相关的法治教育、道德教育等，提升服刑人员的法治观、道德观

---

[1] B. Feld, "Juvenile Court Meets the Principle of Offense: Punishment, Treatment, and the Difference It Makes", *Boston University law review*, 1988: p. 824.

与悔罪意识，促使其人格升华，自觉脱离违法犯罪泥潭。在我国的社区矫正中，广义的思想教育包括法治教育、道德教育、认罪悔罪教育、人生观价值观的观念教育、前途教育等。在我国社区矫正相关法律规定和教育矫正实践中，思想的矫正通常被放置在非常关键的位置。例如我国《社区矫正实施办法》第33条第1款第5项规定："采用易为未成年人接受的方式，开展思想、法制、道德教育和心理辅导"。《社区矫正法》中第36条第1款规定："社区矫正机构根据需要，对社区矫正对象进行法治、道德等教育，增强其法治观念，提高其道德素质和悔罪意识。"这也体现出了我国社区矫正的潜在理念：人的行为受主观意识的支配。只有先从主观思想上认识到犯罪行为的错误，提升思想境界，才能使其自觉接受矫正，从根本上瓦解犯罪心理，最终促使他们回归社会。

　　总体来说，美国的医疗模式是一种外向型归因，将犯罪的原因归结为外部因素，因而也将更多的注意力放在帮助罪错少年"解决麻烦"上。而中国的思想模式是一种内部归因，认为犯罪的最根本的原因是其自身思想意识出现偏差，因此注重对其思想的教育重塑。比较来看，中国先从罪错少年自身寻找原因，"先内后外"的矫正思路具有积极意义。但是，重塑人的思想谈何容易。在实际操作的层面，中国的思想矫正由于缺乏可操作性，常常达不到预期效果。有学者[1]认为我国现阶段针对少年犯的思想教育存在内容陈旧、方法单一，施教主体自身专业素质不高等问题。此外矫正中思想教育的合理性也被质疑：首先，社区矫正是一种刑罚执行方式，就必然有刑罚的强制性。

---

　　[1]　周琳：《少年犯思想政治教育的实效性研究》，南昌大学2009年硕士学位论文。

而强制性的思想教育是否违反了教育规律，是否可能达到预期的思想转变的效果仍需探讨。其次，社区矫正是一种行刑活动，虽然处于开放性的社区环境，但服刑人员仍处于监管之下。在这种情况下达到的"思想转变"，是否可以代表或预测服刑人员真正回归社会之后的思想状态，值得商榷。可见，中国社区矫正中的思想教育仍需在方法与内容上继续深化，加强施教队伍的专业化建设和有针对性的教育项目的建设。

此外，在我国《社区矫正法》出台后，原社区矫正的三大任务中的"教育矫正"与"社会适应性帮扶"合而为一，变为了"教育帮扶"。这也表现出我国将思想矫正与解决现实困境的社会帮扶结合并重的趋势，职业技能培训、就业指导等社会帮扶也成为与思想矫正密不可分的另一面。

（二）循证矫正模式与经验矫正模式

目前，国外的罪错少年社区教育矫正非常注重运用循证（evidence-based）方法。20世纪七八十年代以来，由于民众持续质疑罪犯矫正的效果与花费不成正比，美国的相关研究与实践者率先开始追问一个关键问题，即在罪犯矫正中"什么真正起作用（What works）"。20世纪90年代，美国马里兰大学的研究者Sherman和同事发表了长达600页的研究报告《预防犯罪：什么有用，什么没用，什么有前景》（Preventing Crime：What Works，What Doesn't，What's Promising）[1]，通过分析当时500多个犯罪预防研究，最终识别出了有效的预防犯罪实践。1999年，Sherman提出了罪犯矫正的新范式——循证矫正（Evi-

---

[1] L. Sherman, D. Gottfredson, D. Mackenzie, et al. "Preventing Crime：What Works, What Doesn't, What's Promising. Research in Brief. National Institute of Justice", *Bureau of Justice Statistics*, 1998, 162（1）: pp. 95-109.

dence-based Corrections），这被认为是将循证方法应用于司法领域的先驱。事实上，循证的方法在 19 世纪已被提出，并主要应用于医学领域，后逐渐被多个领域所借鉴，其中就包括教育、心理健康、儿童福利和司法等。简单来讲，循证矫正是指用科学的研究和证据来指导政策走向和矫正实践，从而做出科学的决策，采用最好的实践。美国的《少年司法与犯罪预防法》，以及由该法案授权建立的美国少年司法与犯罪预防办公室（OJJDP）在推动循证项目方面都起到了关键作用。循证矫正以研究证据（research evidence）为核心与基础。因此，循证矫正首先要确保研究证据的有效性。国外的社区矫正的研究中大量运用实证研究的范式，如随机控制实验、元分析等方法，最大程度地确保对矫正实践的有效性评估的准确性。可以说，循证矫正模式是以专业的、实证的研究为基础的。

目前，我国的社区教育矫正仍主要依靠经验模式。我国的社区矫正实践往往从"试点"实施开始，通过一段时期内朴素的经验积累，总结出优势和缺点，较有成效的则进行推广。从我国的社区矫正研究现状，特别是教育矫正的研究现状来看，存在理论研究比重过大，实证研究不足的情况。当然，经验模式不失为一种发展提升教育矫正的好办法，但却不是最高效的办法。首先，经验模式可能导致对教育矫正实践效果的判断失当。大部分时候，我国未能对教育矫正实践进行实证化的评估分析，有时甚至依靠矫正实施者的主观经验和个人判断来评价教育矫正的有效性，这很容易导致对矫正效果的错误判断。其次，经验模式可能导致教育矫正资源的浪费。在我国社区矫正资源如此紧张的情况下，我国更应该将有限的资源，投入到最有效的矫正实践。但是，我国的经验模式往往无法及时准确地识别出哪些是最有效的实践，而哪些是需改进或无效的实践。

如果将人力物力投入并不高效的教育矫正实践，将会造成矫正资源极大的浪费和矫正效果的低下。最后，那些朴素的经验往往没有经过系统的研究与规范，在推广的过程中，操作的忠诚度无法保证，导致有效实践流失，效果大受影响。2012 年，循证矫正作为一个"舶来品"开始进入我国的矫正领域。目前，我国司法部已在一些经济条件好、矫正经验丰富、研究基础好的监狱单位和社区矫正机构进行循证矫正试点工作，我国的多个省份也开始了循证矫正的实践探索，我国循证矫正体系的探索与构建已步入正轨。

（三）个别化矫正模式与集体矫正模式

个别化矫正是国外少年司法中"儿童最大利益"理念的必然要求。每个罪错少年都是独立的、特殊的个体，有不同的成长经历和个体需求，因此即便他们出现了相似的罪错行为，也不能一概而论，因为导致这些问题行为的原因可能是不同的。因此，每个少年个案都应在系统调查评估的基础上，具体问题具体分析，以保证教育矫正适应个体的需求，才能维护少年的最大利益。为了保证个别化矫正的开展，国外的少年司法体系也做出了相应的设置，包括突出社会调查制度；配备具备综合能力的保护观察官，在少年司法全程跟进个案；给予保护观察官广泛的自由裁量权，使其有根据具体情况作出个体化处置的权利；广泛设置各类教育矫正项目等。国外的少年司法制度与少年社区教育矫正充分体现出了少年司法的"柔性"，对于罪错少年的教育矫正不应死板教条，而应体现人性化，紧密围绕少年的身心和社会化发展需求，做出最适合的处置。

相比之下，中国对于罪错少年的社区教育矫正仍主要停留在集体矫正阶段。尽管我国在《社区矫正法》中已经强调了要根据社区矫正对象的个体特征、日常表现等实际情况，因人施教；以及要根据未成年社区矫正对象的年龄、心理特点、发育需要、成长经历、犯罪原因、家庭监护教育条件等情况，采取针对性的矫正措施，但是，在社区矫正的实践过程中，对罪错少年的个体化矫正仍然无法完全保证。这主要是受社区教育矫正人员与资源配置限制。首先，我国社区教育矫正工作队伍仍以司法行政机关和司法所的执法人员为主，教育矫正的专业人员缺乏，更缺乏熟悉未成年人特点的专业人员。此外，全国司法所的执法人员配置平均每所不足两人，却要承担沉重的社区矫正和其他司法任务。因此，不管从专业能力还是工作量上看，目前社区矫正的主要工作人员都无法有效地承担个体化矫正罪错少年的任务，这也导致了我国社区教育矫正仍以集体教育为主，个体化矫正有时流于形式。其次，由于我国社区矫正信息化的迅速发展，社区服刑人员可以在网络上接受 8 小时矫正教育。因此，仅物理空间上的"集中"已远远不够，矫正内容上的过于泛化、缺乏针对性也无法满足当下社区矫正的需求。虽然我国社区教育矫正发展尚不完善，但也从未停止探索与发展。目前，我国上海市凭借广泛的资源和先进的理念，已经在分类矫正的基础上，联合社会组织，尝试对未成年社区服刑人员展开个性化的个案矫正。

（四）家庭参与模式与官方主导模式

在国外的罪错少年社区矫正中，家庭，特别是罪错少年的父母扮演着极为重要的角色。他们不仅是社区教育矫正最重要的参与者、协助者，有时更是社区教育矫正的直接对象。目前，在英美的罪错少年社区矫正中可以看出明显的家庭保存（family preservation）趋势——使罪错少年尽可能留在家中进行矫正，主要目的就是不破坏其家庭的完整性，并在社区矫正中引入更多的家庭参与。以美国为例，为了确保罪错少年的父母紧密地参与和配合罪错少年的社区教育矫正，美国的少年法官有权施加直接针对罪错少年父母的法院法令和保护观察条件，以确保矫正中的父母参与。这些针对父母的保护观察条件包括要求父母参与社区服务、罚款、赔偿、咨询、治疗、教育及其他保护观察项目等[1]，目的主要在于促使他们更好地履行监护职责。此外，美国的少年保护观察官（JPO）在确定少年个案的矫正计划时，会将罪错少年的家庭整体纳入考量，并向其提供合适的家庭服务。美国特拉华州还专门配备了家庭服务专家型 JPO（family service specialist juvenile probation officer）。[2] 他们除了承担 JPO 的基本职责如个案管理和社区监督外，还有一些专门职责：包括通过访谈当事人和其家庭成员，收集个体、社会和背景信息，清晰描述当事人和其家庭的问题所在，寻找可获得的资源帮助个体和家庭解决问题；与当事人和其家庭合作，建立并实施矫正计划，帮助当事人和其家庭获得完成计划所需的各种资源和服务；进行个体和家庭咨询，帮助当事人和其家庭获得期望的发展，并改善或适应某些问题或状态。同时，各社区矫正机构也向罪错少年家庭提供治疗性与支持性的家庭服务等。这些服务主要包括家庭咨询与治疗、危机干预、父母培训等，主要目的是提高父母教养方式，改善家庭亲子关系，增强家庭纽带等。

中国的社区教育矫正仍是由官方，特别是执法人员主导的刑罚执行活动，家庭的参与仍需加强。我国前期出台的《社区

〔1〕 Pennsylvania Juvenile Court Judges' Commission. Pennsylvania Juvenile Delinquency Benchbook. 2006，pp. 102 – 103.

〔2〕 State of Delaware. Family Service Specialist Juvenile Probation Officer Recruitment〔EB/OL〕. https：//jobapscloud. com/DE/sup/bulpreview. asp？R1 = 092116&R2 = MDDQ01&R3 = 370500，2016 – 9 – 24/2018 – 4 – 3.

矫正实施办法》第 3 条规定，目前负责社区教育矫正的主要是县级司法行政机关的和司法所的社区矫正工作人员；而"家庭成员或者监护人"，只是社区矫正协助者中的一部分，与有关部门、村（居）民委员会、社区矫正人员所在单位、就读学校等一起分担协助社区矫正的责任。虽然该办法第 33 条，针对未成年人的专门条款中指出要"督促未成年社区矫正人员的监护人履行监护职责，承担抚养、管教等义务"，但该条款过于笼统，实际操作性不强。造成目前这种情况的原因除了立法上的缺失，还包括观念上的落后。目前，许多家庭和父母仍认为社区矫正就是国家和政府的责任，非常缺乏参与意识。而事实上，社区矫正是立足于社会的矫正活动，将罪错少年留在社区进行矫正，很大程度上就是希望发挥家庭等社会参与力量在矫正中的作用。此外，缺乏具有亲职教育能力的矫正人员和针对家庭的矫正方法也是家庭参与缺席的原因之一。

目前，随着我国《社区矫正法》的正式出台，其中第 53 条规定："未成年社区矫正对象的监护人应当履行监护责任，承担抚养、管教等义务。监护人怠于履行监护职责的，社区矫正机构应当督促、教育其履行监护责任。监护人拒不履行监护职责的，通知有关部门依法作出处理。"正式从法律层面确认了了罪错少年监护人在社区矫正中的责任义务，这是我国社区教育矫正中家庭参与的一大进步。事实上，家庭在青少年成长的整个过程中都占据不可替代的关键位置，与青少年人格形成与行为发展有着紧密的关系。家庭的参与，将会使社区教育矫正事半功倍。特别是在目前中国社区矫正工作力量非常紧张的现状下，更应引入家庭参与，明确罪错少年的父母、监护人的责任与义务，使他们承担更多教育矫正的职责，以缓解社区矫正的工作压力，提高矫正效果。相应的，相关部门与机构也要开展父母培训、家庭治疗等矫正项目，以便提升父母教养能力，培养健康的家庭关系。

二、罪错少年社区教育矫正的主要方法

（一）个案社会调查与评估

在国外"医疗模式"的社区矫正中，尤为注重对个案的调查评估。对罪错少年进行个案调查评估，就相当于医生对于病人的诊病过程，是对罪错少年进行个体化、医疗式教育矫正的前提和基础。因此，在国外的少年司法中有较为完备的调查评估制度，社会调查报告（social investigation report）或社会研究（social study），以及其他的心理学和精神病学评估、药物与酒精检测等，是少年法庭作出处置决定和保护观察官制定个案矫正计划的重要参考。社会调查报告就像个人档案一样伴随罪错少年在少年司法体系中的全过程。

在中国，卷入司法体系的罪错少年也同样适用调查评估的方法。我国在 2018 年新修正的《刑事诉讼法》第 279 条指出："公安机关、人民检察院、人民法院办理未成年人刑事案件，根据情况可以对未成年犯罪嫌疑人、被告人的成长经历、犯罪原因、监护教育等情况进行调查。"此外，根据《社区矫正法》及两高两部《关于进一步加强社区矫正工作衔接配合管理的意见》的规定，司法行政机关接受委托后，通过开展社会调查评估提前介入刑罚执行活动，及时掌握拟适用社区矫正的罪犯基本情况、一贯表现、家庭和社会关系等，并可以要求居民委员会、村民委员会等组织提供必要的协助，核实情况，提出客观公正的意见供决定机关参考。这样做，一方面可以有效加强社区服刑人员的衔接，另一方面可以把好社区矫正的"入门"关卡。可见，对于罪错少年的社会调查与评估，在我国已得到法律的

认可。

1. 社会调查制度

社会调查（Social Investigation）制度在国外的少年司法中不可或缺，而进行社会调查这一重任往往由少年保护观察部门（JPD）的少年保护观察官（JPO）承担。在罪错少年刚触及少年司法时，JPO 会首先对他们进行一个"初步调查"（Preliminary Investigation）。这种初步调查往往非常笼统和简短，而 JPO 会依此判断该少年是否需要正式进入司法系统。依据初步调查的结果，JPO 会进行如下三种处置：第一种，在充分考虑公众利益和少年个人利益的情况下，对大部分少年当事人不会采取进一步行动；第二种，要求他们接受非正式矫正（informal adjustment），包括赔偿受害人、社区服务、接受矫正项目等；第三种，也是最为严重的一种，当 JPO 认为罪错少年的罪错行为足够严重的时候，会向法庭呈交诉状（file a petition），少年当事人将进入正式司法程序。[1]

JPO 会对那些正式进入少年司法体系的每个少年个案进行充分调查（Plenary Investigation），这是正式的社会调查。在此基础上，出具社会调查报告（social investigation report）或社会研究（social study），这是对少年法庭处置和矫正罪错少年都具有重要意义的材料。首先，JPO 会在调查报告中给出自己的处置建议，而少年法官在处置性审理时，很大程度上会参考罪错少年的社会调查报告[2]，因而美国的社会调查报告又称为处置前调查与报告（predisposition inverstigation and report）；其次，

---

〔1〕　1999, c. 624, Pt. B, §8（AMD）.

〔2〕　"Employment of Social Investigation Reports in Criminal and Juvenile Proceedings", *Columbia Law Review*, 1958, 58（5）, pp. 702-727.

在矫正阶段，JPO 也会依据社会调查报告，评估个体的危险性与需求，设计适当的矫正计划。社会调查报告将如个人档案一样，跟随罪错少年经过整个司法过程。在矫正阶段，如果该少年要被 JPO 转介至其他的机构处，那么他的社会调查报告应该先其人到达，以便帮助其他机构的工作人员了解其需求，进行合理的监管、治疗和矫正。

相比之下，社会调查制度在中国属于一种司法创新。1985 年发布的《联合国少年司法最低限度标准规则》（《北京规则》）第 16 条规定："所有案件除涉及轻微违法行为的案件外，在主管当局做出判决前的最后处理之前，应对少年生活的背景和环境或犯罪的条件进行适当的调查，以便主管当局对案件做出明智的判决。" 2010 年我国六部委联合出台《关于进一步建立和完善办理未成年人刑事案件配套工作体系的若干意见》，其中提出："公安机关、人民检察院、人民法院、司法行政机关在办理未成年人刑事案件和执行刑罚时，应当综合考虑案件事实和社会调查报告的内容。" 同时对未成年犯罪嫌疑人、被告人的社会调查制度的程序与工作衔接等作出了一些规定。但由于该文件属于行政文件，缺乏法律效力，因此在执行力度上大打折扣。直至 2012 年，我国新修改的《刑事诉讼法》第 268 条规定："公安机关、人民检察院、人民法院办理未成年人刑事案件，根据情况可以对未成年犯罪嫌疑人、被告人的成长经历、犯罪原因、监护教育等情况进行调查。" 以法律的形式认可了未成年人刑事案件的社会调查评估。同年的《社区矫正实施办法》第 4 条也对社区矫正调查评估作出了明确规定："人民法院、人民检察院、公安机关、监狱对拟适用社区矫正的被告人、罪犯，需要调查其对所居住社区影响的，可以委托县级司法行政机关进行调查评估。" 第 9 条规定："司法所应当为社区矫正人员制定矫正方案，在对社区矫正人员被判处的刑罚种类、犯罪情况、悔罪表现、个性特征和生活环境等情况进行综合评估的基础上，制定有针对性的监管、教育和帮助措施。"2019 年，我国的《社区矫正法》中第 18 条规定："社区矫正决定机关根据需要，可以委托社区矫正机构或者有关社会组织对被告人或者罪犯的社会危险性和对所居住社区的影响，进行调查评估，提出意见，供决定社区矫正时参考。居民委员会、村民委员会等组织应当提供必要的协助。"这些法律条款共同构筑起了我国现阶段少年司法中社会调查与评估制度的雏形。

　　然而，分析中外针对未成年人的社会调查制度，仍然能发现其中许多不同：

　　第一，在国外的少年司法体系中，社会调查是必不可少的部分；而目前中国罪错少年的社会调查，则仍处于一种"根据情况"而定的状态，并非必须必要。以美国为例，美国的少年保护观察官对每个初涉少年司法的罪错少年都会进行初步调查；而对于正式进入少年司法审判程序的罪错少年，则会对每个个案进行详尽的充分调查，并出具社会调查报告。美国的社会调查制度与社会调查报告在少年司法的全过程都是必不可少的，是少年法官作出处置决定和少年保护观察官设计矫正计划的重要参考。相应的，美国许多州法律规定必须要分配足够的保护观察工作人员和资源，准备社区调查报告，以便能够按时高质量地完成社会调查工作。例如美国宾夕法尼亚州就规定要优先划拨足够的人手和资源完成罪错少年的社会调查报告，如果少年个案被羁押，则要在 10 个工作日内完成社会调查报告，其余个案的社会调查报告完成时限是 3 周，如果需要州外调查则可延至 5 周内完成。[1]

而在中国，目前的法律并未特别强调未成年人社会调查的必要性，只用了"根据情况可以进行社会调查"这种比较含糊的说法，言外之意，也可以不进行社会调查，这一定程度上造成了目前我国社会调查制度"尴尬"的地位。由于法律地位不明确，实行的力度和质量都得不到保证。部分司法人员往往低估未成年人社会调查的重要性，认为其可有可无，甚至认为会影响诉讼效率。更多的情况是由于缺乏法律保障，社会调查制度在人员、资源、经费上都会遇到阻碍。例如，如果遇到非本地的未成年人，目前的资源保障大多无法支撑跨省的社会调查等。

第二，在针对罪错少年的社会调查制度的程序与工作上，国外的经验具有借鉴意义。以美国为例，在程序上，美国在罪错少年进入警察部门时，就会提请少年保护观察官的介入，对少年进行初步调查；经过司法分流而正式进入少年司法体系的罪错少年，则对其再进行充分调查。在工作衔接上，社会调查一直由少年保护观察部门中的少年保护观察官专门负责，而这一体系具有延续性，许多负责处置前调查的少年保护观察官会全程负责该少年个案，可以将处置前调查与矫正需要的调查与评估有效地衔接。

相比之下，中国针对罪错少年的社会调查制度的程序与工作衔接仍可继续完善：

首先，我国社会调查的实施主体和启动时间并不明确。从目前的实践来看，大部分地区由法院在审判阶段启动社会调查，

---

[1] *Pennsylvania Juvenile Court Judges' Commission*. Pennsylvania Juvenile Delinquency Benchbook, Harrisburg, PA, 2006, p. 105.

而公安机关、检察机关在侦查、起诉阶段则基本没有成为启动调查评估的主体。[1] 而依据法律规定，公安机关、人民检察院、人民法院等都应是社会调查的实施主体，社会调查应贯穿于未成年案件侦查、起诉、审判的各个阶段。这种在审判阶段才启动社会调查的现状，可能造成社会调查的滞后，从而导致调查时限紧张，调查质量不高，影响社会调查报告在司法过程中发挥作用等。

其次，社会调查的受委托主体不明。目前接受社会调查委托的主要机构是罪错少年居住地的县级司法行政机关，收到委托函后，县级司法行政机关再指定罪错少年居住地的司法所具体负责社会调查事务。然而由于中国现有的规定过于笼统，各地社会调查实践往往缺乏统一标准，有的是法院直接委托社会组织进行社会调查，甚至存在辩护方直接委托村委会进行社会调查的情况，[2] 这种不规范的现状也造成了一定混乱。

最后，我国社会调查体系缺乏有效的工作衔接，即我国的公安机关、人民检察院、人民法院、司法行政机关之间缺乏有效的社会调查工作衔接。这导致目前我国对罪错少年的调查评估被分割成了审判前社会调查和社区矫正阶段的调查评估两部分。虽然《关于进一步建立和完善办理未成年人刑事案件配套工作体系的若干意见》中提出了执行机关在执行刑罚时应结合社会调查报告，人民法院也应当随案移送社会调查报告等意见，但必须看到的是：一是目前并不是针对每个未成年个案都会建

---

〔1〕 郭建安、郑霞泽主编：《社区矫正通论》，法律出版社 2004 年版，第 106~108 页。

〔2〕 国家法官学院编：《全国专家型法官司法意见精粹：未成年人犯罪卷》，中国法制出版社 2015 年版，第 168~173 页。

立社会调查报告；二是由于标准不统一，导致审判前的社会调查存在调查内容上、质量上参差不齐；三是社会调查报告移送机制不完善，致使审判前的社会调查报告在社区矫正阶段发挥的作用大打折扣。有时司法所人员甚至要对社区服刑的少年进行重复调查，极大地浪费了人力物力。

第三，在国外，罪错少年的社会调查报告是少年法院进行处置的重要参考，具有明显的证据性质；而在中国，社会调查报告的法律属性不明。美国的罪错少年社会调查报告是少年法官作出最终处置决定的重要参考。例如，美国宾夕法尼亚州少年法庭法官委员会（Juvenile Court Judges' Commission，JCJC）发布的"社会研究标准"（Standards Govering The Development of Social Study）中就指出，每个被裁定为罪错少年（delinquent）的个案都应配备社会研究，以便为少年法庭提供及时的、相关的、准确的信息，使少年法庭能够作出最适当的处置决定。[1]

而在中国，由于未成年人社会调查报告的前期基础并不牢固，使人不免对报告的可信度和客观性产生怀疑。在这种前提下，法庭是否采纳社会调查报告作为证据则存在很多争议。有观点认为，社会调查报告不属于证据，只能作为量刑的参考因素；另有观点认为，社会调查报告属于广义的证据，应当庭宣读并接受质证。然而，直到目前，我国对社会调查报告的法律属性、是否能作为证据等问题都无明确结论。这也使我国的社会调查制度处境尴尬，不被重视，很多时候甚至被省略，并直接影响了社会调查与评估在社区矫正阶段发挥应有的作用。

---

〔1〕 *Pennsylvania Juvenile Court Judges' Commission*. Pennsylvania Juvenile Delinquency Benchbook，Harrisburg，PA，2006，p. 105.

2. 社会调查的内容

美国的社会调查报告，又被称为社会研究。之所以称其为"研究"是因为除了客观的信息，JPO 和其他合作的专家会基于他们的个人知识体系，在其中加入分析、建议等。在一份标准的社会调查报告中，至少应包括：

少年的罪错行为及严重性；

少年在家庭、学校和社区的行为模式（behavior pattern）；

少年目前的身体、智力、情绪、社会化的发展程度，并且基于这些信息，理解少年目前的行为，预测未来少年可能会出现的行为问题；

少年家庭、学校和社区的态度，以及他们的态度会对罪错少年重新适应社会造成的影响；

必要的心理学、精神病学和医学报告及评估；

就业情况和就业机会；

基于社会调查事实，JPO 对罪错少年的评估以及处置建议，该处置必须平衡保护社区、为罪行负责和发展少年能力三者的关系等。[1]

除此以外，矫正监管计划（supervision plan）以及任何附加的特殊条件，都应包含在社会调查报告之内。而某些州法律，例如北卡罗来纳州还规定，一份危险与需求评估（risk and needs assessment）必须附于社会调查报告内。[2]

可见，社会调查报告中包含的信息至少可以分为三类：第

---

〔1〕　Pennsylvania Juvenile Court Judges's Commission. Standards governing the development of the social study ［EB/OL］. http：//www. jcjc. pa. gov/Publications/Documents/Standards%20Governing%20the%20Development%20of%20Social%20Summary. pdf, 2018-4-3.

〔2〕　North Carolina General Statutes Chapter 7B. Juvenile Code § 7B-2413.

一类信息是关于罪错少年的基本的、客观的信息，这类信息无需分析，但收集过程繁琐且繁重，可由非专业人员在专业指导下完成；第二类信息是基于基本信息和标准化工具获得的评估信息，例如运用心理测评量表评估其心理状态，用风险评估量表评估其人身危险性等；第三类信息是少年保护观察官等专业人员依据上述数据信息，给出的专业性的处置建议和矫正计划。这些信息层层递进，较为全面地描述出罪错少年的背景、现状、需求，少年保护观察官往往以此为基础和参考，制定专业化、个体化、针对性的社区教育矫正方案。少年法官在运用社会调查报告时也要注意其中是否有关键信息的缺失、个人偏见，以及是否太过模式化、缺乏针对性评估等。

相比之下，中国的社会调查内容比较具有概括性，以客观背景调查为主，缺乏专业分析与意见。例如，我国在《刑事诉讼法》中规定对未成年犯的社会调查应包含其成长经历、犯罪原因、监护教育情况等内容；《关于进一步建立和完善办理未成年人刑事案件配套工作体系的若干意见》中提出社会调查内容应包括未成年犯罪嫌疑人的性格特点、家庭情况、社会交往、成长经历、是否具备有效监护条件或者社会帮教措施，以及涉嫌犯罪前后表现等情况。中国的相关规定比较笼统，对客观背景信息的调查要求较多，缺乏深入评估与分析，更没有要求给出专业的指导性意见。这很容易导致调查流于表面，难以深入。再加上目前社会调查制度的现状，导致调查主体专业性不够，人力物质支持也不足，使许多社会调查报告内容过于简单，多空话套话。许多时候只是笼统地给出"判决被告人缓刑"的建议，而缺乏对未成年人犯罪原因、人身危险性、社会危害性的深入分析与评估。

目前，在新修订的《社区矫正法实施办法》中，规定应当对被告人或者罪犯的居所情况、家庭和社会关系、犯罪行为的后果和影响、居住地村（居）民委员会和被害人意见、拟禁止的事项、社会危险性、对所居住社区的影响等情况进行调查了解，并形成调查评估意见。不仅要调查，还要评估分析，最终形成意见。这是首次对社会调查报告中的"评估意见"作出法律性要求。可见我国社区矫正中的社会调查制度也在不断完善。

3. 专业评估

除了社会调查报告以外，美国少年法庭还视情况要求各种其他的专业评估来帮助做出适当的处置，包括心理学、精神病学评估，以及药物和酒精测试等。其中的一些法庭需要的评估明显超出了少年保护观察官的工作能力与工作量。因此，评估中心（Assessment Center）成为美国罪错少年社区矫正中不可或缺的合作机构。评估中心往往不直接隶属于司法系统，但却与少年司法系统关系密切。有时，少年法院在处置前会授权评估中心对相关罪错少年进行评估，而评估的结果也会直接影响处置判决。在社区矫正的过程中，少年保护观察官也可以在必要时将少年个案转介至评估中心进行评估。

以美国弗吉尼亚州威廉斯堡市（Williamsburg）的大威廉斯堡地区儿童评估中心（Greater Williamsburg Child Assessment Center，以下简称GWCAC）为例，对美国的评估中心这一机构进行概要了解。评估中心一般有一定的服务区域范围，GWCAC主要服务4个地区，分别是詹姆士城郡（James City County）、普库森市（City of Poquoson）、威廉斯堡市（City of Williamsburg）和约克郡（York County）。GWCAC不属于政府或司法部门，它由殖民地地区行为健康机构（Colonial Behavioral Health）管理，该机构是一个致力于向心理障碍和精神疾病、物质滥用障碍和智力缺陷的个体及其家庭提供所需服务的机构，由弗吉

尼亚州行为健康和发展服务部授权建立。而威廉斯堡健康基金
会（Williamsburg Health Foundation）——一个旨在"持续不断
地提升社区健康水平"基金会，则为 GWCAC 提供主要的经济
支持。[1] 总体看来，GWCAC 是非营利性质的社会服务机构。

GWCAC 虽然不以营利为主要目的，但其运作的基本模式还
是付款购买服务（fee-for-service）模式。它的服务费用大部分
可以通过健康保险和其他方式报销。对于没有任何保险的个体，
GWCAC 会依据其家庭和收入情况确定其支付能力，收取相应费
用。在 GWCAC 的宣传材料中写明"没有人会因为无能力付款
而得不到服务"。

GWCAC 配备了持有执照的专业治疗师（therapist），包括具
备临床心理治疗师执照（Licensed Clinical Psychologist，LCP），
物质滥用咨询师认证（Certified Substance Abuse Counselor，
CSAC），心理学博士（PsyD），国家认证咨询师（National Certi-
fied Counselor，NCC）等认证和资质的人员。这些专业人员可以
向罪错少年提供种类多样的专业测评，具体包括 4 大类：

第一，心理健康（Mental Health），包括情绪与行为发展、
注意能力等；物质使用（Substance Use），包括筛查和相应治疗
的推荐；

第二，创伤（Trauma），包括虐待和欺凌的影响，以及重要
事件或丧失后的影响等；

第三，智力和适应功能（intelligence and adaptive functio-
ning）；

第四，法庭要求的测评（court-ordered），包括精神与心理

〔1〕 Williamsburg Health Foundation. Overview ［EB/OL］. http://williams-
burghealthfoundation. org/about/history，2018-4-3.

健康评估和父母能力评估等。在评估结束后，治疗师们会确定当事少年的需求，并且向他们推荐相应的治疗和提供社区服务提供者清单。

相比之下，中国目前非常缺乏专业的评估机构与专业人员。目前，县级司法行政机关与司法所是公检法优先委托的调查评估主体，承担起未成年案件社会调查评估的主要责任。然而，如前所述，县级司法行政机关和司法所不仅存在以执法队伍为主、缺乏专业人员的问题，还存在人力物力不足的情况。目前国内仍有部分地区的司法所是"一人所"，就能窥见司法所人力缺乏的现状。在这种情况下，工作人员能够有质量地完成对未成年人基本信息的社会调查与搜集已属不易，对未成年人的评估也往往停留于表面。

为了引入更多专业力量，一些司法行政机关开始与社会组织进行合作或聘请专业人员，进行社会调查与评估。如北京市的阳光社区矫正中心聘请专业人员进行社会调查，上海市的新航社区服务站由专业社工对罪错少年进行个别化的调查评估与矫正等。社工的介入提升了社会调查与评估的专业性，但是也存在一些问题。首先，引入专业力量需要政府财政的支持，除北京、上海等经济发达地区，我国有很多地区的政府目前还无法承担引入专业力量的财政支出。其次，目前我国的社工群体存在整体专业化、职业化水平不高的问题。一项调查显示，根据 2015 年的统计，我国的社工群体中具有本科及以上学历的只占总人数的 16.5%，而具有社会工作专业学历或受到过正规社会工作专业训练的只占总人数的 3.3%。[1] 也就是说我国在社区矫正领域从事服务的社工其实多数既没有社会工作专业背景

---

〔1〕　高贞主编：《社区矫正执行体系研究》，法律出版社 2017 年版，第 238 页。

和相应的学历，也没有足够的社会工作方面的实践，他们的专业素养很可能无法应对专业调查评估的需要。最后，美国的社会调查与评估有明确的证据属性，相关的制度也非常严格。而我国在目前法律不健全、监督不严格的情况下，如果轻易将调查评估的权利委托给社会机构，很容易造成调查评估的混乱与造假，甚至滋生腐败。因此，目前我国首先应加快健全未成年案件调查评估制度的法律规范，继而再完善其专业支持体系。

（二）分类矫正与分级矫正

分类矫正与分级矫正是目前中美两国都在运用的社区教育矫正方法。依据科学的标准，对社区矫正对象进行分类，不仅可以提高社区教育矫正的质量与科学性，还可以对社区教育矫正资源进行最高效的配置。

2014 年，我国两高两部联合发布的《关于全面推进社区矫正工作的意见》指出，要大力创新教育方式方法，实行分类教育和个别教育。但并没有详细说明如何分类。因此，我国的各个省市也依据实际情况展开了工作探索。例如，江苏省司法厅发布的《江苏省社区服刑人员教育矫正办法》中，细化了《社区矫正实施办法》中关于分类矫正的规定，指出"县级司法局、司法所应当根据社区服刑人员的矫正类别、犯罪类型、管理等级、矫正期限等，开展分类教育。"较明确地表明了社区服刑人员分类矫正的依据。然而，目前中国分类矫正的标准仍不够统一。有些地区认为分类矫正是按照服刑人员的人口学特征进行分类，如女犯、未成年犯、老年犯等；有些地区按照具体的刑罚种类进行分类，分为管制、缓刑、假释、监外执行等；少数地区则按照服刑犯人身危险性的大小和再犯风险进行分类。2019 年我国的《社区矫正法》颁布后，从法律层面确立了"分类矫正+个别化矫正"的新模式，这也极大地推动了我国对于分类、分级矫正的探索。

在国外，对罪错少年进行风险评估已成为少年司法体系中不可或缺的一个环节。罪错少年的人身危险性与再犯风险等，不仅影响着少年法官对其作出的处置，也是保护观察官和其他矫正专业人员对其进行矫正监管与服务的主要分级依据。以美国为例，这种以个体人身危险性进行分类的方式更加细化与精准，一般称作分级矫正。分级矫正也是美国循证矫正的必然要求。在美国的少年司法中，从矫正监管的级别，到社区教育矫正的内容和方式，都遵照一定的分级标准，突出其针对性。可以看出，美国的分级矫正事实上是分类矫正的一种，是以"人身危险性"这一更为科学的标准进行差异化监管、精准化分类的矫正方式。以下将对中外的分类、分级矫正进行分析。

1. 分类与分级的标准与工具

在国外，评估（assessment）的方法很早就被运用于社区矫正。然而，早期的评估较为随意，科学性较差，主要是依靠犯罪人的案件资料和社区矫正工作者的观察。这种情况在 20 世纪 70 年代发生了改变，美国的威斯康星州在这方面发挥了重要作用。1975 年，威斯康星州开始实施案件分类与员工发展项目（Case Classification/Staff Development Project）。经过 4 年的努力，率先设计出了一套危险与需求评估体系（risk/need assessment system）。[1] 这套危险与需求评估体系的概念逐渐被美国各州司法体系所接受和认同，美国的其他各州与司法辖区纷纷以威斯康星危险与需求评估为蓝本，发展其自己的评估体系。尽管美国各地的评估体系并不完全统一，但这些评估都包含两个维度：

---

〔1〕 吴宗宪：《社区矫正比较研究（上）》，中国人民大学出版社 2011 年版，第 330~333 页。

其一是危险（risk）维度，用来衡量犯罪人重新犯罪的可能性大小，主要用来确定监管级别；其二是需求（need）维度，用来确定对犯罪人提供帮助的内容和迫切程度。目前，美国主要依据社区服刑人员的人身危险性来确定矫正监管的级别。美国许多州在审判前的社会调查报告中，要求附上对罪错少年的危险与需求评估，以便作出最适合的处置。同时，美国还广泛地建立评估中心这种专业机构，以应对更加专业的评估要求。美国希望依据罪错少年的个体风险等级和需求等级，建立起连续渐进的监管和矫正体系。因此，对罪错少年的相关评估是其中的重要基础。

中国对罪错少年的分类分级社区矫正工作正在持续的探索之中，目前的分类与分级标准也较为多元化。对于分类矫正来说，在《社区矫正法》正式确立了"分类矫正+个别化矫正"的社区矫正模式后，各地相继出现了许多具有代表性的分类矫正实践探索。其中，有根据犯罪类型进行分类的，如2007年在上海市社区矫正办公室印发的《上海市社区矫正工作指导手册》，就将社区服刑人员按照年龄与犯罪类型进行分类，包括青少年犯罪类、暴力犯罪类、侵财犯罪类等；有根据具体的刑罚种类进行分类的，分为管制、缓刑、保外就医、假释、监外执行等；也有按照犯罪历史进行分类的，如初犯、累犯等。

对于分级矫正来说，我国已开始追寻更加精准的分级方式与更科学的评估工具，并不断加强与心理学、法学、犯罪学等专业机构与人员的合作。我国北京、上海、深圳等地已按照服刑人员人身危险性的大小和再犯风险进行分级，在科学评估与分级矫正方面走在前列。北京市司法局与首都师范大学政法学院合作研究了《北京市社区服刑人员综合状态评估指标体系》，根据对服刑人员的人身危险性、回归社会的趋向等测量指标的综合分析，将社区服刑人员分为 A、B、C 三类，实施不同强度的管理和矫正，不仅提高了矫正质量，同时提高了管理的效率与安全性。上海市在积累了大量社区矫正的实践经验的基础上，开创了"三分法"社区矫正模式，即"分类、分级、分阶段"，将简单的分类进行细化。其中的"分级"标准，即为服刑人员的人身危险性。为此，上海市有关人员专门研制了《社区矫正服刑人员风险测评表》，对服刑人员的人身危险性进行评估。深圳市横岗街道也创制了《社区矫正对象分级分类个案评估表》，通过 8 个一级指标、28 个二级指标、64 个三级指标，对社区矫正对象进行精准化级别评定，再由专业心理咨询师根据社区矫正对象的问题及需求因人而异地制定个别化矫正方案。这意味着我国现行的分级评估指标正不断细化，个体化矫正在不断发展完善。

依据我国分类分级矫正的实践探索，结合矫正对象的综合情况，安徽省制定了《安徽省社区矫正对象分期分级分类管理教育办法》，实行"分期分级分类"的综合管理教育。其中，分期矫正是指针对矫正对象所处的不同阶段，将矫正分为了矫正初期、矫正中期与矫正末期；分级矫正是根据裁判内容、风险评估、现实表现、危险程度等因素，对社区矫正对象进行综合评定，划分为重点管理、普通管理两个管理等级；分类矫正则是针对管制、缓刑、假释与监外执行等不同的四种情形，对矫正对象实施分类管理。这些实践探索代表着我国的社区教育矫正已从"大而化之"，逐步走向具有较高针对性的精准干预。

当然，诸如此类的分类、分级矫正需要更专业和细化的教育矫正措施作为配套，从而对不同级别的矫正对象实施不同的矫正干预措施。如果分级后的监管与教育矫正无法适应需求，那么分类、分级矫正也就失去了意义。目前我国许多地方仍无法满足这样的教育矫正要求。因此，更多地区简单的依据刑罚种类，如管制、缓刑、保外就医、假释、监外执行等进行分类。而从社区教育矫正的角度来说，这样的分类并不能适应社区矫正对象的个别化教育矫正的需要，也并不完全符合社区矫正资源的最优配置。

2. 应对高风险罪错少年的社区教育矫正措施

对罪错少年进行风险评级，并发展分级的社区教育矫正，意味着要对不同风险级别的罪错少年，采用不同的社区矫正措施。其中，高风险的罪错少年可能本该接受监禁矫正，而由于种种原因被留在了社区进行矫正，他们更可能出现危害社区和自身安全的行为。因此，对这类高风险罪错少年的社区矫正的强度一般较大。例如美国的加强型的社区矫正，也称作"中间制裁"（intermediate sanction），经常被当作监禁矫正的替代。这类矫正介于普通的社区矫正和监禁矫正之间，比普通社区矫正更为严厉，可能包括更严厉的监管，更多的社区设施内矫正，目的在于尽可能保证社区安全；同时，它的成本比监禁矫正更低，也可以最大程度保留罪错少年生活的自然情境和社会纽带，从而避免监禁矫正所带来的负面影响。

就我国来说，在普通的社区矫正与未成年人管教所的监禁矫正之间，这一"中间地带"的相关实践仍需不断探索。目前，在我国《社区矫正法》特别强调了"分类管理"之后，我国许多地方都制定了针对分类、分级社区矫正的管理办法，比如按照风险评估结果等，将社区矫正对象划分为重点监管、普通监管等多个等级，以实现差异化的管理与社区资源配置的优化。但目前，我国关于分类矫正的规定仍较为笼统，相关文献研究也比较少。

比较类似的还有我国的工读教育制度，工读学校事实上也是存在于普通社区矫正与监禁矫正之间的一种"中间制裁"。但这一制度目前也存有许多问题,包括入学机制不明确,与我国现有的矫正体系不能很好地衔接与融合等。工读教育制度本身仍处于改革的关键时期,也并不属于我国社区矫正体系。因此,这里主要介绍国外的一些实践,包括加强监管保护观察和社区设施内矫正等,以期带来有益借鉴。

（1）加强监管保护观察

加强监管保护观察（Intensive Supervision Probation, ISP），是一种比普通的保护观察更为严厉的矫正方式。自 20 世纪 80 年代开始,美国大量司法辖区率先开始试行加强监管保护观察和假释项目,以减轻监狱的压力,同时保护社区安全。在 1980 年—1985 年间,美国有 40 个州相继实行了 ISP 项目。[1] 不同的地区和部门实行 ISP 项目在细节和策略上都有很大的差异,但他们同时具有一些共同特征,如更严格的监管和矫正条件等。具体来说,ISP 项目的矫正对象可能需要接受宵禁,一周多次会见矫正官,随时接受药物检测,一直保持工作雇佣状态,强制性的教育和治疗等多种更严苛的矫正条件。其中一些可能还要求家庭监禁（House arrest）和电子监控（electronic monitoring）。这种加强型的保护观察,也给保护观察官造成了更多的工作量,例如亚利桑那州规定,保护观察官每周必须会见加强监管保护观察的少年至少 4 次,同时还需每周联系其父母或监护人,以及通过教育矫正机构了解情况。因此,ISP 项目需要更充足的人员配置。亚利桑那州规定每 2 位少年保护观察项目官监控的 ISP

---

〔1〕 J. Petersilia, S. Turner, "Intensive supervision for high-risk probationers: Findings from three California experiments", *US Department of Justice*, 1990, pp. 1-7.

少年人数不得超过 25 人，每 3 位不得超过 40 人。[1] 而普通的保护观察中，1 名保护观察官可以同时监管 30 名至 100 名的罪错少年。

但从 20 世纪 80 年代 ISP 项目普及开始，外界对其效果始终表示质疑。许多研究者认为，ISP 项目需要较高的矫正成本，但却并未达到理想效果，如并未减少重犯率或减轻监狱的过度拥挤。美国 1986 年的一项将 ISP 应用于高风险罪犯的研究显示，如果仅仅以重犯率来衡量，ISP 对于高风险的社区矫正对象是无效的；1992 年的一项针对 ISP 应用于吸毒者的研究表明，被判 ISP 的吸毒者 1 年后的重犯率反而更高，也更有可能被投入监狱等。[2] 这些研究虽或多或少存在研究方法上的不完善，但足以表明 ISP 项目在效果上不尽人意。有研究指出，ISP 在众多目标上的失败可能与其带有惩罚性的矫正哲学有关。[3] ISP 过于追求监管的严厉性，而忽视了教育矫治在其中的重要意义。

（2）社区设施矫正

社区设施（community - based institution）不同于少年监狱（jail）或少年拘留所（juvenile detention），因为社区设施以社区为基础，通常是开放性和非监禁的，社区设施内的青少年并不离开社区环境，可以继续上学或工作，因此也属于社区矫正。但一部分社区设施属于寄宿式矫正（residential care），属于离家

---

〔1〕 Azcourts. gov. Juvenile intensive probation〔EB/OL〕. https：//www. azcourts. gov/jjsd/Juvenile-Intensive-Probation，2018-4-3.

〔2〕 S. Turner，J. Petersilia，E. P. Deschenes，"Evaluating Intensive Supervision Probation/Parole（ISP）for Drug Offenders"，*Crime & Delinquency*，1992，38（4）：pp. 539-556.

〔3〕 K. Brown，"Effects of Supervision Philosophy on Intensive Probationers"，*International Journal of Selection & Assessment*，1997，5（3）：pp. 190-191.

处置，有些社区设施甚至会配备一定的安保措施。在推崇将罪错少年留在家中进行矫正的今天，社区设施矫正往往是社区矫正的最后一种选择。[1] 被判社区设施矫正的青少年可能有比较严重的罪错行为，对社区安全造成威胁；也可能存在家庭问题，不适合留在家中进行矫正，如被虐待和无人照管的少年等，因而这些设施也带有儿童福利的色彩，往往服务于少年司法和儿童福利两个系统。常见的社区设施矫正包括养育家庭（Foster Home）、小组之家（Group Home）和中途之家（Halfway House）等。按照其对罪错少年的监管和限制排序，养育家庭的限制性最小，小组之家和中途之家居中，它们的限制和监管都小于少年拘留中心等机构。

养育家庭是一种"类似家庭"的机构，是政府为无法与其原生家庭共同生活的青少年提供的一种暂时性服务，在那里，罪错少年将在一定时期内与"养育父母"生活在一起。养育父母有时是其有血缘关系的亲属，有时是经过专业培训的"专职养育父母"。养育家庭的主要目的是为其中的少年营造一种安全和发展性环境，并向这些少年提供训练和矫正服务等。与其他的寄宿矫正相比，养育家庭的位置和模式都更接近他们的原生家庭。罪错少年被判入养育家庭的平均时长为 3 个月至 6 个月，在此期间，罪错少年、其原生家庭，以及目前的养育父母会分别接受针对性的培训和干预来改善家庭关系，并为少年重返家庭做准备。而法庭和政府会持续不断地为养育父母提供支持和

---

〔1〕　J. Ryan, J. Marshall, D. Herz, et al. "Juvenile delinquency in child welfare: Investigating group home effects", *Children & Youth Services Review*, 2008, 30（9）: pp. 1088-1099.

培训。[1] 目前，多维矫正的养育关护项目（Multidimensional Treatment Foster Care，MTFC）是美国养育家庭采用的成功有效的矫正模式，该项目在居住设施的环境中，对青少年的反社会行为、情绪障碍和罪错行为进行干预。MTFC 包含三个主要的组成部分和多维度的干预活动。其中，三个组成部分分别是养育父母、罪错少年家庭以及矫正团队。多维度的干预活动包括对养育父母的培训与支持，对其血缘父母的家庭治疗及教养方式培训，对罪错少年的技能培训与支持性治疗，对罪错少年学校表现的干预和学业支持，以及在需要时对罪错少年进行临床的精神障碍咨询以及药物治疗等。MTFC 的矫正团队往往包括项目领导与监督者、家庭治疗师、心理咨询师、技能训练人员、日常电话联系人（负责每天与养育父母的联系，以了解罪错少年的日常情况）。这一团队每周进行会面，探讨个案的矫正情况，统合每日电话联系中获取的信息，制定下一步的矫正方案。[2]

　　小组之家和中途之家是另外一类的比较典型的社区矫正设施。OJJDP 认为小组之家和中途之家同属于寄宿类团体关护（residential group care），但同时又缺乏详细标准的定义。总体来说，小组之家属于小型的寄宿矫正机构，服务于多个系统，包括少年司法系统、儿童福利系统、精神健康系统等。一般一个小组之家的服务能力在 5～15 个青少年之间。相比于养育家庭，小组之家的限制性更强，会有保安等工作人员，其中的青少年

---

　　〔1〕　County of Midland. Foster care ［EB/OL］. https：//co. midland. mi. us/ Courts/ProbateandJuvenileCourt/JuvenileCourt/JuvenileDelinquency/FosterCare. aspx, 2018-4-3.

　　〔2〕　P. K. Westermark，K. Hansson，M. Olsson，"Multidimensional treatment foster care（MTFC）：results from an independent replication"，*Journal of Family Therapy*，2011，33（1）：pp. 20-41.

时刻处于监督之下。但它并不像少年拘留所那样是全封闭的机构。小组之家一般不提供学业指导，因而在其中矫正的少年也正常去学校学习。一般来说，被判离家处置的青少年会首先进入养育家庭，在养育家庭无效的情况下，才可能进入小组之家。因此，小组之家针对的目标群体存在的问题往往更为严重。他们往往是较年长的少年（15~17 岁）、男性、有社会情绪障碍或行为问题，并卷入少年司法系统。研究表明，小组之家中的青少年有品行障碍的比例显著高于正常青少年中的比例，其中接受药物治疗的青少年比例也显著高于养育家庭。在矫正方面，首要的方法是教导家庭模式（Teaching-family Model）。教导家庭模式是堪萨斯大学（University of Kansas）在 20 世纪 60 年代提出的一种矫正家庭问题的循证模式，针对包括儿童虐待、青少年犯罪、心理和行为障碍等在内家庭问题，是一个认知的、社会的和优势为本的行为干预体系，并有高水平的专业人员作为支持。研究证明，这一模式在小组之家等类似的寄宿性矫正环境中可以发挥作用。[1] 另外，由于小组之家中的青少年大多具有心理或行为问题，个体心理治疗和小组互动治疗也是常用的矫正方法。

目前，对小组之家等寄宿矫正机构的争议主要存在于将高危少年群体聚集矫正，很容易形成越轨团体从而加重问题。同时，由于其服务人数太少，所需工作人员配置又太多，因此矫正成本非常高，是养育家庭的 6 倍~10 倍[2]，这也使人们质疑

---

〔1〕 K. Kirigin, "The Teaching-Family Model: A Replicable System of Care", *Residential Treatment for Children & Youth*, 2001, 18（3）: pp. 99-110.

〔2〕 R. Barth, *Institutions vs. foster homes: the empirical base for a century of action*, University of North Carolina, 2002.

其投入和获益是否平衡。

（三）循证矫正

20 世纪 90 年代，美国马里兰大学的研究者 Sherman 和同事发表了长达 600 页的研究报告《预防犯罪：什么有效，什么没效，什么有前景》（Preventing Crime：What Works，What Doesn't，What's Promising），分析了当时 500 多个犯罪预防研究，最终识别出了有效实践。1999 年，Sherman 提出了罪犯矫正的新范式——循证矫正（Evidence-based Corrections），开创了将循证方法应用于司法领域的先河。Sherman 认为循证矫正最根本的原则就是用"最佳证据"指导决策，从而采用"最佳实践"。他认为目前许多矫正实践者在矫正中"各自为政"，采用他们所认为正确的矫正方式，而事实上，这些方式却是无效的。因此，矫正实践中欠缺的一个关键环节就是运用研究评估的结果去指导矫正决策。其实循证的方法在 19 世纪就被提出并被应用于医学领域，后逐渐被多个领域所借鉴，包括教育、心理健康、儿童福利和司法等。概括来讲，循证矫正以获得的最佳证据为依据，结合矫正人员的经验技能，以犯因性需求为基础，为服刑人员制定个别化的矫正措施。[1] 美国《少年司法与犯罪预防法》在推动循证项目方面起到了关键作用，2002 年该法律重新修订，就在法律中加入了要求州政府优先给予循证项目拨款资助的内容。而依据这一法案而建立的美国少年司法与犯罪预防办公室（Office of Juvenile Justice and Delinquency Prevention，OJJDP）隶属于美国联邦司法部，该部门通过研究、资助、宣传和政策建议等，支持和促进美国少年司法循证矫正实践的运行，成为美

---

〔1〕 王平、安文霞：《西方国家循证矫正的历史发展及其启示》，载《中国政法大学学报》2013 年第 3 期。

国罪错少年循证矫正实施的指导与核心部门。

2012年，我国司法部预防犯罪研究所与江苏省司法厅等联合举办的"循证矫正方法及实践与我国的罪犯矫正工作"研讨班在江苏开班，我国正式开始学习论证循证矫正在我国矫正工作中的运用问题。在吸收外国先进经验，并融合我国本土经验的基础上，我国司法部开始在一些经济条件好、矫正经验丰富、研究基础好的监狱单位和社区矫正机构进行循证矫正试点工作，旨在最终形成一套符合中国实际的循证矫正体系。我国的相关研究指出，我国循证矫正实践必须抓住两大关键问题，一是"证"的问题，坚实可信的证据是循证矫正的前提和基础；二是"循"的问题，这是循证矫正方法问题的概括，包括发现和明确矫正问题，检索收集解决矫正问题的证据，找到最佳证据，将最佳证据应用于实践，评估应用结果等环节。[1] 目前，我国的循证矫正仍处于试点探索阶段，接受程度仍不高，证据基础和循证方法均不完善。江苏省是我国开展循证矫正较好的省份，其中，苏州市司法局依据循证矫正方法，建立了社区矫正循证矫正专家库、案例库、方案库、工具库，对社区服刑人员进行科学分类，遵循最佳证据制定并实施个别化的矫正方案等。总体来看，中国的循证矫正仍需继续推广与完善。

1. 将最佳证据应用于实践的方法

循证矫正以最佳证据为前提和基础，希望通过研究证据找到那些真正有效的实践，并辨别出哪些实践是有效的，哪些是无效，哪些是有前景并需要改进的，最终将最佳证据应用于实践，取得最好的矫正效果。因此，循证矫正的核心问题可以说

---

〔1〕 周勇：《罪犯教育矫正模式的创新与发展》，载《中国司法》2013年第3期。

就是找到最佳证据，并转而运用于实践。

目前，国际主流的循证矫正中主要通过三种方式，将最佳研究证据应用于实践：第一种是直接评估矫正项目的实践效果，确定这些项目是否有效；第二种是选择经过权威验证为有效的矫正项目，如美国权威网站中公布为有效的范例矫正项目，并在实施中确保忠诚度；第三种是实施经过元分析（meta-analysis）验证为有效的一类项目。[1]

（1）直接评估矫正项目的实施效果

直接对特定的矫正项目进行效果评估，包括对接受该矫正项目的罪错少年的重犯率以及其他相关指标的评估，其目的不仅在于评估矫正项目是否有效，还要在评估的过程中，识别矫正项目实施中的问题，为矫正项目的发展完善指明方向。

这种方法最大的优点是研究证据直接来自于该矫正项目本身，是具体明确和符合现实情境的；而不是从别处借鉴或者类推的。然而，这种直接进行评估的方法也有明显的缺陷。其一，成本过高。以美国为例，其全国范围内正在实施的罪错少年矫正项目数不胜数，而对其进行效果评估则需要人力物力资源，包括具备相关知识的专业人员与创造合适的评估条件，如分配矫正对象，建立实验组、对照组等。在这种现状下，对每个矫正项目都进行评估是不现实的。其二，用这种方式获得的研究证据具有针对性，这是优点，同时也是局限，因为这种研究证据缺乏普适性，无法推广。一旦矫正项目的实施条件有显著变化，那么此类研究证据所得出的结论也就不再适用。因此，这

---

〔1〕 M. Lipsey, J. Howell, M. Kelly, et al. Improving the effectiveness of juvenile justice programs: A new perspective on evidence-based practice. Center for Juvenile Justice Reform, 2010, pp. 17-20.

种对矫正项目直接进行评估的方法，往往只运用于某些创新的、有前景的矫正项目，或运用于检验已有定论的矫正项目在不同情境中的实施效果。这种直接对矫正项目进行效果评估的方法，也是范例矫正项目和相关元分析研究的基础。

1998 年，Kazdin 和 Weisz 在研究中提出了关于青少年矫正评估研究的几点标准，并认为这些标准是当时评估矫正有效性的最好方法。[1] 至今这些评估标准仍然有效。这些标准包括：

第一，多个随机控制实验（Randomized Controlled Trials，RCT）。随机控制实验指通过随机分配法分配个体进入实验组和控制组，在实验组进行矫正实践，并与控制组结果进行对比。设计精确、实施严格的随机控制实验，是检验矫正有效性的"黄金标准"。

第二，可描述、可重复的矫正步骤，以及统一的矫正人员培训和对矫正实施的监督。这一标准总体而言都是为了保证教育矫正的忠诚度。不管是罪错少年矫正的研究者还是实践者，都并非矫正的发明者，他们需要清楚详细的矫正步骤，例如详尽的矫正指导手册，还需要接受必要的培训和监督，以确保这种矫正能够在真实的社区环境中有效地进行和还原，并在不同情境中进行复制。这是对矫正效果进行研究评估和对有效实践进行推广的基础。

第三，选择正确的样本。在进行矫正效果的研究时，要选择与研究符合的目标样本。例如研究某青少年矫正对少年犯的效果，那么研究就应以少年犯为样本，并区别于高风险少年和

〔1〕 A. Kazdin, J. Weisz, "Identifying and developing empirically supported child and adolescent treatments", *Journal of Consulting & Clinical Psychology*, 1998, 66（1）: pp. 19-36.

普通行为问题少年。严格限制样本群体，才能保证研究结果的严谨性，并在推广矫正实践时，有确定的、相符的目标群体。

第四，对研究结果进行广泛的评估。用多种方法对研究结果进行广泛的评估，这种评估不应是单一指标的，应为综合的评估，包括但不限于临床改变，如问题行为、心理障碍症状的变化；有意义的统计数据的变化，如重犯率变化；以及在现实情境中功能性的结果，如学业表现，家庭关系等。

第五，对长期结果进行评估，指在矫正结束后也要对其产生的长期结果进行评估。最有效的矫正模式，在矫正阶段结束后，不仅会保有现有的成果，还会带给青少年长效的积极影响。如果没有对矫正结果的持续跟踪以及追测，就无法确定矫正结果是否保持，青少年是否获得了持续的发展，亦或者是否得到了比控制组更坏的结果。

（2）经过权威验证有效性的范例项目

范例项目（Model Program）的方法，指从权威途径发布的、被研究认定为有效的范例项目列表中，选择范例项目，并在本地的实施中保持忠诚度，即严格遵循矫正项目开发者关于项目操作的说明。目前，被广泛运用的范例项目包括功能性家庭治疗（Functional Family Therapy，FFT）、攻击性替代治疗（Aggression Replacement Therapy，ART）、多系统治疗（Multi Systemic Therapy，MST）、多维度矫正看护（Multidimentional Treatment Foster Care，MTFC）等。而目前美国最为权威的少年司法范例项目目录来源，包括美国少年司法与犯罪预防办公室（OJJDP）范例项目指南（Model Programs Guide，网址 https：//www. ojjdp. gov/mpg），美国国家司法学会（NIJ）的犯罪解决方案（Crime Solutions，网址 https：//www. crimesolutions. gov），以及美国科罗拉多大学（University of Colorado）的蓝图项目（Blueprints

Programs，网址 http：//www. blueprintsprograms. com）等。这些权威的范例项目来源网站，往往与专业评估人员合作，通过某些评价标准，将现行的罪错少年矫正项目进行评估与分级，识别出最有效的矫正项目作为范例项目。例如，OJJDP 主导的范例项目指南，就包含了各种少年司法方面的预防与干预，以及复归项目的详细信息。研究者们通过标准化的评分工具与评议过程，对现有的针对该项目的研究进行综述（review）和元分析（meta-analysis）等，最终，依据此项目是否达成积极成果，给出此项目的评级，评级分为有效的（Effective），有前景的（Promising）和无效的（No Effects），评级过程严格建立在证据的基础上。

实施范例项目，意味着必须严格遵循这些项目的操作规范。因此，权威公布的范例项目往往都配备操作手册或类似的文字材料，并可能附带培训材料、评估实施忠诚度的评估工具等。此外，有些范例项目还设立了培训中心等机构，为项目的实施提供培训、技术支持、相关教材等。正因为上述的配备和支持，使矫正实践者和政策制定者在决定采用范例项目时，可以获得项目实施的详细信息和必要的支持。

范例项目方法的最大优点是它们的实施效果已经得到了实证研究的验证，并且在操作准确的情况下这种效果可以被复制。然而，必须认识到的是，这些范例项目通常只是被几个特定的研究证明有效，严格地说，想要在各地的实践中完全复制研究中的效果，必须遵守研究中的所有操作规范，少年参与者也要与研究中的样本相似。但是，这在实际的实践中几乎是不可能的：首先，研究中的罪错少年样本经过了精心的挑选，而在现实中的罪错少年有不同的背景，个体差异很大，基本不可能与研究中的样本保持一致。其次，在范例项目的前期培训中，从培训师和被培训者的个人能力到资金配备等方面，往往存在不尽人意的方面，无法完全达到项目开发者的要求。总之，范例项目研究得出的结论，往往是在严格控制与监督之下的实验环境中，而要将实验环境下得出的结论，复制到各地实施的真实的环境中，就是它所面对的最大问题。因此，与其说范例项目绝对有效，不如说它是一种良好的矫正模式，在正确操作的前提下具有产生积极效果的潜力。

目前，对范例项目的实践和推广往往首先选取试点实施，而后依据评估效果决定是否推广。华盛顿州公共政策研究所（Washington State Institute for Public Policy）通过对州内实施的范例项目的研究指出，当范例项目严格按照项目开发者的操作规范实施时，会在真实环境中产生积极的效果。[1]

（3）基于元分析研究寻找最佳实践

基于元分析的方法寻找最佳实践，首先要区分项目（program）与实践（Practice）之间的关系。如果说范例项目以项目为基础，那么元分析方法寻找的就是有效的实践种类。美国国家司法学会（NIJ）指出：项目是一类特定的活动，他们遵循一定的操作规范，并期望达成预设的目标；而实践则是一类相似的、有共同目标的项目、策略、步骤的统称。例如，功能性家庭治疗项目（FFT）就是广义的家庭治疗实践的其中一种。同样，攻击性替代训练（ART）也是广义的认知—行为治疗（Cognitive-Behavior Therapy，CBT）实践中的一种。其余的实践种类还包括辅导（Mentoring），社交技能训练（social skill training），行为管理（behavior management），个体/团体咨询（indi-

---

〔1〕 R. Barnoski, Outcome evaluation of Washington State's research-based programs for juvenile offenders. Washington State Institute for Public Policy, 2004.

vidual/group counseling) 以及父母培训 (parent training) 等。

由于实践是一类类似项目的统称，因此，实践远比某一种项目有更充足的研究证据。而这些研究所针对的虽然是类似的矫正项目，但其在项目设置，人员配备，以及所服务的罪错少年的特点上都存在很大的差异与不确定性。因此，相比于在严格控制变量的环境下所得出的结论，针对某类实践的研究证据如果普遍反映出积极效果，那么其证据的可信度和说服力往往更高。此外，由于一类实践中包含着广泛的类似项目，因此研究结论也呈现出一定的差异。以家庭治疗为例，其中一些家庭治疗项目呈现出较好的效果，而另一些项目则无效甚至有轻微的负面效果。尽管家庭治疗类的实践普遍上是有效的，但这仅仅是一个平均的结论，事实是，这种普遍上的有效，是由大多数较为有效的家庭治疗项目和一些效果较差，甚至无效的家庭治疗项目综合得出的结论。而循证的实践，则需要识别出那些效果更好的项目的共同特点，以此来指导实践获得最好的效果。

在此基础上，元分析 (meta-analysis) 方法应运而生。元分析是统合一系列关于矫正项目的研究证据，并从中提取和分析矫正效果以及产生这些效果的项目特性的技术。[1] 在元分析研究中，首先研究者会通过广泛的文献检索，建立一个包含一系列符合研究要求的"数据库"，之后研究者会根据一定的规范对这些单个研究进行"编码"。对于矫正项目的评估来说，最重要的数据就是矫正效果，也叫作效应值 (effect size)，效应值代表了矫正项目的矫正组与对照组之间结果变量（如重犯率等）平

---

〔1〕 M. Lipsey, J. Howell, M. Kelly, et al. Improving the effectiveness of juvenile justice programs: A new perspective on evidence-based practice. Center for Juvenile Justice Reform, 2010, pp. 21-22.

均值的差异。在元分析中，经过标准化的效应值可以进行不同研究之间的比较。元分析方法已被广泛的运用于教育、社会福利、公共健康、医学以及少年司法等领域的研究中。目前，美国的一些范例项目的研究证据中，也包括元分析研究，但它们普遍只停留在证明普遍性效果上，而并没有深入研究那些导致一部分矫正项目比另一部分相似的项目取得更好的矫正效果的项目特性。事实上，元分析研究的优势就在于它不仅可以识别一类实践普遍的有效性，更可以识别是哪些特性导致一些矫正项目比另一些更为有效。基于这种研究证据，矫正的实践者和政策制定者可以突破项目的限制，而选择项目中真正起效的实践。

2. 循证的社区教育矫正——什么有效？

"什么有效"（What works）是循证矫正的核心问题。经过20多年的研究，以美国为代表的一些域外国家已在现行实践中识别出了部分有效的罪错少年社区教育矫正的实践与项目等，本书将进行简要的介绍。

（1）有效矫正项目的共同特征。

J. C. Howell 在系统地述评了循证矫正方面的诸多研究，包括循证矫正领域著名的研究者 D. A. Andrews，P. Gendreau，F. T. Cullen 等人的相关研究后[1]，总结出了有效的矫正项目的一些共同特征，其中包括：

第一，有效的矫正项目总是针对关键的风险因素。目前，已有许多研究识别出了导致罪错行为的主要风险因素，这些因素包括个体、家庭、同辈群体、学校、居住社区水平等。有效

---

[1] J. Howell, *Preventing and Reducing Juvenile Delinquency: A Comprehensive Framework*, Sage: 2009.

的循证矫正应充分利用此类研究基础，有针对性地对导致罪错行为的风险因素进行干预。

第二，有效的矫正项目应该包含行为干预技术，在少年生活的"自然环境"中转变他们的行为。这主要包括两方面，首先有效的矫正项目应该是针对不良行为的，其效果首要是达成罪错少年行为的转变。其次，这种干预应该是以社区环境为基础的，也就是在这些行为问题发生的地方去改变和消除它们。因此，有效的矫正应在家庭中、学校中、社区中，而尽量避免在"非自然"的环境，如在居住设施中对罪错少年进行矫正。

第三，有效的矫正应是个别化的，依据罪错少年个体的特点，以及缺点和优势进行矫正。每个罪错少年都是不同的个体，其自身的风险与需求各不相同。虽然一些矫正项目被证明是普遍有效的，但更好的做法仍是依据罪错少年的个体特点进行个别化的矫正。矫正应适应罪错少年的年龄、性别、性格、文化背景、学习方式等特点。目前，有效的矫正更多是以个体的优势为基础的（strength-based），通过更多地关注罪错少年的自身优势，进行积极的强化，从而促进个体发展，带动不良行为发生转变。

M. W. Lipsey 是美国循证矫正方面的先驱人物，他在 2009年发表的元分析研究中，系统地分析了 1958 年至 2002 年中的 548 个针对 12~21 岁罪错少年矫正干预的相关研究，并识别出了最有效的矫正项目的特征[1]：

第一，主要对高风险（high-risk）的罪错少年进行矫正。

---

〔1〕 M. Lipsey, "The Primary Factors that Characterize Effective Interventions with Juvenile Offenders: A Meta - Analytic Overview", *Victims & Offenders*, 2009, 4（2）: pp. 124-147.

研究中发现，对高风险罪错少年（包括严重罪错行为，以及有较高再犯风险的罪错少年等）的矫正效果总体上要好于对低风险罪错少年的矫正效果。这可以简单解释为高风险罪错少年有更高的重犯可能性，因此也有更大的矫正空间。经过矫正，他们的再犯风险可能大幅下降。因此，在矫正实践中，基于成本与收益的角度，应将最有效和成本最高的矫正项目应用于高风险的罪错少年，以获得更好的预防与减少再犯的效果。

第二，采用治疗性方法（therapeutic approach）的矫正项目，特别是那些通过促进个体发展而改变问题行为的矫正项目；而尽量减少控制性的矫正项目的运用。研究中，按照矫正哲学的差异，将矫正项目大致分为两类：

一类是控制性的矫正项目，包括：灌输纪律、规则的项目，例如军事训练营（boot camp）中的军事化训练；通过威慑、恐吓抑制罪错行为的项目，如"恐吓从善"项目（Scared Straight），通过让少年体验监狱生活而防止罪错行为；通过严格监管控制罪错行为的项目，如加强型保护观察等。

另一类与此相反，是治疗性的矫正项目。与控制性项目通过消极的威慑监管等手段消除罪错行为的理念不同，治疗性的矫正项目通过促进个体的发展从而带来行为的改变。治疗性的项目包括：恢复性项目，如受害者—罪错少年调解等；技能培养项目，如认知—行为技能、社交技能、学业和职业技能的培养项目等；咨询项目，如个体与团体咨询项目；多方协作的服务项目，如个案管理等。

从这些项目减少再犯率的效果来看，治疗性的矫正项目明显优于控制性的矫正项目。因此，为了矫正效果的最优化，应尽可能采用治疗性的矫正项目。

第三，要确保矫正项目实施的数量和质量。矫正项目所取得的效果与其实施的方式密切相关。首先，要确保罪错少年接受足够数量的矫正服务。就像看病吃药一样，足够的药量才能确保治愈疾病。一定程度上，矫正服务也需要量化，要保证矫正服务持续足够长的时间，并保证罪错少年接受矫正服务的时长，这是矫正发挥作用的基础。其次，矫正项目的实施质量也与矫正效果密切相关。在项目的实施中，有许多问题会导致矫正项目出现偏差和失去忠诚度，如青少年过多的脱离项目，工作人员失误，员工培训不到位等。保证项目实施的忠诚度也是矫正项目发挥作用的前提基础。

（2）有效的罪错少年社区教育矫正实践与项目概述

Lipsey 与 Cullen 在 2007 年的一项研究中[1]，对当时的循证矫正相关的元分析研究做出了综述，并总结出了罪错少年社区教育矫正的有效实践与项目。有效的社区教育矫正甚至可以使矫正对象的再犯风险下降 50%以上。结合美国权威途径发布的循证矫正有效实践与范例项目，下面将对其中效果显著、应用广泛的社区教育矫正实践与项目，即认知—行为治疗（CBT）、攻击性替代训练（ART）、功能性家庭治疗（FFT）、多系统治疗（MST）进行简要介绍。

① 认知—行为治疗（Cognitive Behavioral Therapy，CBT），是一种短期的、目标导向的疗法，是心理治疗与行为治疗的结合。其主要通过改变个体认知过程中的想法、信念、思维等，来改变个体的情绪与外显行为，从而解决和消除不良问题，并改变个体的主观感受。认知—行为疗法的优点主要在于，其具

---

〔1〕　M. Lipsey, F. Cullen, "The Effectiveness of Correctional Rehabilitation: A Review of Systematic Reviews", *Social Science Electronic Publishing*, 2007, 3 (3): pp. 297–320.

有良好的操作性，并且用时较短。一般来讲，通过每周固定时长的治疗（一般为每周 1 小时左右），经过 5 个月至 10 个月的治疗，可以基本解决大部分认知、行为问题。认知—行为疗法来源于 20 世纪 60 年代 A. Beck 所提出的认知疗法，其基本假设是事件本身并不会对个体的态度和感受造成影响，而是个体对事件的想法和赋予事件的意义，造成了最终的消极情绪与行为结果。因此，他提出要注重思维（thoughts）与感受（feeling）之间的联系，及时察觉与改变那些自发形成的消极思维，以避免不良结果。其后，行为主义心理学与行为治疗技术也融合进来，关注外显的问题行为与内在思维之间的关系，最终形成了认知—行为治疗。目前，认知—行为治疗技术已被广泛地应用于了罪错少年的社区教育矫正项目。元分析研究显示，针对罪错少年的认知—行为治疗，可以减少 22%~32% 的再犯。[1] 在OJJDP 的范例项目指南中，针对问题性行为儿童的认知—行为治疗（Children with Problematic Sexual Behavior-Cognitive Behavioral Therapy，PSB-CBT），以及针对创伤的认知—行为治疗（Trauma-Focused Cognitive Behavioral Therapy，TF-CBT）等项目都被评级为有效。[2]

② 攻击性替代训练（Aggression Replacement Training，ART），概括来看，是运用心理学、教育学的方法与技术，通过发展目标个体的社交、情绪控制与道德归因技能，来促进亲社会行为，转变攻击与暴力行为的一种矫正项目。该项目的针对

---

〔1〕 M. Lipsey, F. Cullen, "The Effectiveness of Correctional Rehabilitation: A Review of Systematic Reviews", *Social Science Electronic Publishing*, 2007, 3 (3): pp. 307-309.

〔2〕 OJJDP. Model Programs Guide. https://www.ojjdp.gov/mpg, 2018-4-3.

目标群体是有严重攻击与反社会行为史的青少年，或经临床诊断为行为障碍的青少年等。ART 项目包含 10 周、总共 30 小时的干预课程，每周课时 3 次，少年人数控制在 8~12 名为佳。课程包含 3 个互相联系的模块，分别是结构性学习训练（Structured Learning Training）、愤怒控制训练（Anger Control Training）、道德推理（Moral Reasoning），每个模块都专注于传授和发展一种具体的亲社会行为或技术。具体来说，结构性学习训练关注于行为，通过授课指导、角色扮演、表现反馈等方法，传授社交互动行为技能，使少年在某些特殊情境，如遭遇失败、遭遇挑衅与面对指责时都可以有效应对；愤怒控制训练专注于情绪，意图帮助每个少年找到自己攻击性与冲动情绪的外部与内部"触发点"，从而控制自己的情绪；道德推理专注于思维与价值，通过指导少年解决"道德两难问题"，促使他们反思自己攻击行为的道德立场，旨在提升攻击性青少年的道德价值。研究表明，ART 项目可以有效提升少年的社会技能，并降低罪错少年的再犯率。[1]

③ 功能性家庭治疗（Functional Family Therapy，FFT），是以社区和家庭为基础的预防与干预项目，主要针对 11~18 岁的高风险少年，治疗期一般在 3 个月以上。其基本假设是，罪错少年出现的各种问题，都是家庭功能失调的结果。因此，功能性家庭治疗旨在建立出全新的家庭模式来替代失调的家庭模式。该项目以家庭为基础，融合多种策略，建立起临床模型，旨在减少罪错行为出现的风险因素，并提升保护性因素。功能性家

---

〔1〕　F. Svartdal, "Aggression Replacement Training in Norway: Outcome evaluation of 11 Norwegian student projects", *Scandinavian Journal of Educational Research*, 2006, 50（1）: pp. 63-81.

庭治疗的临床模型一般分为 5 个具体阶段，分别是参与（engagement）、动机（motivation）、亲属评估（relational assessment）、行为改变（behavior change）与常态化（generalization）。

参与阶段，治疗的侧重点是建立稳固、互相信任的治疗师—当事人的治疗关系，使治疗的当事人意识到这是倾听、帮助、尊重他们的一种治疗方法。

动机阶段，首要任务是关注罪错少年与其家庭的关系，并营造一种动机性的环境，使罪错少年及其家庭有持续参与治疗的动机。罪错少年及其家庭成员在治疗中的积极体验，是他们持续参与治疗并发生转变的前提与基础。

亲属评估阶段，治疗师除了为其后的行为改变和泛化阶段奠定基础外，则把关注点从罪错少年个体问题转向了那些家庭内外的问题，如家庭互动模式、家庭矛盾来源以及家庭资源缺乏等。

行为改变阶段，是功能性家庭治疗中最重要的一个阶段。有了前期的治疗作为铺垫，治疗师可以通过各种行为干预方法，如家庭沟通技能训练、父母教养能力训练、冲突管理等，减少和消除罪错少年的行为问题，并改善其整个家庭的关系和互动模式等。

常态化阶段，主要目的是在治疗阶段结束之前，使罪错少年及其家庭有能力运用各种社区资源，如社区中的精神健康机构和社会服务机构等，并可以有效参与再犯预防。

依据不同元分析研究结果显示，包括功能性家庭治疗在内的家庭治疗与干预类矫正可以减少 20%~52% 的重犯率。[1] 而功能性家庭治疗也被权威的范例项目来源网站评价为有效。

④ 多系统治疗（Multi Systemic Therapy，MST）是以社区和家庭为基础的，针对 12~17 岁出现严重问题与反社会行为、罪错行为的少年的干预项目。多系统治疗旨在于罪错行为出现的早期，运用高强度的家庭介入式干预，发现问题行为出现的根源，并在这些问题发生的环境中矫正这些行为，同时改变罪错少年生活的社会生态环境。依据 Bronfenbrenner 的社会生态系统理论，罪错少年生活在多重系统之中，包括家庭、同辈群体、学校、周围社区等，这些生态系统无一不在直接或间接地影响着少年的行为。这与多系统治疗的设置不谋而合。多系统治疗也是综合的、灵活的干预方式，包含多个干预层次与多种干预策略，比如个体水平的认知—行为治疗，家庭水平的家庭治疗，同辈群体水平的亲社会同辈关系建立，学校水平的学业表现干预等。为了能更好地服务于罪错少年及其家庭，项目的治疗师往往组成团队，可以在罪错少年与其家庭需要时随时提供有效的矫正服务。在治疗中，家庭与治疗师始终保持紧密的合作，其中，家庭甚至扮演着矫正的领导者角色，罪错少年的家庭可以设置和确定矫正目标，而治疗师团队则协助他们完成矫正目标。

（四）恢复性矫正

很久以来，国外的少年司法及其矫正哲学一直在报应主义与康复主义之间摇摆不定。结果发现，不管是报应主义所支持

---

〔1〕　M. Lipsey，F. Cullen，"The Effectiveness of Correctional Rehabilitation: A Review of Systematic Reviews"，*Social Science Electronic Publishing*，2007，3（3）：pp. 307-309.

的惩罚性方法，还是传统的康复主义个体治疗观，都很难同时满足犯罪受害者、社区和罪错少年的基本要求。在20世纪70年代"马丁森炸弹"的影响下，以美国为代表的一些域外国家，他们的少年司法哲学开始向报应主义偏移，甚至有人直接提出应废止独立的少年司法制度。在这种前提下，20世纪70年代，国外的一部分学者提出了一种新型的司法范式——平衡与恢复性司法（Balanced and Restorative Justice），要求少年司法要关注于赔偿和修复被罪错行为损害的受害者与社区，提高罪错少年的综合能力，并保护公共安全。在整个司法过程中，受害者、社区、罪错少年本人都应是积极的参与者。平衡与恢复性司法模式特别强调，对罪错少年的矫正应具有更长远的眼光，关注罪错少年的能力发展（competency development）。在这种司法范式指导下的矫正被称作恢复性矫正。

　　21世纪初，恢复性司法理念开始进入中国法学界的视野。"恢复性司法"作为漂洋过海的"舶来品"引起了中国法学界的普遍重视。然而，在研究初期，许多研究者把恢复性司法简单地等同为刑事和解制度，并认为"中国式的恢复性司法"就是刑事和解制度等。这显然是对以上所说的平衡与恢复性司法模式的一种误解和窄化。陈瑞华[1]指出中国的刑事和解制度尽管从理念和制度设置方面都与恢复性司法有一定程度的类似，但本质上说，其二者仍是两种不同的司法模式。事实上，平衡与恢复性司法并不是某种具体制度，而是一种新型的司法范式和框架，其中包含了新的少年司法的目的与任务，资源的重新分配，新的司法项目与实践，甚至受害者、罪错少年以及社区居

---

〔1〕　陈瑞华：《刑事诉讼的私力合作模式——刑事和解在中国的兴起》，载《中国法学》2006年第5期。

民所扮演的角色，都与传统的少年司法有所不同。

1. 平衡与恢复性司法模式概述

不少域外国家的少年司法在制度层面独立于成人刑事司法体系之外，但在价值取向与矫正哲学上，却长期摇摆不定，儿童最大利益的康复主义与惩罚威慑的报应主义轮流占据主导。但是，这两种观点都无法完全适应少年司法的要求，简单来说，报应主义关注于监禁、监督、惩罚罪错少年，而康复主义只关注对罪错少年的治疗和服务，甚至将罪错少年的利益凌驾于社会利益之上。在这些观点里，都忽略了少年罪错对受害者和社区造成的伤害，也忽略了受害者和社区应在少年司法过程中所扮演的角色。此外，报应主义与康复主义这两种观点对罪错少年的看法也是相对消极的，只把他们当作惩罚监督的对象，或是矫正的对象，而忽视了罪错少年可以发挥主观能动性，在矫正中扮演积极的、有建设性的角色。

在这种前提下发展的平衡与恢复性司法模式，顾名思义，采用了一种"平衡"的方法，就是平衡罪错受害者、罪错少年与社区之间的需求。而这样的平衡方法所追求的根本目标包括三方面，分别是：追究责任，使罪错少年为其带给受害者与社区的伤害负责；发展能力，使罪错少年变为更有能力和责任感的社会成员；保护社区，关注于保护社会公众的安全和尽可能减少财政花销。任何一方面的利益和目标，并不应阻碍另外两种目标的实现。换句话说，在平衡与恢复性司法模式中，受害人、罪错少年以及社区是地位平等的参与者（详见图5.1）。

图5.1 平衡与恢复性司法

图片来源 G. Bazemore，M. Umbreit，Balanced and Restorative Justice for Juveniles：A Framework for Juvenile Justice in the 21st Century. OJJDP，1997，p. 14.

2. 恢复性矫正的基础比较

平衡与恢复性司法的理论，如赔偿社会、修复与被害人关系等观点，非常符合西方的传统价值观，因此在美国等西方国家有较为稳固的社区基础，许多社区和受害人愿意参与到恢复性司法项目中去。但在中国，报应刑主义观念更加深入人心，"杀人偿命"等类似的观点更为常见，直到现在也具有广泛的社会认同。我国的社区矫正也以其刑罚属性作为根本属性。相比之下，我国一直奉行传统司法模式，这与新兴的恢复性司法模式仍存在许多分歧。(详见表5.1)。

表 5.1 传统司法模式与恢复性司法模式

传统司法模式	平衡与恢复性司法模式
犯罪是一种较为抽象的概念，是危害国家人民，违犯法律的行为；	犯罪就是对受害人以及社区的伤害行为；
控制犯罪主要依赖刑事司法体系；	控制犯罪应主要依靠社区力量；
犯罪是一种个体行为，个体应对犯罪行为负责；	犯罪的责任既在于个体也在于社会；
用刑罚惩罚的方式追究罪犯责任；	使罪犯修复带给受害者和社区的伤害；
惩罚是有效的：可以通过惩罚的威慑制止犯罪，惩罚也可以改变行为；	单靠惩罚无法改变行为，反而会影响社区和谐；
受害者被排除在司法过程以外；	受害者应在司法过程中起核心作用；
关注罪错少年的缺陷与问题；	关注罪错少年的优势与能力；
关注罪错少年所犯下的罪错行为；	关注罪错少年应承担的责任和未来发展；
将罪错少年置在对立面。	重视各方的对话与沟通协商。

图表参考：S. Bilchik, Balanced and Restorative Justice for Juveniles: A Framework for Juvenile Justice in the 21st Century, OJJDP, 1997, p. 15.

3. 恢复性矫正的优势

基于以上的基础性的差异，在罪错少年矫正方面，恢复性矫正方法也与传统的矫正有所不同。传统的矫正观关注罪错少年所表现出的"问题",认为这些导致犯罪的"问题"可以被视作"疾病",而将矫正过程也就视作医生诊病的过程。相比于恢复性司法模式,这无疑是对罪错少年的一种较为消极的看法。恢复性矫正方法在对待罪错少年矫正这一问题上,立足于更广泛和长远的"能力发展观";并认为对罪错少年的矫正,首先要发现和识别少年本身、其家庭以及社区的优势和资源,并加以运用,特别是家庭和社区,会被视为矫正中的重要参与者。A. Schneider 的公平理论(the equity theory)为恢复性的矫正提供了理论基础[1],他认为社会中的个体总是在追求公平与平衡。因此,相比于一些"污名化"的处罚措施,判处犯罪者对受害者和社区作出相应的补偿,如社区服务等,是更明智的措施,因为这会使各方都感到公平。同时,在矫正过程中,罪犯更可能形成社会责任感,并真正的悔罪。

恢复性的矫正模式,以能力发展观点为基础与核心,认为罪错少年矫正的首要任务并不是矫正和改变不良的行为,而是增加和强化罪错少年与传统社会之间的联系,并增加传统社会对于回归的罪错少年的接受度。与罪错少年自身的改变同样重要的,是改变社会公众对罪错少年的消极认识,这些都是其回归社会的重要基础。为此,在矫正罪错少年时,首先要提升少年的个人能力,使他们形成自我效能感;督促他们形成社会责任感,回报社会,改变公众对他们的消极印象等。因此,平衡与恢复性的矫正模式为罪错少年创造机会,参与积极的、对社会有益的活动,同时提升他们的个人技能。例如,为罪错少年创造就业机会,给他们积极的就业经历;任命罪错少年为义务

---

〔1〕 A. L. Schneider, *Deterrence and juvenile crime: Results from a national policy experiment*, Springer Science & Business Media, 2012, pp. 7–32.

的禁毒宣传员、社区协管员、学校冲突调解员、青少年辅导员等；在合适的情况下与罪错受害者面对面进行调解；必要的认知干预，如情绪管理和认知决策技巧等。归根到底，这些矫正活动希望改变罪错少年的自我认知和自我效能感，同时改变社会公众对他们的偏见，并帮助他们适应有能力、负责任的社会成员的"新形象"。一系列研究证明，平衡与恢复性的矫正模式对罪错少年、受害者以及社区都具有积极影响。[1]

三、罪错少年社区教育矫正模式与方法的发展趋势

通过对中外罪错少年社区教育矫正模式与方法的发展趋势作出展望，发现罪错少年社区教育矫正已不满足于"孤立"的矫正，而是出现不断融合扩大的趋势：一方面，为了应对罪错少年中"交叉少年"群体的需求，在社区教育矫正乃至少年司法的全过程中，不断有儿童福利系统的参与、融合，形成少年司法与儿童福利一体化的模式；另一方面，人们意识到矫正不应仅仅在罪错行为发生后进行，还应扩展到犯罪前的预防和释放后的再犯预防，形成了矫正预防一体化的模式。总体来看，罪错少年社区教育矫正模式的发展趋势，是内容不断延伸，体系不断扩大，机制不断完善，最终形成一种"大矫正观"趋势。

（一）少年司法与儿童福利一体化的趋势

以美国为例，美国的少年司法制度与儿童福利制度（children welfare）紧密相关。可以说，美国独立少年司法制度就脱胎于美国的儿童福利制度。美国儿童福利制度的众多基本理念，如儿童最大利益等，在少年司法中起到了至关重要的作用。目

---

〔1〕 S. Bilchik, Balanced and Restorative Justice for Juveniles: A Framework for Juvenile Justice in the 21st Century. Bureau of Justice Statistics, 1997, pp. 59-60.

前，美国社会已经注意到了一类特殊的少年类型——"交叉青少年"（Crossover Youth），即同时卷入少年司法与儿童福利两个体系的青少年。为了更加合理高效地应对愈加扩大的交叉青少年群体的需求，美国的少年司法与儿童福利制度再次出现了一体化的趋势。目前，交叉青少年的问题在中国也逐步显现，这一群体既需要适当的教育矫正，又必须给予足够的社会帮扶。中国仍需进一步厘清司法矫正体系与社会福利支持体系的衔接配合机制、权责划分，以便高效应对这一需求。

1. 交叉青少年

"交叉青少年"（crossover youth）或双卷入青少年（dually-involved youth），指同时卷入少年司法与儿童福利两个体系的青少年。[1] 超过 20 年的研究表明，幼年遭受虐待的经历，无论是身体虐待、性虐待或无人照管，都是后来罪错行为的风险因素。具体来说，遭受虐待将越轨行为出现的可能性提升了 55%，出现暴力犯罪的可能性甚至提升了 96%。[2] 2005 年，美国的《少年犯罪指导方针》（Juvenile Justice Guildelines）明确指出，儿童福利体系对少年司法体系有重要影响，研究已明确指出被虐待和无人照管的儿童，有更高的出现罪错行为的风险。[3] 2014 年美国的少年犯数据报告指出，在当年因犯有罪错行为而卷入少年司法系统的少年之中，有 2/3 曾经因为种种原因触及

---

〔1〕 D. Herz, P. Lee, L. Lutz, et al. Addressing the needs of multi-system youth: strengthing the connectiong between child welfare and juvenile justice. Center for juvenile justice reform, 2012, pp. 1-2.

〔2〕 S. Bilchik, Addressing the Needs of Youth known to both the child welfare and juvenile justice system. Center for juvenile justice reform, 2010, p. 101.

〔3〕 National Council of Juvenile and Family Court Judges. Juvenile Delinquency Guidelines: Improving Court Practice in Juvenile Delinquency Cases, 2005, p. 21.

过儿童福利系统，可见交叉少年比例之高。[1] 并且，交叉儿童更容易深入地卷入少年司法系统，例如 2004 年亚利桑那州的数据显示，经非正式转处而离开少年司法系统的少年个案中，交叉青少年只占 1%，而在加强型、居住设施型的社区矫正中，交叉青少年占比则达到 42%。[2] 从交叉儿童的演变路径来看，超过 90% 的交叉青少年初次接触的是儿童福利系统，进而才由于种种原因卷入少年司法系统，而只有不到 10% 的交叉青少年是在没有接触儿童福利系统的前提下，率先接触少年司法系统。这说明绝大多数交叉青少年遵循相似的演变路径——从福利困境的"受害者"变为了对他人施加罪错行为的"施害者"。以上结论都显示了儿童福利困境与儿童罪错行为之间的紧密相关，也揭示了对交叉青少年这一特殊群体进行研究的必要性。

目前，中国仍没有"交叉儿童"这样的提法，但中国的相关调查也显示出类似的趋势。如在关于中国未成年犯的调查中显示，中国未成年犯群体普遍存在贫困、生活环境差、家庭结构不完整和其他各类家庭问题等[3]，这也明确提示了我国的罪错少年矫正中需要更多的社会福利力量的介入。

2. 少年司法体系与儿童福利体系的融合

从历史来看，独立的少年司法体系源于儿童福利体系，二者之间常久以来就保持着紧密的联系。随着困境儿童帮扶救助观点的不断变化，儿童福利与少年司法两个体系之间历经了

---

〔1〕　M. Sickmund, C. Puzzanchera, Juvenile offender and victims: 2014 National Report. National Center for Juvenile Justic, 2014, p. 35.

〔2〕　D. Herz, Crossover youth: What do we know? Center for juvenile justice reform, 2009.

〔3〕　路琦、董泽史等：《2013 年我国未成年犯抽样调查分析报告（上）》，载《青少年犯罪问题》2014 年第 3 期。

"分分合合"。目前，随着应对交叉青少年的需求逐渐迫切，少年司法与儿童福利体系又出现一体化趋势。

以美国为例，19世纪早期，美国倾向于将罪错少年，与无人照管少年囊括在一起，进行相同的处置。美国第一所专门的少年矫正机构——1824年建立的纽约避难所就将多种类的儿童，包括犯罪的、流浪的、疏于管教的、甚至是不服管教的儿童，囊括在其中进行矫治。相似的，波士顿避难所关押所有被判定为犯罪的、被拘留的以及其他违反共和国法令的儿童，同时，还收容"所有游手好闲或生活放荡的儿童"，他们可能父母双亡，或父母酗酒、行为不端、无正当职业或对上述儿童没有进行有效控制。[1] 这些反映出美国儿童政策的显著特点——将儿童福利和少年司法的实践与机构合而为一。到1890年之前，美国的各州继续着将儿童从救济院转移到专门矫治机构的做法，而直至19世纪末，这种理念和做法才有所改变。新观念认为，专门的矫正机构无益于儿童，儿童并不需要收容所的管制，而需要自由以及家庭的个别化养育。至二战后，人们逐渐达成共识，认为将无人照管少年等普通的困境少年安置于寄养家庭等类家庭的关系中是更好的，只有严重的罪错少年才需要专业的机构矫正。此时，儿童福利和少年司法之间又出现了清晰的界限。时至今日，随着社区矫正的发展和将罪错少年留在家中进行矫正的趋势，实践者和政策制定者看到了儿童福利和少年司法二者之间的诸多重合，许多问题儿童和家庭同时卷入了少年司法和儿童福利这两个体系，而政府财政也不得不负担两个系统，有时，甚至出现重复支出。因此，儿童福利体系和少年司

---

〔1〕〔美〕玛格丽特·K.罗森海姆等编：《少年司法的一个世纪》，高维俭译，商务印书馆2008年版，第1~40页。

法体系再次出现了一体化的趋势。目前美国伊利诺伊州和纽约市已经正式合并了少年司法体系和儿童福利机构，这项举措更加促进了美国少年司法系统与儿童福利系统之间的融合。

我国儿童福利学者所指出的，我国青少年研究领域目前普遍缺乏儿童福利观点和理论，儿童福利的理论与思想尚未进入中国知识精英的理论视野，也尚未融入中国青少年理论研究与公共话语的主流。[1] 因此，中国的罪错少年社区教育矫正，乃至整个少年司法体系都仍比较缺乏儿童福利观，也缺乏相应的政策和机制建构。中国对罪错少年"教育为主，惩罚为辅"的方针和"教育、感化、挽救"的原则，缺乏了儿童福利的视角与观点作为支撑，往往难以深入贯彻，容易向"惩罚与报应"偏移。

从罪错少年的社区矫正来说，教育矫正与社会适应性帮扶同属于社区矫正的主要任务，其内容也有很多交叉，但实施运行的机构和机制却不明确，这常常导致应有的帮困扶助无法落到实处。罪错少年不同于成年犯罪人，其人身具有依附性和脆弱性，更容易受到外界环境的影响。如果其生存问题都得不到很好的保障，那么社区教育矫正也就失去了基础。我国应推动少年司法的福利化，将儿童福利理念融入少年司法体系，在理念、制度、程序、人员和机构配置上都应考虑到儿童福利保护，注重与教育、医疗、民政等各相关部门的良性互动。特别要关注那些在少年司法体系内的"交叉儿童"，如那些出现违法犯罪行为的孤弃儿童、流浪留守儿童、失学辍学儿童等。

---

〔1〕　张鸿巍：《儿童福利视野下的少年司法路径选择》，载《河北法学》2011年第 12 期。

3. 交叉青少年实践模式

交叉青少年与非交叉青少年相比，面临着更严峻的个人、社会、司法处境，其问题的根源在于交叉青少年涉及儿童福利与少年司法两个机构、人员、理念互不相同的体系，需要跨系统的协同合作，而两系统之间的工作往往缺乏协调，既矛盾又重复。"矛盾"体现在，儿童福利系统主要关注福利困境的受害者并给他们提供关怀与保护，而少年司法系统主要关注犯罪者并给他们提供矫正与治疗，这种理念的不一致，可能导致两系统提供给交叉青少年的帮助或矫正是混乱无序的、无效的，甚至相悖的，无法应对交叉青少年的真实需求[1]。"重复"体现在，两系统之间机构、人员、信息的隔离可能造成许多重复无效的评估、规划、管理与服务，导致资源与资金浪费、社会成本增加，也变相导致交叉青少年滞留系统内的时长增加，加剧他们对儿童福利系统与少年司法系统的不信任。要解决交叉青少年问题，首要的就是在儿童福利系统与少年司法系统间建立沟通、合作与信息共享，促进两系统的紧密连结，消除这种矛盾与重复。

（1）交叉青少年实践模式的概述

2010 年，美国乔治城大学（Georgetown University）的公共政策学会（Public Policy Institute）开发出了交叉青少年实践模式（Crossover Youth Practice Model，CYPM）。具体来说，交叉青少年实践模式是以促进儿童福利与少年司法双系统的合作与信息共享为基础，以家庭参与和循证（evidence-based）实践为

---

〔1〕 D. Herz，P. Lee，L. Lutz，et al. Addressing the needs of multi-system youth: strengthing the connectiong between child welfare and juvenile justice. Center for juvenile justice reform，2012，p. 5-7.

主要特征的应对交叉青少年问题的科学模式体系[1]。交叉青少年实践模式是一种综合而概括的概念地图和组织架构，它为所有参与其中的人员和行动提供如上所述的核心价值观与实践指南。

交叉青少年实践模式的主要目标包括减少非交叉青少年变为交叉青少年的可能性，减少拘留时长，减少家外矫正处置的应用，降低重犯率，以及增加亲社会行为与个体积极发展、增强社会支持、增加转处机会的获得等。截至 2019 年，交叉青少年实践模式已在美国 23 个州的 120 个区县实施。结果证实，交叉青少年实践模式已不同程度地达成了大部分预期目标。截至 2020 年，交叉青少年实践模式已被美国司法部司法项目办公室（the United States Department of Justice Office of Justice Programs）、美国国家司法学会（National Institute of Justice）、美国少年司法与罪错预防办公室等权威部门与机构认定为"有前景的司法项目"（Promising Program），并收录入了少年司法领域的权威循证项目目录，以便进行更深入的研究及全国推广[2]。

（2）交叉青少年实践模式的阶段与实践领域

交叉青少年实践模式主要包括三个阶段（Phase），其中又可再细分为五个具体的实践领域（Practice Area）。

阶段一，关注交叉青少年的逮捕、身份识别、拘留时长，以及起诉的决策等，包括两个实践领域：

---

〔1〕　W. Haight, et al. "Implementing the Crossover Youth Practice Model in Diverse Contexts: Child Welfare and Juvenile Justice Professionals' Experiences of Multisystem Collaborations", *Children and Youth Services Review*, 2014, 39, pp. 91-92.

〔2〕　Center for Juvenile Justice Reform. Crossover Youth Practice Model〔EB/OL〕.〔2021-09-30〕. https://cjjr. georgetown. edu/our-work/crossover-youth-practice-model/.

领域一，关注交叉青少年的逮捕、身份识别与拘留。由于交叉青少年经常在儿童福利系统与少年司法系统间转移，更容易遭受偏见与不公正待遇，因此，建立完整的身份信息识别系统，在个案初期即对其交叉青少年的身份进行识别，使双系统内的工作人员均对其背景进行了解，对于正确处置交叉青少年个案具有至关重要的意义。为此，纽约市采用了项目确认（Project Confirm）模式，用以减少交叉青少年的拘留不公。这一模式首要的就是建立"识别—通知"体系，即当交叉青少年被逮捕或拘留后，拘留所人员会识别其身份，并通知项目确认方面的人员，项目确认方面会当即组织团队，包括在儿童福利机构的看护人、社工、社区矫正人员等，对涉事青少年进行帮助，以确保其在司法系统中得到公正、适合的处置[1]。

领域二，关注起诉决策。在美国的少年司法系统中，少年个案是否需要被起诉而正式进入司法系统，很大程度上取决于该少年可获取的帮扶与矫正资源。例如，如果有少年司法系统与儿童福利系统联合运作的转处项目，可以给予交叉青少年所需的适当照管与矫正，交叉青少年就有可能获得转处机会，从而避免更深地卷入系统；反之，如果司法系统认为青少年将会缺乏有效的照管与矫正，则可能将其送入少年法庭进行后续处置。因此，该领域强调在作出起诉决定之前，应组织针对交叉青少年个案的"转处会议"（diversion meeting），参与者应包括交叉青少年本人、其家庭成员，儿童福利系统内的社工、少年司法人员、律师、其他矫正与服务人员等，会议应充分纳入各

---

[1] P. Conger, T. Ross, Reducing the Foster Care Bias in Juvenile Detention Decisions: The Impact of Project Confirm. Administration for Children's Services, The Vera Institute of Justice, 2001, pp. 11–14, p. 22.

方代表的意见，进行有效的资源整合，探讨交叉青少年获得转处机会的可能性，尽可能减少正式卷入少年司法系统对青少年带来的消极影响。

阶段二，关注交叉青少年正式进入儿童福利与少年司法双系统后，对其个案的分配、评估与规划等，包括一个实践领域：

领域三，关注个案分配、评估和规划过程。这一领域持续深化双系统间合作，通过组建包括儿童福利社工和少年司法人员在内的团队，来对交叉青少年个案进行联合评估与规划，进而制定综合的、循证的个案计划来应对交叉青少年的个体化需求，交叉青少年本人与其家庭成员被鼓励参与到这一过程中。同时，这一领域还通过改善和提升少年法庭个案处理流程，来提升少年法庭的效率和效果，减少对交叉青少年重复的听证会和前后矛盾的法令。例如，严格遵循"同一个案，同一法官"的原则，并强制要求儿童福利社工和少年司法人员出席听证会等。

阶段三，关注对进行中的交叉青少年个案的持续监管与个案的关闭，包括两个实践领域：

领域四，关注合作的个案监管与持续评估。这一领域仍要持续深化儿童福利与少年司法两系统间的合作，对个案计划进行持续的、常态化的联合评估，及时反映交叉青少年及其家庭接受矫正与帮扶后的动态变化，从而识别适当、高效的个案帮扶与矫正措施，并依据结果随时调整与修正个案计划，避免帮扶与矫正实施上的偏差。可以说，领域四的难点是将领域三中的工作内容持续化、常态化。

领域五，关注规划交叉青少年的恒常性（permanency）、过渡和个案关闭。恒常性一般指与交叉青少年建立长期联系，关注交叉青少年长远的福祉与安全。由于交叉青少年与家庭、社区和社会的纽带有不同程度地缺失与损坏，使其在过渡期和个案关闭后将会面临更大的困难。交叉青少年回归社区后，往往由于缺乏长久稳固的支持体系，而无法有效过渡并实现长远发展，最终甚至重新卷入儿童福利系统与少年司法系统之中。因此，该模式中的最后一步，仍然是通过双系统的合作，为交叉青少年提供必要的心理健康、医疗、就业、居住、教育等服务支持，为其创造一个安全稳定的环境，以促进交叉青少年顺利回归社会，从而减少重犯率，而不是与社会脱节[1]。例如，指派富有经验的导师指导交叉青少年的生活决策，对其进行职业培训或就业指导，帮助他们获得学历教育机会等。目前一些研究者正在研究交叉青少年的过渡和回归，指出将其安置在类家庭的环境中并提供支持，是一种有前景的方法。[2]

（二）从矫正到预防的趋势

20世纪七八十年代，诸多研究者指出，在康复主义矫正观指导下的矫正效果并不如意。20世纪80年代，美国的监禁人数和监禁率都达到了历史最高，监狱人满为患，矫正支出过多，成为财政的沉重负担。仅1987年一年，美国矫正系统雇佣的人员就增加了10%。[3] 但矫正支出的成本与收益并不成正比，重犯率居高不下——美国当时的监狱矫正重犯率达到40%~70%。同时，20世纪八九十年代，美国青少年犯罪日趋严重，人们怀

〔1〕 E. Wright, et al. "The Importance of Interagency Collaboration for Crossover Youth: A Research Note", *Youth Violence and Juvenile Justice*, 2017, 15（4）, pp. 481-484.

〔2〕 S. Bilchik, Addressing the Needs of Youth known to both the child welfare and juvenile justice system, Center for juvenile justice reform, 2010, pp. 102-105.

〔3〕 I. Schwartz, M. Steketee, J. Butts, "Business as Usual: Juvenile Justice During the 1980s", *Notre Dame J. l. ethics & Pub. poly*, 2012, （2）: pp. 381-382.

疑少年司法过于宽大，抛弃康复主义理念的呼声越来越高，惩罚性的少年司法开始试行，许多非严重犯罪的青少年也被送入机构内矫正，但收效甚微。这一现象促使了人们反思和变革：一方面，社区矫正被推到关键位置，因为成本收益（cost-bene-fit）角度的研究显示，保护观察比监狱更有效，提前出狱比服刑期满更有效，电子监控的软禁比监狱更有效[1]；另一方面，"矫正"的概念内涵进一步延伸，人们意识到"矫正"不应仅仅是犯罪后的矫正，还应扩展到犯罪前的预防和释放后的再犯预防，这就是从矫正到预防的趋势。将犯罪预防和再犯预防纳入矫正体系，预示着大矫正观的形成，也有人将这种矫正观叫做"预防模式"。

预防模式认为，矫正应关注怎样在犯罪还未发生时，进行早期的预防与干预，阻止虞犯成为真正的犯罪者，阻止刑满释放者因为再犯而变为生涯罪犯。因此，预防项目往往在学校层面就已开展，例如针对逃学、物质滥用、攻击性等高危问题行为和心理障碍的预防项目，旨在对这些犯罪的危险因素进行早期的识别和干预。同时，还应包括针对释放少年犯的回归项目，即再犯预防。预防模式引导了司法矫正机构与社会服务机构的互助与合作的趋势，促使学校、社工组织、心理与医疗机构，及其他社会机构能够更多地参与到问题青少年的矫正当中，这使许多虞犯行为在进入司法体系之前就被阻止，许多初犯并不会演变成重复犯和生涯罪犯。

许多研究支持这种预防模式。首先，从成本收益的角度看，预防少年犯罪可以节约许多有形或无形的成本，例如警察和法

---

〔1〕　刘建宏主编：《犯罪矫治评估系统回顾研究》，人民出版社 2016 年版，第139 页。

院的时间成本、监管成本、教育矫正成本，受害者遭受的伤害成本、财产损失，社会福利与保险支出，以及其他相关成本。而如果能避免犯罪就能相应地减少社会成本、福利性支出和有形、无形的受害成本，并可能增加税收、就业等。2001年的一项研究将成本分析的方法应用于儿童期早期干预项目的评估，表明早期干预项目可以在儿童情绪与认知发展、教育、经济（如公共援助、收入和犯罪）和健康等方面发挥积极作用。[1] 2004年，美国华盛顿州的公共政策学会（Washington State Institute for Public Policy）进行了针对青少年预防和早期干预项目的循证研究，指出一些特定的项目将产生显著的收益。研究关注7个方面：①减少犯罪；②减少物质滥用；③提高学业成果，例如测验分数和毕业率；④减少少女怀孕；⑤减少少年自杀企图；⑥减少儿童虐待和无人照管；⑦减少家庭暴力。通过这七个方面测算出了各项目的成本与收益比。结果发现，许多预防项目都可以获得显著收益，比如收益最显著的明尼苏达州吸烟预防项目（Minnesota Smoking Prevention Program），每投入1美金，即可产生102.29美金的收益。[2] 其次，从效果来看，被普遍认同的研究结论是，儿童和青少年期的一些心理、情绪和行为问题，都是青少年犯罪的预测因素；而越早对这些风险因素进行预防和干预，则越能减少犯罪的风险。例如，芝加哥纵向研究（Chicago Longitudinal Study）调查了1500名来自低收入家庭的青少年，指出学前期的相关干预将会减少18岁前罪错行为的

---

〔1〕 L. Karoly, M. Kilburn, J. Bigelow, et al. Assessing Costs and Benefits of Early Childhood Intervention Programs: Overview and Application to the Starting Early Starting Smart Program. Scientia Geographica Sinica RAND Corporation, 2001, p. 63.

〔2〕 S. Aos, R. Lieb, J. Mayfield, et al. Benefits and costs of prevention and early intervention programs for youth. Washington State Institute for Public Policy, 2004.

发生率、频率和严重性。[1]

同样，中国学者也提出了类似的观点，如有学者指出应构建"先知先觉"的学校教育预防与"后知后觉"的司法矫正体系，并指出通过学校教育预防青少年犯罪要优于犯罪后的司法矫正。[2] 但在实践中，我国仍需要加大对少年犯罪预防项目的投入，着重加强犯罪预防与司法矫正体系的衔接配合，并探索行之有效的大规模筛查与预防的运行机制。以下将重点介绍现阶段影响较大的青少年犯罪预防与筛查机制。

1. 多层级预防体系

在实践方面，影响最大、应用范围最广的青少年问题行为预防模式，是"多层预防体系"（Multi-Level Prevention System）。这一模式来源于公共卫生领域的疾病防控，后慢慢被应用于各种青少年问题的防控，其中最具有代表性的包括积极行为支持项目（Positive Behavior Support，PBS）和反应—干预项目 RTI（Response to Intervention，RTI）项目。以 PBS 项目为例，PBS 是一种运用教育和系统改变的方法，最大限度防止问题行为的应用科学，它不意味任何一种具体的策略和技术，而是一种模式体系，一般以学校为基础。1997 年，PBS 作为唯一的问题行为预防与干预方法被写入《障碍者教育法》（Individuals with Disabilities Education Act，IDEA），并在 2004 年的 IDEA 修

---

〔1〕 E. Mann，A. Reynolds，"Early Intervention and Juvenile Delinquency Prevention: Evidence from the Chicago Longitudinal Study"，*Social Work Research*，2006，30（3）：pp. 153–167.

〔2〕 段炼炼、毕宪顺：《问题青少年教育矫正管理的三重境界——兼论问题青少年矫正的困境》，载《东岳论丛》2014 年第 7 期。

正案中仍予以保留。[1] 目前，积极行为支持项目已被欧美等国超过 20 000 所学校采用，成为了一种应用广泛且成功有效的问题行为预防项目。[2]

积极行为支持的基础方法就是建构"三级预防连续体"（three-tiered prevention continuum）（见图 5.2），包括初级（Primary）、二级（Secondary）和三级（Tertiary）预防。每个预防层级都由一系列具体的预防策略组成，预防强度逐级上升。初级预防面向全校所有学生，主要针对无严重问题行为的学生（约占全校学生 80%左右）。具体策略主要包括建立明确的校纪班规，依据操作性条件反射理论对行为给予奖惩等普适性策略。二级预防主要适用于一级干预无效的群体（约占全校学生 5%~15%左右），如轻度问题行为学生和高危群体，如 LGBT 群体[3]，来自低社会经济地位家庭的学生、少数族裔等。相比初级预防，二级预防更加有针对性，强度也更大。具体策略包括：发展学生所需的能力，如认知能力、社交能力、学业能力等；更多的成年人关注与监督，代表性方法为成年人指导的小组学习等；使用诊断性的评估，阻止问题行为发生和加重等。三级预防特别针对学校中已经出现严重行为问题的学生（约占全校学生 1%~5%左右）。三级预防是个体化的、加强型的干预，引入广泛的专业力量参与干预，包括特殊教育者、心理学家和行

---

〔1〕 OSEP Technical Assistance Center on Positive Behavioral Interventions and Supports. PBIS and the law〔EB/OL〕. http：//www. pbis. org/school/pbis－and－the－law，2017－04－02.

〔2〕 赵茜、苏春景：《美国以学校为基础的欺凌干预体系探析》，载《外国教育研究》2018 年第 1 期。

〔3〕 LGBT 指 lesbian，gay，bisexual 和 transgender，分别是女同性恋，男同性恋，双性恋和跨性别者。

为训练专家等，使专业人员可以以专家团队的形式为个体设计科学的、综合的行为干预计划。[1] "全覆盖式方法"（the wraparound approach）是三级预防中的一种代表性策略，针对那些出现严重情绪行为问题，以及适用一、二级预防无果的青少年。全覆盖式方法提供了一种综合式的干预模式，即以学校为基础，建立学校、家庭、社区等重要生活情境的联系与合作，将学生自身、家庭成员、专业人员和其他支持者等统合为干预团队，最终制定综合性干预策略。其中，家庭（包括问题学生自身）被放在关键的决策者位置，允许并鼓励他们进行自我决定，包

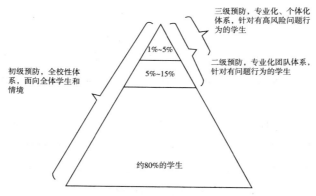

图5.2 问题行为三级预防连续体

图表来源：G. Sugai, R. Horner. A Promising Approach for Expanding and Sustaining School – wide Positive Behavior Support. *School Psychology Review*, 2006, 35（2）, p. 245.

---

〔1〕 A. Turnbull, H. Edmonson, P. Griggs, et al. "A blueprint for schoolwide positive behavior support: Implementation of three components", *Exceptional Children*, 2002, 68（3）: pp. 377–402.

括决定干预目标、选择干预策略等，而所有决策均基于矫正对象的自身优势和需求。这样不仅可以激励参与者的内部动机，更使所有参与者受益于干预成果，提升所有参与者的生活质量，并且营造全面的有效环境。[1]

2. 应对少年罪错的综合策略体系

少年罪错的综合策略（The Comprehensive System，CS）[2]，是一种从成本收益的角度出发，通过前摄性的犯罪预防，解决少年罪错问题的模式体系。可以说，这正是预防型矫正观的直观体现。综合策略体系将预防策略与干预策略紧密相连，分为两个层级，第一层级是针对高危少年的预防犯罪阶段，第二层级是针对已卷入少年司法体系的罪错少年的监管和干预阶段。在这一体系中，犯罪前的预防和犯罪后的矫正紧密结合，监管以及预防干预的强度随着罪错少年行为的危险程度而逐渐增强，形成一个渐进的连续体系（见图5.3），正是大矫正观的直接体现。

在综合策略体系中，包含着六个预防或干预项目种类，分别是社区初级预防项目，社区二级预防项目，普通社区矫正项目，加强型社区矫正项目或中间制裁，矫正机构中的矫正项目，以及从居住性矫正设施中释放后的关护项目。

其中，前两类属于预防项目，后四类则是应对罪错少年的矫正项目，如果预防阶段失败，则马上转入矫正干预阶段，进

〔1〕 K. Quinn, V. Lee, "The wraparound approach for students with emotional and behavioral disorders: Opportunities for school psychologists", *Psychology in the Schools*, 2010, 44 (1): pp. 101-111.

〔2〕 M. Lipsey, J. Howell, M. Kelly, et al. Improving the effectiveness of juvenile justice programs: A new perspective on evidence-based practice. Center for Juvenile Justice Reform, 2010, pp. 37-39.

行更加集中与强化的罪错少年监管和矫正。这六种预防及干预项目在监管与教育矫正的内容和强度上逐渐增加，使少年司法体系可以依据罪错少年的风险层级和矫正需求来进行适当的处置和服务。

研究表明，从成本与收益的角度看，这种预防矫正的连续体有效减少了严重暴力犯罪与反复犯罪，并成功节省了政府的罪犯矫正支出。美国加州的研究表明，将少年罪错的预防与矫正项目相结合在全州范围内实施，在减少严重暴力犯罪方面，可以达到与"三振出局法"（Three Strikes law）[1] 相同的效果，然而其成本只是"三振出局法"监禁罪犯花费的 1/5。[2]

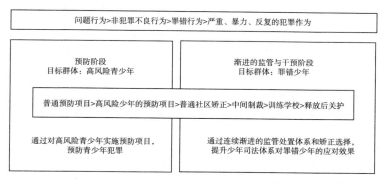

图 5.3 应对少年罪错的综合策略体系

图片来源：J. Howell, Prevention and Reducing Juvneile Delinquency: A Comprehensive Framework (2nd ed.), Sage Publications, 2009.

---

〔1〕 "三振出局"法，"Three Strikes"，是盛行于 20 世纪 90 年代的美国州法律，要求法庭对严重的刑事累犯进行重判，如果第三次重罪指控成立则可能判处长期监禁甚至终身监禁。

〔2〕 P. Greenwood, K. Model, J. Chiesa, et al. *Diverting Children from a Life of Crime: Measuring Costs and Benefits*, CA, Rand, 1996, p.40.

第六章
对中国罪错少年社区教育矫正的启示与建议

　　总结中外罪错少年社区教育矫正的相关研究来看，对罪错少年的专门矫正可以追溯到 1825 年美国第一个专门的少年矫正机构——庇护所的建立。1899 年，美国又建立了当时世界上第一个独立的少年法院，标志着少年司法制度开始独立于成人刑事司法系统，而这种做法和趋势也对国际范围内的少年司法制度产生了深远的影响。20 世纪末至今，以美国为代表的部分域外国家的少年司法与罪错少年社区教育矫正已通过长期的发展，形成了比较科学的体系，产生了如循证矫正，平衡与恢复性矫正等许多先进经验。而中国在几千年的历史发展中，曾经产生了许多熠熠生辉的思想与理论，例如春秋战国时期，孔子、孟子、荀子的思想中都突出对儿童进行教化的重要意义，我国的封建法律中也充分体现出"德主刑辅""知错能改，善莫大焉"的罪犯矫正思想，以及"七岁以下，虽有死罪，不加刑"这样的少年司法保护理念。但是，由于历史原因，这些朴素的思想与理论并没有被很好地融入法律与制度中。中国真正意义上的少年司法与社区矫正起步较晚，至 2003 年我国才正式开始社区矫正的试点工作，对于罪错少年的专门性社区教育矫正，仍处于发展阶段。

通过前文的研究概观可以看出，虽然国外的罪错少年社区教育矫正历史较长，经验较为丰富，但也存在诸多问题，如矫正哲学的摇摆不定，矫正经费居高不下，矫正机构冗杂，矫正效果不佳导致重犯率较高等。而中国虽然只有短短十数年的实践经验，但取得了令人振奋的效果，目前，我国社区矫正的效果突出，各省社区服刑人员的再犯率基本都保持在 0.2% 左右[1]，这标志着我国的社区矫正实践取得了显著的成效。然而，不可否认的是，域外在罪错少年的社区教育矫正，特别是教育矫正制度与方法上都更加成熟，有很多可取经验。因此，本章将探讨中外罪错少年社区教育矫正的研究概观对我国提升矫正理念、完善矫正制度、深化矫正模式与方法等方面的启示与建议。

一、优化罪错少年社区教育矫正的理念

（一）更新对社区教育矫正的基本认识

目前，教育矫正作为我国社区矫正的基本任务之一，仍属于一种刑罚执行活动。这种定性对社区教育矫正的开展和扩大有一定影响和限制。这使在其中服刑的罪错少年被牢牢贴上了"少年犯""危险人物"的标签，社区居民可能认为社区矫正是"放虎归山"，从而人人自危，将会降低社会对社区服刑少年的接受度，无疑与使他们重归社会的目的相悖。此外，虽然我国法律规定要对未成年社区服刑人员的个人信息严格保密，但这

---

〔1〕 司法部社区矫正管理局编：《全国社区矫正发展情况与数据统计》，法律出版社 2017 年版，第 2 页。

种"罪犯"身份的自我认同，使罪错少年更难做出思想转变，去适应"合格社会成员"的新身份。而西方文化对于在社区进行矫正的罪错少年持更加接纳和宽容的态度。一方面，"国家亲权""儿童最大利益"等儿童保护理念在英美等国深入人心，因此社区成员往往用更加宽容和接纳的态度对待那些曾经犯错的儿童。另一方面，以英美为代表的域外国家目前奉行平衡与恢复性司法的理念与做法，注重运用社区服务、赔偿等方式，修复与平衡罪错少年与社区的关系，当各方都感到处置公平时，罪错少年也就更容易被社区再次接纳。

因此，我国应通过持之以恒的大量社会宣传，改变社区居民对社区矫正，特别是对罪错少年社区教育矫正的窄化认识。社区的接纳与配合，是社区矫正发挥作用与扩大实施的基础和土壤。群众对待社区矫正的观念应随着时代的发展，以及社区矫正的不断普及而更新。首先，应消除民众因为"未知"而引发的对于社区矫正对象的歧视与排斥，使人们意识到社区矫正已是一种国际通用的罪犯矫正方式，也是行刑方式的发展趋势，同时真正落实监管，保障社区安全。其次，延伸社区教育矫正的内涵。通过社区矫正的扩大实施，社区教育矫正不应被仅仅看作是一种刑罚执行方式，而应建立更加完善的非正式、非刑罚性质的社区教育矫正制度，以及以社区为基础的青少年犯罪预防项目，建立完善的社区教育矫正体系，使更多问题少年，以及未达到犯罪程度的不良少年及其家庭都可以通过非正式的社区教育矫正的方式，获得早期的预防与干预。最后，树立社区教育矫正的参与观。社区矫正不仅是"国家的事"，更应是"社区的事"。我国应树立社区矫正的"利益共同体"观念，使罪错少年的父母、学校、居住社区都参与进对罪错少年的社区教育矫正，使社会力量承担更多责任，同时也在社区矫正中享有更多话语权。

（二）树立能力发展取向的积极矫正观

2017 年，我国司法部就监狱体制改革问题提出了"治本安全观"，指出罪犯矫正要从"底线安全观"向"治本安全观"转变，也就是从底线的"管住"罪犯不危害社会，向"改好"罪犯使他们成为合格社会成员的目标转变。治本安全观并不只针对于监狱工作现状，包括戒毒、社区矫正在内的整个司法行政工作，都有从底线安全观向治本安全观转变的问题。治本安全观是底线安全观的进步与发展，我国的罪犯矫正工作开始转向治本安全观，是建立在底线安全观全面达成的基础上的，同时也标志着我国的罪犯矫正理念的逐渐进步与优化。如果说底线安全观注重的是对罪犯的监管和控制，那么要达成治本安全观，最为重要的就是对罪犯的教育矫正。

随着罪犯矫正观念的进步，教育矫正的观念也随之进步。国外传统的教育矫正往往将罪错少年看作生病的人，他们表现出的罪错行为就是他们的病症，而矫正就是为他们治病的过程。这种传统的教育矫正观点相比于惩罚与报应已经有了很大的进步。但是随着平衡与恢复性司法观点的发展，人们开始用更积极眼光看待罪错少年，相比于"治疗观"关注他们的问题与缺陷，平衡与恢复性司法的方法是将注意力放在他们的优势与能力上，树立起优势为本的（Strength‐based）"能力发展矫正观"。能力发展矫正观认为，与其只针对问题行为进行矫正，不如关注于提升罪错少年的能力、工作技术、自我认识、自我效能感等，当他们获得了全面的提升与发展，困扰他们的问题行为也就会自然消除。这首先需要识别少年本身及其家庭与所在社区的优势与资源，并在教育矫正中加以运用。这也提示我国，在对罪错少年进行社区教育矫正时，可以秉持积极的、优势为本的理念，将每个少年看作具有能动性和发展性的个体，相信他们自我实现的潜能；注重个体差异，找到每个人的优势所在，再因人施教；同时在教育矫正的目标和内容上，要注意矫正既往问题与发展个人能力并重，双管齐下，在消除其存在的问题的同时，也注重其能力的整体提升，使罪错少年能够顺利重返社会，并成为合格的社会成员。为此，我国应更加注重为罪错少年创设积极环境，帮助他们积累有益的经验，多提供如学业、职业技能培训、社交技能培训等矫正项目，并为他们创造机会参加公益性社会活动，积累就业与工作经历等，从而帮助他们以积极、负责任、自食其力的面貌回归社会。

（三）培育社区教育矫正的社会参与观

社会的参与是社区教育矫正有效展开的核心与关键。然而，目前我国的社区教育矫正仍然由司法行政机关和执法人员所主导，社会力量参与缺口较大，这在许多方面均有体现，包括缺乏参与意识，全职社工、社会志愿者数量较少，社会参与者资质与能力不足，缺乏可以承担教育矫正职责的社会组织与机构等。以社会志愿者为例，美国有社会志愿者服务于社区矫正工作的传统。20世纪下半叶，美国的社会志愿者就开始协助保护观察官对罪犯进行监管与教育矫正。在社会志愿者的协助下，每名保护观察官可以监管80~120个个案，社会志愿者也成为了社区矫正中不可缺少的力量，甚至出现了"志愿保护观察官"这一职位（Volunteer Probation Officer，VPO)[1]。依据中国的统计，截至2015年底，中国社区矫正工作中的志愿者数量达到

---

〔1〕 吴宗宪：《社区矫正比较研究（下）》，中国人民大学出版社2011年版，第298~300页。

679 868 人[1]。但尽管如此，我国社会志愿者在社区教育矫正中经常处于被忽视、边缘化的境地，他们的作用仍未得到有效发挥，也缺乏应有的认可。

因此，为了深化与落实社区教育矫正，真正发挥社区教育矫正的应有之义，就必须要培育全社会的参与观。目前，许多人仍认为，罪犯矫正是国家与政府的责任，与己无关，所以置身事外。事实上，社区矫正立足于社会，其顺利运行与发挥作用都离不开社会的广泛参与。按照平衡与恢复性司法的观点，少年罪错首先伤害了受害人与社区，而罪错少年社区矫正的目的主要在于恢复被损坏的罪错少年与社区、罪错少年与受害人之间的关系纽带，从而促使罪错少年回归社会，成为合格的社会成员。如果缺少社区的参与，那么社区矫正的效果将大打折扣。

因此，首先，明确社区教育矫正的责任与义务，特别是要将罪错少年的家庭放在社区教育矫正的突出位置。我国《社区矫正法》第 53 条已规定："未成年社区矫正对象的监护人应当履行监护责任，承担抚养、管教等义务。监护人怠于履行监护职责的，社区矫正机构应当督促、教育其履行监护责任。监护人拒不履行监护职责的，通知有关部门依法作出处理。"这一法律条文正式从法律层面确认了罪错少年监护人在社区矫正中的责任义务，这是我国社区教育矫正中家庭参与的一大进步。但是，法律中规定的主要为抚养、管教等监护人义务，对于监护人在社区矫正中应扮演的角色与承担的责任并未明确规定。因此，我国应在立法中更加详细、明确地界定社区矫正中各相关

---

〔1〕　高贞主编：《社区矫正执行体系研究》，法律出版社 2017 年版，第 246 页。

方面的责任义务，包括村（居）委会、社区矫正人员所在单位、就读学校，以及其监护人和家庭成员等应各负其责。特别是罪错少年的监护人、家庭成员作为社区教育矫正中最主要的协助力量，应与执法人员、教育矫正专业人员一起，为罪错少年的社区教育矫正负责。必要时，法院应可以判处罪错少年与其父母一起接受社区教育矫正。

其次，国家应对社区教育矫正的社会参与予以政策与法律支持。当前，我国多部委已联合发布了《关于组织社会力量参与社区矫正工作的意见》，进一步明确了社会力量参与社区矫正的重要性，以及相关的保障与支持措施。然而这份文件的性质应为行政文件，不具有法律效力，影响其作用的发挥。下一步，我国应在《社区矫正法》中，进一步明确规定对社会力量参与社区矫正的支持，包括确定社区矫正中社会参与力量的身份、待遇、保障等问题。自上而下的政策与法律支持，是扩大社区矫正中社会力量参与的捷径。

最后，培育全社会的志愿精神与参与精神。志愿服务是现代社会文明进步的重要标志，而我国的志愿精神源远流长。从历久弥新的"雷锋精神"，到"一方有难，八方支援"的抗震救灾精神等都是我国公众志愿精神的集中体现。"奉献、友爱、互助、进步"的志愿精神与社会主义核心价值观高度契合，传承了中华文化中厚德仁爱、乐善好施、扶危济困等道德精髓。多年来，广大志愿者和志愿服务组织主动承担社会责任，在脱贫攻坚、济弱助残、紧急救援、生态保护、大型活动等领域发挥了独特而重要的作用。然而，由于社区矫正属于舶来的新兴事物，许多民众由于了解不深而对社区矫正这种把矫正对象留在社区内的服刑方式产生了误解，甚至出现抵触、惧怕的心理，这导致了我国社区教育矫正相关的志愿服务在民众中接受度、参与度不高。因此，我国应注重运用大众传媒等宣传手段，使社会公众加深对社区矫正运行机制的了解，特别是要培育公众参与社区教育矫正的志愿服务意识。只有动员起全社会的参与，社区教育矫正才有广阔的土壤，才能够充分发挥出其应有的作用。

二、完善罪错少年社区教育矫正的制度

（一）完善我国的少年司法制度

少年司法制度是罪错少年社区教育矫正实施的基础。与国外独立于成人刑事司法体系之外的少年司法制度相比，我国的少年司法制度仍依附于刑事司法体系，少年司法的对象具有"刑事单一化"特征，也就是说，我国少年法庭、未检工作以及社区矫正的对象一般是涉罪未成年与未成年犯等，这与域外的少年司法有很大区别。以美国为例，在美国的少年司法系统中，不仅有触犯刑法的少年罪犯，还包括大量的具有广义越轨行为的普通罪错少年，甚至有被父母、学校转介或自愿进入少年司法系统的越轨少年。这些不同类型的少年个案由保护观察官和少年法官进行分流与处置，有可能被转介至合适的机构进行非正式社区矫正，或是继续留在少年司法体系中，亦或被移送至成人刑事司法体系。美国这种独立的、综合的少年司法模式，可以很大程度上保证对罪错少年处置的连贯性，建立少年罪错预防与矫正一体化的综合模式，从少年出现问题行为的早期干预开始，预防少年犯罪，并在整个过程中贯彻"儿童最大利益"的原则。

相对的，中国目前这种依附于刑事司法体系的，司法与行政二元模式的少年司法制度，一定程度上限制了少年司法发挥其作用。因为我国的少年司法体系只适用于刑事犯罪的少年，

而针对那些非刑事的不良行为少年则一般判处行政处罚及其他措施，如治安处罚、强制戒毒、专门教育、社会帮教等，若对他们进行刑罚属性的社区矫正显然是不合适的。目前，我国该如何对这一部分已有不良行为但未达到犯罪程度的罪错少年进行有效地预防与矫正，已成为了亟待解决的难题。此外，这种刑事性质的少年司法，将不良行为青少年与虞犯青少年等排除在外，也阻碍了我国建立囊括犯罪预防、不良行为与虞犯行为早期干预等综合一体化的罪错少年社区矫正体系。

必须看到的是，不管从理论上还是实践上，我国目前仍没有建立完全独立的少年司法制度。但是，我国也正在不断探索创建具有我国特色的少年司法制度。2007 年，上海全面试点未成年人综合审判工作，将抚养权、探望权、生命权、健康权、身体权等少年案件全部纳入了少年法庭，多元化的诉求使上海少年法庭逐步走向了"大少审"。此外，我国最高人民检察院也已制定并下发了《关于开展未成年人刑事执行检察、民事行政检察业务统一集中办理试点工作的通知》，规定自 2018 年 1 月起，在全国 13 个省、区、市开展为期一年的未成年人刑事执行检察、民事行政检察业务集中办理的试点工作。这是在检察机关开展"捕、诉、监、防"一体化未检工作模式后，对未检工作范围的进一步扩大，也是我国少年司法制度探索进程中的重要尝试。2018 年 2 月，我国最高人民检察院与共青团中央达成了《关于构建未成年人检察工作社会支持体系合作框架协议》，指出要落实未成年人司法特殊理念和诉讼程序，为未成年人提供特殊、优先和专业的司法保护，推动建立中国特色未成年人司法制度。这不仅有利于我国未成年人的司法保护，对我国特色少年司法制度的建立与发展也有极大的积极意义。

可见，我国的少年司法正按照自身的发展轨迹，逐步走向完善。今后，我国应建立更完善的包括羁押、分流、起诉、审判、矫正等一体化的少年司法体系，在各个司法阶段都给予罪错少年足够的司法保护。同时，应更注重非刑事阶段的少年司法的构建；在矫正阶段，应在完善正式的社区矫正体系的基础上，建立非正式的社区矫正体系与广泛的以社区为基础的不良行为早期干预及犯罪预防项目。

（二）细化罪错少年社区教育矫正的法律条款

健全法律是发展我国罪错少年社区教育矫正的基础。与某些域外国家庞大复杂的少年司法体系相比，我国的少年司法体系非常明确，建立了中央、省、市、县、乡的自上而下的管理体系。这避免了如美国一样，各州、县、地方各自为政，从而导致的少年司法立法与管理的"碎片化"现象。此外，2019 年我国《社区矫正法》正式颁布，开启了我国社区矫正法治化的新时代，并且社区矫正在国家层面的立法，放眼整个国际也是具有引领性的有力举措。然而，必须看到的是，现阶段我国的《社区矫正法》并不完美，其中对社区矫正概念、性质、社区矫正对象等的界定都存有留白，这也随之引起了诸多争议。社区矫正作为新兴事务，在实践中正不断产生新情况、新问题、新难点，而对这些的立法回应，很难"一步到位"地做到面面俱到、具体而微。我国当前的《社区矫正法》对社区矫正工作中很多关键问题秉持着开放性态度，正是为日后立法的细化留有空间。

基于这种现状，结合我国罪错少年社区教育矫正的实践，对我国现行的《社区矫正法》提出如下细化建议：

首先，在《社区矫正法》中应对未成年人社区矫正的性质、目的等基本问题，作出更加细化和明确的规定，解决现有的争议。国外的少年司法中有"惩罚"与"康复"的价值之争，这种争论在中国也有类似的存在。我国对于社区矫正的性质一直有"刑罚执行说""非刑罚说""双重性质说""多重性质说"等诸多争议。在面对未成年社区矫正人员这一特殊群体时,许多研究者参考英美等国家,认为我国针对罪错少年的社区教育矫正也应为"非刑罚"性质的"保护处分"等。然而,必须看到的是,在我国目前的法律环境,特别是我国少年司法的发展现状下,贸然定义未成年人社区矫正为"非刑罚"性质,势必会引起混乱,损害刑罚执行的严肃性,造成执法监管不严明,最终危害到社会与公众的安全。因此,可以在明确罪错少年社区矫正刑罚执行性质的基础上,突出"未成年人"这一群体的特殊性,强化对他们的司法保护,突出未成年人社区矫正中的教育矫正职能,进一步突出"教育、感化、挽救"的方针,体现教育矫正的针对性和灵活性。

其次,在《社区矫正法》"未成年人社区矫正特别规定"专章中,应突出和细化教育矫正的相关条款与内容,改变目前教育矫正相关法律条款过于笼统,缺乏可操作性的现状。其一,应在法律中突出社会调查报告与评估制度对于未成年社区矫正人员的必要性。对于未成年社区矫正对象来说,详细专业的社会调查与评估报告是必不可少的,这对进行针对性、个别化的罪错少年社区矫正具有不可或缺的意义。我国可以尝试先在未成年人这一特殊群体中,确立严格的社会调查报告与评估制度,并赋予其以法律地位与证据属性。以未成年人这一特殊群体为切入点,逐渐扩大推广社会调查报告与评估制度。其二,要更明确地赋予社区矫正工作人员协助裁量权,使他们可以根据每个未成年社区服刑人员的具体情况,为他们设置一些个体化的"特殊要求",并得到法律的认可和保障。例如,要求罪错少年参与固定时长的个体与团体心理咨询、精神治疗等,要求罪错少年及其家庭成员共同参与家庭治疗等。达不到这些"特殊要求"也将视作违犯社区矫正的规定，须受到相应的惩罚。其三，应在《社区矫正法》中增添循证矫正的相关内容，使我国的循证矫正有法可依。循证矫正是目前世界范围内矫正的发展趋势，我国应该通过立法的形式，加快促进循证矫正的发展。如通过法律规定，优先给予循证矫正项目与研究更多的经费和人才支持，对实施循证矫正的省份和地区，给予更大的政策支持等。

最后，应着手制定专门的《社区教育矫正法》。教育矫正是我国社区矫正，特别是未成年人社区矫正的核心任务。目前，江苏省司法厅就已结合实际情况专门制定了《江苏省社区服刑人员教育矫正办法》，从教育学习、心理矫正、社区服务、适应性帮扶和未成年社区服刑人员教育矫正等几个方面对社区教育矫正作出了更加具体的法律规范。相比于监督管理，教育矫正在社区服刑人员的转化上发挥着更重要的作用。在教育矫正不断完善、细化的今天，制定专门的社区教育矫正法律用来规范社区教育矫正的监管、实施、评估、合作与保障等问题，将对规范社区教育矫正工作，提升教育矫正质量有至关重要的意义，也是发展的大势所趋。我国可以依据《社区矫正法》实施后的舆论反响，对于社会上反映的《社区矫正法》中教育矫正相关条款的模糊不清之处，通过出台专门的《社区教育矫正法》或《社区教育矫正管理办法》予以明确、细化和解释，设立未成年人社区教育矫正专章，从而不断推进我国罪错少年社区教育矫正的发展。

（三）采取多种方式巩固与落实罪错少年社区教育矫正的经费保障

经费保障是罪错少年社区教育矫正实施与发展的基石之一。放眼国内外，罪错少年社区教育矫正的科学发展离不开资金的支持保障。2012 年，我国财政部、司法部联合发布了《关于进一步加强社区矫正经费保障工作的意见》（以下简称《保障意见》），指出要进一步加强社区矫正经费保障，各地应将社区矫正经费列入统计财政预算中予以保障，积极完善社区矫正经费保障制度和管理体系，有条件的地区可按照社区矫正人员的数量核定经费。经过几年的发展，目前，我国社区矫正经费从无到有，从零到整，初步建立了省、市、县、乡四级的社区矫正经费保障和管理体系。2014 年，我国全国的社区矫正经费总预算达到 11.38 亿元。[1] 然而也必须看到，虽然我国已投入大量的社区矫正经费，并仍逐年增加，但还是未能完全满足快速增长的社区矫正经费需求。短短几年，我国社区服刑人员人数翻倍增长，已达到 70 万人；同时，我国社区矫正的专职、非专职工作队伍也在不断扩大，截至 2018 年，社区矫正工作者已超过 10 万人。[2] 再加上社区矫正所需的基础设施的建设等，致使我国的社区矫正资金仍非常紧张。

基于这种情况，我国应采取多种方法，巩固和落实我国罪错少年社区教育矫正的经费保障。这些方法可概括为"开源""节流""高效使用"等方式。

首先，从"开源"角度来说，我国应进一步加大对社区矫正的投入，确保社区矫正监管和教育帮扶经费的落实。我国的社区矫正与监狱矫正一样，是刑罚的执行方式，是国家公权力的行使。因此，加大投入保证社区教育矫正是国家义不容辞的责任，这避免了如美国一样的社区教育矫正机构私营化所带来

---

〔1〕 高贞主编：《社区矫正执行体系研究》，法律出版社 2017 年版，第 259 页。

〔2〕 搜狐新闻：《全国社区矫正机构 2800 多个社区矫正工作者超 10 万人》[N/OL]. http：//www.sohu.com/a/218527929_ 660595, 2018-1-24/2018-4-3.

的高昂自付费用及其潜在的消极影响，也充分显示了我国社会制度的优越性。同时，从成本收益的角度来说，相比于监禁矫正，社区矫正是一种"低成本高回报"的矫正方式。因此，国家更应扩大社区矫正使用，并加大经费投入。此外，应健全社区矫正的财政经费保障和管理制度。目前，我国发布的《保障意见》中，明确指出各地应将社区矫正经费列入同级财政预算予以保障，同时要建立健全社区矫正经费管理，杜绝弄虚作假等情况。要特别注意保障经济较落后地区的社区矫正经费。目前，由于中国各地经济发展不均，北京、上海、江苏、浙江等经济发达省市和中西部较落后地区在社区矫正经费上有比较显著的地区差异，一些贫困地区的财政收入甚至无法负担社区矫正经费的支出。基于这种经济发展不均衡的情况，中央和各省级财政要建立和明确经费调控与补助机制，及时对贫困地区进行财政补助，消除社区矫正发展的地区差异。以内蒙古为例，内蒙古巴林右旗为国家级贫困旗，2013 年全年财政收入为 5 亿元左右，财政经费根本无法负担社区矫正支出。鉴于这种情况，内蒙古自治区财政厅下发了《关于进一步加强社区矫正经费保障工作的实施意见》，确定每名社区矫正人员每年 2000 元的标准，同时规定自治区财政按照国贫旗县 70%，区贫旗县 50% 和其他旗县 30% 的比例对旗县予以补助。[1]

其次，从"节流"角度来看，我国应支持和鼓励循证矫正，以及基于"成本-收益"角度的罪错少年社区教育矫正的循证研究等。循证矫正及相关研究专注于寻找和识别那些最有效的矫正项目，以及矫正项目中真正起效的方法和技术。基于这些证

---

〔1〕 司法部社区矫正管理局编:《全国社区矫正教育管理工作实践》，法律出版社 2016 年版，第 26 页。

据基础，可以对最有效的矫正项目与方法进行推广，对有前景的矫正项目进行发展，对无效的矫正项目予以淘汰弃用，从而最大程度地降低矫正经费，提升矫正效果。循证矫正是减轻财政负担，节约矫正经费的优秀方法。

最后，应注重罪错少年社区教育矫正经费的高效使用。其一，应进一步建立完善"人均经费"保障标准，按照各地的经济发展水平和实际的社区服刑人数核算出社区服刑人员的人均经费并予以保障。目前中国各地经济发展水平差异较大，这种按照实际情况核算经费的方法较为科学与灵活。从目前的经济情况统合来看，一般各地区的社区矫正人员人均经费应不低于1500元/年。此外，应特别注意对经济较落后地区的社区矫正经费的调配与补助。其二，要将社区教育矫正的实施情况和取得成效与资金支持挂钩。对于社区教育矫正实施较好的地区，例如探索循证矫正并取得一定成效，探索出可大范围推广的教育矫正方法并被验证有效，服刑人员重犯率显著低于周围地区等，可将这些地区确立为社区教育矫正模范市、县，给予一定的经费奖励，鼓励各地积极效仿学习，并促进我国社区教育矫正的发展与创新。其三，我国应注重设立社区教育矫正专项经费，用于社区教育矫正基础设施的建设，教育矫正专业人员队伍的经费保障，以及政府购买专业社区教育矫正服务的经费支出。在这方面，上海的经验值得全国推广，上海不仅将"政府出钱购买服务"完全纳入市县财政预算，并且在购买服务的方式上也形成了"项目制""招标制"等市场化的购买体系。

（四）建立少年社区矫正服务中心与"少年社区矫正官"制度

目前，中国社区教育矫正的主要执行机构主要是县级司法局与司法所，主要的工作人员是其中的公务员等。从职能来看，这些部门和人员的执法监管职能较为突出，虽然同时也承担教育矫正的职能，但限于人力不足，缺乏专业能力和可利用的矫正资源，教育矫正这一职能往往不能很好地完成，导致了"重监管，轻教育矫正"的现象。针对这种困境，最根本的解决方式就是教育矫正职能与执法监管职能分离，建立专业机构和专业工作队伍来承担社区教育矫正的职能。

首先，可以效仿一些域外国家，建立专门为罪错少年提供社区教育矫正服务的青少年服务中心。该中心应定性为非执法性质的，为青少年提供预防与矫正服务的专门机构，其面向对象应不限于在社区服刑的罪错少年，还应包括问题行为及不良行为少年、心理与精神障碍少年、家庭问题少年与其家庭等。其工作人员应由专业人员如医生、心理治疗师、心理咨询师、社工、教师等组成。该机构不仅应承担部分社区教育矫正的职责，特别是那些需要专业能力的教育矫正，如心理咨询与治疗、家庭治疗、社会工作方法的个案矫正、就业咨询、教育和技能培训等，还应服务于社区中其他有需要的问题青少年和其家庭，从问题行为的早期干预来达到预防少年犯罪的目的。为了达到缓解政府罪犯矫正财政压力的目的，政府应鼓励青少年矫正服务中心按照非盈利机构的章程自主运行，同时给予一定数量的财政补助，也可以通过教育矫正服务"合同外包"，或政府出资购买矫正服务的方式建立业务联系等。建立专门的社区教育矫正机构，是社区教育矫正个体化、专业化发展的必然要求，我国应首先在省一级及各省主要城市建立类似机构，而后结合社区服刑罪错少年的需求程度和各省的实际情况，继续普及。为了优化资源运用，这些服务应遵循分级矫正原则，严格结合社会调查与评估的结果，使这些矫正服务针对那些最需要的罪错少年，而不是泛泛地针对所有在社区服刑的罪错少年。例如，

2018 年，我国最高人民检察院与共青团中央签署了《关于构建未成年人检察工作社会支持体系合作框架协议》，指导省级及以下检察机关和共青团组织实现对接，组建专门的未成年人司法社会服务机构。各地依据实际情况，可以依托"12355"青少年服务台、青少年社会工作服务团体等现有机构，也可以成立新的专项机构。其工作机制为检察机关受理少年个案，共青团接受委派或委托提供相关司法矫正服务，逐步实现矫正服务的实体化注册、专业化运作。[1]

其次，应加强社区矫正主要工作人员的自身建设，并完善与社会专业力量的联系。目前，我国许多地区都开始设置社区矫正工作人员的"就职门槛"，招聘具有法学背景的专业人才，并在目前的工作队伍中培养专业的心理咨询师，同时扩大招聘专职社工及专业人士加入社区矫正的专职工作队伍。加强社区矫正工作队伍的专业化程度对于提升社区教育矫正效果至关重要，我国可以参考域外少年保护观察部门的工作机制与方法，由社区矫正的工作人员，如执法者、全职社工等，承担一部分基本的教育矫正职责，如思想教育、感化教育、心理疏导等，其他的更为专业的工作，如问题行为及心理障碍的矫正治疗等，则采取"转介"或"政府出资购买服务"的方式，交由专职的社区教育矫正机构承担。

最后，尝试建立未成年人"社区矫正官"制度。在域外的少年司法体系中，少年保护观察官承担着至关重要的职责，从罪错少年进入少年司法体系开始的整个司法流程，少年保护观

〔1〕 搜狐新闻. 最高人民检察院、共青团中央签署《关于构建未成年人检察工作社会支持体系合作框架协议》［N/OL］. http：//www. sohu. com/a/224117861_280188，2018-2-26/2018-4-3.

察官都会进行持续的个案跟进，其职权涉及分流过程、调查过程以及矫正过程。而由于中外少年司法制度的差异，在中国，少年司法的职责被分割并由不同的部门和人员承担。这其中一个显著的缺点就是对罪错少年的处置缺乏连贯性。罪错少年进入司法系统后，在公安、检察院、法院、司法所等各部门之间移送，缺乏像域外的少年保护观察官一样的连续跟进与负责少年个案的机构与人员，而这造成了各部门司法人员对少年个案的了解不深入、不到位，使罪错少年的"个别化处遇"缺乏牢固基础。此外，我国的少年司法制度并没有明确规定社会调查与评估制度，这与缺乏适当的机构和人员去承担这项职责不无关系。目前，我国社会调查制度在实施上仍不统一，有的是司法机关自行调查，有的则委托社会组织、村（居）委会等进行社会调查，这种混乱使我国目前的社会调查报告质量存疑。而如果效仿域外建立我国的"少年社区矫正官"职位，使其对罪错少年个案进行全程跟进，专门承担起罪错少年社会调查与评估，协助少年个案在各司法机关之间的移送与接收，以及判决后罪错少年的监管与矫正等职责，则可以深化罪错少年的司法保护，落实对罪错少年的个别化社区矫正等。

三、深化与创新罪错少年社区教育矫正的模式与方法

（一）深化循证矫正模式

2012 年，循证矫正的方法开始进入我国的矫正领域。我国司法部开始在一些经济条件好、矫正经验丰富、研究基础好的监狱单位和社区矫正机构进行循证矫正试点工作，我国的多个省份也开始了循证矫正的实践探索。但必须看到的是，我国的循证矫正工作仍在初创阶段，目前，各省的实践仍处于正在进行循证矫正专家库、案例库、方案库、工具库创建的阶段，还

未切实见到循证矫正本土化的实效，我国对罪错少年的社区教育矫正仍以"经验模式"为主，证据基础比较薄弱，很大程度上依靠朴素的经验积累与总结。但是，从目前我国社区教育矫正整体效果来看，我国现阶段以思想教育为特色的教育矫正无疑是成功的，只是比较欠缺相关研究去进行科学化的总结，也并未去研究探索何种思想教育方式是最高效的、最符合时代特征的。因此，在我国社区矫正进入全面推进新阶段的今天，深化循证矫正模式应成为重点工作之一。

作为一种"舶来品"，中国的循证矫正应在充分吸收域外先进经验的基础上，注重将这些经验植根于中国的现实国情，进行本土化修正，因此提出如下建议：

首先，我国应在国家层面设立推进循证矫正的"顶层设计"，并在各省市建立分支机关。以美国为例，美国的《少年司法与犯罪预防法》以及司法部下辖的少年司法与犯罪预防办公室在促进罪错少年的循证矫正方面发挥着关键作用，是联邦层级的重要机构。2002 年，《少年司法与犯罪预防法》加入了要求州政府优先给予循证项目拨款资助的内容，将各州循证矫正的实施情况与获得联邦资助的金额挂钩，以鼓励各州实施循证矫正项目。同时，少年司法与犯罪预防办公室在循证矫正项目的实施、监督、资助、研究评估、政策制定、信息宣传等诸多方面发挥重要作用。虽然按照我国目前的情况，将循证矫正写入法律仍为时尚早，但我国也应尽快在司法部中建立循证矫正领导部门，统领全国的循证矫正工作，制定具有前瞻性、全局性的循证矫正政策，并领导、保障和监督循证矫正的研究与实践进程。同时，在各省市建立分支机关，负责推进循证矫正的具体工作，包括推广有效的循证矫正方法，组织对一线矫正工作者的培训与技术支持，监督、评估、反馈循证矫正实施状况等。在我国，矫正工作一直由司法行政机关人员作为主导，因此，要切实推进循证矫正工作，必须健全和完善循证矫正工作的领导体制和工作机制，自上而下地逐步推广循证矫正的实施。

其次，应授权学术研究机构牵头循证矫正研究，建立循证矫正研究支持平台。循证矫正的开展是多方面合作的过程，政策制定者、研究者、实践者等缺一不可。如果说在我国，行政支持是循证矫正开展的基础和保障，那么学术研究机构和专家则应是其中的牵头与主导力量。毕竟循证矫正模式开展的基础就是来自于专业研究机构与人员的"研究证据"。例如，美国国家司法学会（NIJ）就是美国司法部下辖的研究、发展与评估机构，也是美国循证矫正的主导机构之一，其工作任务可概括为"倾听，学习，传播"："倾听"实践中的需求；通过资助各类研究，"学习"满足这些需求的方式；并将学到的研究证据进行全国范围的"传播"。虽然由司法部管辖，但美国国家司法学会却并不是行政部门而是研究机构，用学术研究的方式，支撑美国循证矫正的运行，为美国少年司法政策的制定者或普通的一线矫正工作者提供指导建议。相比之下，目前我国的循证矫正仍是由司法行政机关主导，专业的研究人员和机构少有介入，也没有权威的研究支持平台，研究与证据基础较为薄弱，也缺乏共享平台。在循证矫正方面，各省各行其是，进度不一，造成了地区差异，以及各地的重复工作与资源浪费。因此，我国应尽快设立全国性的循证矫正学术牵头机构，并建立循证矫正研究数据与资源共享平台。学术牵头单位最好是全国性的、有相关学术背景和基础的机构组织，例如中国共青团中央管辖的青少年研究中心，或最高人民法院主管的中国预防青少年犯罪研究会等。可以在其中设立罪错少年犯罪预防与循证矫正办公室，为全国的循证矫正工作提供研究支持，并应建设相关的线上支持平台，研究、评估、推介有效的循证矫正方法，为相关人员提供培训与技术支持，加速研究证据向实践领域的推广。

最后，应强化循证矫正的证据基础，深化循证矫正方法。研究证据是循证矫正的前提和基础，为了强化证据基础，我国首先应深化研究方法。目前我国罪错少年社区教育矫正的相关研究以理论研究为主，缺乏实证研究，元分析方法和系统回顾性方法仍很少见。而实证研究，特别是含有随机控制试验设计的实证研究，是检验矫正有效性的"黄金标准"；而元分析研究则是将符合条件的实证研究进行再次统计分析，更深入地寻找矫正实践中真正起效的特性和因素。这些科学的研究，构成了循证矫正坚实可信的证据基础，也正是以这些研究结果为基础，专家学者们通过一定的评估，将不同矫正项目和实践的有效性做出划分，可以得出有效的、有前景的需改进的和无效的项目结论，并将那些有效的和有前景的项目进行推广。可见，科学的研究与研究方法是创建有力证据的基础。我国应通过政策支持，设立专项资金，广泛建立学术合作等方式，联合学术研究机构与平台，促进发展有效可靠的研究，加强证据基础。

（二）加强调查评估与分类分级矫正

基于个别化、针对性、经济高效的矫正要求，我国对罪错少年的社区教育矫正应进一步加强调查评估与分类分级矫正，这也是循证矫正的根本要求之一。

目前，我国的个案调查评估制度仍不完善，内容较为粗浅，地位也较"尴尬"。因此，首先，我国应通过立法，确立个案调查评估报告的证据属性，至少在针对罪错少年的案件中，调查评估必不可少。罪错少年是发展不完善的个体，针对他们的司法理念也与成人不同，司法保护的思想占据主流。因而，相比于成年罪犯，对罪错少年的调查与评估更加重要，将对法院判决以及个别化的矫正产生重要影响。其次，要完善社会调查评估的工作机制：在启动时间上，最晚在案件进入检察院的起诉阶段时，就应启动社会调查与评估，以保证有足够的时间完成对罪错少年的调查评估，并保证调查质量；在承担机构上，应该改变混乱的现状，委托专职机构和人员承担罪错少年调查评估报告的职责，不断跟进和深化调查评估，并为其所出具的调查评估报告的结果负责。另外，可考虑设立"少年个案调查官"或"罪错少年矫正官"等职位，全程跟进少年个案，并专职负责少年个案的调查与评估。也可效仿域外，与心理健康与医疗机构合作，建立专门的青少年评估中心。最后，要规范社会调查与评估报告的内容。目前，我国的相关规定都较为笼统，加之调查人员专业性不足，导致了调查评估内容客观信息较多，而缺乏经过科学评估及专业分析后得出的专业化建议，因此有时调查评估报告并不能反映罪错少年的真实状态与需求，也无法有效地协助相关部门对少年个案的审理和矫正。因此，我国需要出台更详细的办法，规范罪错少年社会调查评估的内容，除了通过调查获取客观信息之外，更重要的是将这些信息进行专业有效的分析与整合，最终得出专业化的审判参考建议与矫正建议。

分类分级矫正是循证矫正的根本要求之一，也是强化罪错少年调查评估制度的发展趋势。目前，我国已在《社区矫正法》中确立了"分类矫正+个别化矫正"的新模式。但现阶段我国的矫正分类方式仍较为简单，往往是按照人口学特征或刑罚种类进行分类。而分级矫正应是建立在分类矫正基础上的，一种更加科学、更具针对性的方式，同时也对操作基础有更高的要求。分级矫正以个案调查与评估为基础，针对罪错少年的个体风险与需求进行分级，矫正人员按照罪错少年个体不同的风险与需求评级，对他们采取不同的监管与教育矫正措施。目前，我国的社区矫正处于全面推进阶段，这预示着适用社区矫正的罪错少年将会不断增加。虽然目前在社区服刑的罪错少年人身危险性大多较低，但不排除以后会有较高危险性的罪错少年进入社区服刑。因此，我国出于矫正成本与收益比的需要，应该扩大罪错少年社区分级矫正，依据罪错少年的个体化评级对他们实行针对性的、连续渐进的监管与教育矫正。例如，对于普通的罪错少年，可以遵守"8 小时"的最低教育矫正、社区服务时限要求；但对于风险评级较高，或有较为严重的心理问题、行为亟待矫正的少年，则应按照具体情况实施加强型的社区教育矫正。

（三）创立本土化的罪错少年社区教育矫正范例项目

域外的循证矫正权威平台会发布针对罪错少年的社区教育矫正范例项目。这些项目往往具有完善的设计与配置，包括详细的操作手册，需要的教材教具，甚至有专门的团队负责运行推广、人员培训、技术支持，并随时收集项目实施中的反馈以便不断完善和提升。以美国为例，美国联邦司法部为了促进各州在社区教育矫正中运用更多权威来源的范例项目，往往会提供更多的资金与人员支持作为鼓励。比较之下，虽然我国在罪错少年社区教育矫正的实践过程中产生了许多朴素的实践经验，但由于机制不完善，这些在社区教育矫正中积累的优秀经验未能经过系统科学验证，也未能转变为标准化操作的教育矫正项目和模式获得大范围的推广，从而也就无法产生更大的积极作用。因此，我国应以实践需求为导向，以实践经验为基础，尽快建立本土化的罪错少年社区教育矫正范例项目。

自 2016 年开始，我国司法部社区矫正管理局与中国关心下一代工作委员会儿童发展研究中心、联合国儿童基金会合作，开展了为期 5 年的"未成年社区服刑人员心理、行为教育矫正项目",确定了北京、江苏、陕西 3 省市的 5 个社区矫正机构作为项目试点,试点的项目内容包括:北京市昌平区司法局将个体矫正与家庭矫正相结合,心理矫正与思想矫正相结合,法律矫正与行为矫正相结合;江苏省昆山市司法局通过购买社会化服务,创建未成年社区服刑人员"矫正环境净化"项目和"成长护航工程"示范项目等。这些试点的项目实践充分说明了我国注重罪错少年的社区教育矫正,已着手通过试点创新方式方法,积累和交流经验,不断探索有效的社区教育矫正模式与方法。在此基础上,我国应更加注重引入学术研究力量,对试点实施中的社区教育矫正项目进行研究、评估与开发。通过研究,建立和强化社区教育矫正项目的理论体系,使其有理有据;通过收集项目实践中的实时反馈,对项目的实效性进行评估;对于确实有效的项目,则可以通过执法者与学术团队的合作,对项目进行完善,对项目设置、操作要求、资源配备、适用范围等作出标准化的规范,将行之有效的试点项目作为我国本土化的"范例项目""品牌项目"进行推广,并持续监测其实施,依据实施效果不断进行修正和改进。此外,我国还应重视平台的建设,建立"范例项目"的发布、共享、监管与推广的网络平台,通过线上的培训和课程等,推广那些最有效的"范例项目",使先进的经验和有效的项目能够发挥更大作用。

(四)建立多部门联动的少年罪错预防与矫正连续体系

我国目前的罪错少年社区教育矫正正在蓬勃发展。但也必须看到,社区教育矫正的发展不能故步自封,与"治未病"一样,最好的矫正其实是罪错行为出现之前就进行前摄性的预防。因而我国应加快树立少年罪错预防与矫正一体化的"大矫正观"。

　　行为的发展有其自身的规律，在一个罪错少年出现违法犯罪行为之前，可能有长期的越轨行为史。然而，由于那些危害性较轻的越轨行为并未引起足够的重视与干预，使行为的严重程度逐渐加深恶化，最终酿成了犯罪的恶果，对犯罪的受害人、社区与罪错少年自身都造成了严重的伤害。这也提示人们，对于问题行为的早期干预，干预成本更低、效果更好，也可以避免因为犯罪行为带给各方的伤害。

　　目前，域外已有了较为完善的应对少年罪错的综合策略体系，在这一体系中，预防与干预的强度随着罪错少年行为的危险程度加大而逐渐增强，形成一个渐进的连续体系。我国可以参考这一模式，将少年的罪错行为更加细化区分，分为普通问题行为、虞犯行为、违法行为与严重犯罪行为等，针对行为的严重程度，给予适当的监管与帮助、预防与矫正等，建立包括普遍性预防，家庭与学校干预，专业社工、心理与医疗团队干预，工读学校干预与矫正，司法矫正在内的系统完善的"预防—干预—矫正"层级，使不同程度的罪错行为都配备有针对性的、强度适当的预防与矫正措施，力图在行为的严重程度增加之前就消除这些不良行为。例如，在学校采用"三级预防体系"，对有校园欺凌行为的个体进行筛查，对有轻微欺凌行为的个体，通过加强成年人的监督和教授正确的人际社交模式，一般即可消除欺凌行为或使其好转；而对有严重欺凌行为或有暴力倾向的少年，则可以由家长和老师转介至专业的青少年服务机构，进行专业的心理、行为矫治干预。同理，司法局、团委、妇联、村（居）委会等也应对社会上的少年进行筛查，重点关注无业闲散的青少年。这样，可能避免很大一部分的未成年人成为罪错少年。

　　当然，要构建这样完整有效的罪错少年预防与矫正连续体，需要包括政府机关、司法机关、团委、妇联、相关社会组织与福利机构在内的相关部门机构的紧密联系与合作。目前，我国应首先理顺各部门的合作机制，找准负责与牵头部门。鉴于检察机关在我国特色的少年司法与少年犯罪预防中所扮演的重要角色，以各级检察机关牵头建立未成年人罪错行为预防与矫正连续体系较为合适。同时，我国仍要大力发展专业化的预防与矫正项目以及方法技术等，以专业的预防与矫正力量作为这一体系的基础与技术支撑。

结　论

　　从中外罪错少年社区教育矫正的历史沿革看，中国的罪错少年社区教育矫正发展时日尚短，可向欧美等历史经验较足的国家借鉴有益经验。现阶段，我国的罪错少年社区教育矫正以细化法律法条与完善相关制度为主要任务，即完善《社区矫正法》中的规定，健全机构设置与人员配备，创立合理高效的工作机制，确保国家财政的支持等。相比之下，域外现阶段更注重罪错少年社区教育矫正方法与技术的革新。循证矫正的发展，使域外的研究者与实践者以坚实的研究证据为基础，不断追求矫正成本的降低与矫正效果的提升。可喜的是，我国在这短短二十多年的发展历程中，已经取得了不可忽视的成果。目前，我国已正式颁布了《社区矫正法》，其中包含"未成年人社区矫正特别规定"专章，社区矫正国家层面的立法在整个国际上都是一项领先的工作。相信以此为基础，我国的罪错少年社区教育矫正会在法制化的基础上，逐步走向科学化、专业化。

　　从中外罪错少年社区教育矫正的价值取向上看，针对罪错少年的矫正理念与政策虽然在表层呈现出统一的趋势，但仍存价值取向的根本分歧。国家亲权是西方少年司法的基础，这一理念强调对罪错少年要施以区别于成人的关怀、矫治、教育，与我国的"教育、感化、挽救"与"教育为主，惩罚为辅"的罪错少年矫正原则与方针似乎如出一辙，但本质上，国家亲权理念过于强调儿童的保护与福利，认为要以儿童的最大利益为先，甚至排斥报应刑思想，认为对于罪错少年的处置不应存在惩罚、报应的内容，这也导致了以美国为代表的一部分国家在罪错少年的教育矫正中遇到了许多问题，如少年司法与矫正缺乏法律的"威严"致使矫正效果不佳，重犯率高等问题；而中国则更倾向于折中和多元的理论，认为矫正罪错少年既要"教育为主"，又要"惩罚为辅"，对罪错少年实行"有底线"的司法保护。一如我国未成年人刑事政策中的"双向保护"原则所指，既要维护罪错少年的最大利益，同时又要保护社会利益。

　　这些根本性的理论差异，直接导致了中外罪错少年社区教育矫正的不同价值取向：首先，域外罪错少年的社区教育矫正是一种非刑罚的处置，体现出服务取向；而中国罪错少年的社区教育矫正带有刑罚执行的性质，具有刑罚取向。其次，域外罪错少年的社区教育矫正是"单向保护"的个体价值取向的体现，可以说是社会福利取向的"康复治疗"活动，其并不关注罪错少年既往的罪错行为，而更关注罪错少年"此时此刻"的缺陷与需求，并针对性地进行矫治；而中国的罪错少年社区教育矫正是"双向保护"的社会价值取向的体现，可以概括为社会控制取向的"改造"活动，其更关注消除他们的人身危险性，并保护社会。社区教育矫正价值取向的差异，也直接导致了中外在罪错少年社区矫正制度及模式与方法上的差异。

　　从中外罪错少年社区教育矫正的制度上看，中外罪错少年社区教育矫正制度的差异来源于中外少年司法制度的差异。以少年司法的发源地美国为例，自1899年美国伊利诺伊州建立了世界上第一个独立的少年法庭开始，美国的少年司法已在理论基础、司法程序与处置方式上完全（或至少是"自认为"）与成人刑事司法体系分离。而中国的少年司法自 1984 年上海市长宁区建立我国第一个少年法庭开始，经过几十年的探索，我国的少年司法目前仍依附于刑事司法体系，但又具有一定的柔性与温度。

少年司法独立性的不同，必然导致了中外在罪错少年的案件裁量与矫正上的不同。域外独立少年司法的程序是非正式的、模糊的，其处置方法是灵活的且具有高度的自由裁量权。例如，被判定有罪的少年被认为是"越轨者"（delinquent）而非"罪犯"（criminal），处置结果也是模糊的，并不适用"罪刑相适"原则。比起"罪刑相适"，少年司法更关注怎样适应罪错少年的个体需求，所以它排斥统一和标准的程序与矫正方法，而倾向于模糊的司法程序与高度灵活的处置。与此相比，中国的少年案件裁量，根本上是刑罚适用的裁量，即量刑，必须严格按照现行刑法的规定，严格遵循罪刑法定原则、罪责刑相适应等原则，对案件裁量的首要考虑是未成年人的犯罪情节和造成的社会危害后果。但中国在面对未成年犯量刑时也会考虑到"宽严相济，以宽为主"的刑事政策，对未成年犯适当从宽。相比之下，中国少年案件的量刑，可以更大程度维护社会的正义、法律的威严，但对未成年案件缺乏更大程度的自由裁量权，也会使处置和矫正有时难以符合罪错少年的个体化需求。

在中外少年司法差异的前提之下，加之法律体系、政治体制的不同，中外罪错少年社区教育矫正的制度，包括法律基础、机构设置、工作人员设置、工作机制等方面，自然也体现出差异性。总体来看，国外的制度以服务性为主，而中国则体现出鲜明的执法性。值得一提的是，在社区教育矫正的工作机制上，以美国为代表的域外罪错少年社区教育矫正实行"市场化"的运作模式，将教育矫正变为了"付费服务"；而中国的社区教育矫正是一种刑罚执行活动，完全由政府财政负担。两种模式的优缺点也非常明显：域外社区教育矫正的付费模式在一定程度上缓解了财政的压力，但却被指加重罪错少年及其家庭的负担，还增加了罪错少年潜在的监禁风险，并降低了他们对整个少年司法制度的信任程度；而我国的社区教育矫正则充分体现出了社会制度的优越性。然而，随着社区服刑人员的增多，完全由政府财政支撑的社区矫正也给我国的财政造成了越来越大的压力，也背离了社区矫正依靠社会，减轻政府财政负担的初衷。因此，我国应注意创新探索，在"私立化"的社区教育矫正与国家政府完全"包办"的两极之间寻找平衡与有效的解决方式。

从中外罪错少年社区教育矫正的模式与方法来看，域外一些国家因为历史经验丰富，对罪错少年的社区教育矫正的模式与方法更加成熟，专业化、个体化水平高；我国的社区矫正历史较短，特别是针对罪错少年这一特殊群体的教育矫正，仍有待在模式、方法、技术、内容上发展与深化。

从中外罪错少年社区教育矫正的基本模式上看：

一是国外采用外向归因的"医疗模式"，将犯罪的原因归结为外部因素，因而也将更多的注意力放在帮助罪错少年解决"外部麻烦"上；而中国则是内向归因的"思想模式"，认为犯罪的根本原因是其自身思想意识出现偏差，因此注重对其思想的教育转化。比较来看，中国先从罪错少年自身寻找原因，"先内后外"的矫正思路具有积极意义。但是，在实际操作的层面，中国的思想矫正由于缺乏适当的方式方法，常常达不到预期效果。

二是国外倾向采用循证模式，用科学的研究和证据来指导政策走向和矫正实践，从而作出科学的矫正决策，采用最好的实践；而中国则采用经验模式，由"试点"实施开始，通过一段时期内的朴素的经验积累，总结出优势和缺点，形成较为固定的模式，较有成效的经验则进行推广。当然，经验模式不失为一种发展提升教育矫正的好办法，但却不是高效的办法。经验模式可能导致对教育矫正实践效果的判断失当，教育矫正资源的浪费，以及矫正经验无法有效推广。

三是依照儿童最大利益的要求，域外坚持个别化矫正模式，将每个罪错少年都视为独立的、特殊的个体，有不同的成长经历和个体需求，因此即便他们呈现出相似的罪错行为，也不能一概而论，需要在调查评估的基础上，具体问题具体分析。而对于我国现阶段来说，针对罪错少年的社区教育矫正往往受到社区教育矫正人员与资源配置的限制，仍以集体矫正为主，不能完全贯彻个体化矫正要求。

四是域外的罪错少年社区教育矫正体现出明显的"家庭保存"趋势。家庭，特别是罪错少年的父母，在社区教育矫正中扮演着极为重要的角色，他们不仅是社区教育矫正最重要参与者、协助者，有时更是社区教育矫正的直接对象。而中国的社区教育矫正仍是由执法人员主导的刑罚执行活动，缺少家庭的参与。事实上，家庭在青少年成长的整个过程中都占据不可替代的关键位置，家庭的参与，将会使社区教育矫正事半功倍。特别是在目前中国社区矫正工作力量非常紧张的现状下，更应引入家庭参与，使罪错少年的父母、监护人承担更多教育矫正职责，以缓解社区矫正工作压力，提高矫正效果。

在此基础上，本书继续对中外罪错少年社区教育矫正中具体的方法与技术做出了介绍，包括个案调查与评估方法、分级与分类矫正、循证矫正模式、平衡与恢复性矫正模式等。总体来看，中外社区教育矫正方法与技术均朝科学化、专业化、标准化、循证化等方向发展。在发展趋势上，罪错少年社区教育矫正已不满足于"孤立"的犯罪后矫正，而是不断扩大内涵外延：为了应对罪错少年中"交叉少年"群体的需求，在社区教育矫正乃至少年司法的全过程，开始引入和融合儿童福利系统的机制与方法；同时，人们意识到矫正不应仅仅在犯罪发生后进行，还应扩展到犯罪前的预防与释放后的再犯预防，从而形成预防矫正一体化的理念。总体来看，罪错少年社区教育矫正内涵不断延伸，体系不断扩大，机制不断完善，正向一种"大矫正观"发展。

最后，以系统的中外罪错少年社区教育矫正研究概观为基础，立足我国的现实国情，探讨了域外经验带给我国的启示建议，提出了优化罪错少年社区教育矫正理念，完善罪错少年社区教育矫正制度，以及深化与创新罪错少年社区教育矫正方法与技术等三项针对性建议。

综上所述，可以看出，以美国为代表的一些域外国家，其罪错少年社区教育矫正的历史较长，经验较为丰富，但也存在诸多问题，如矫正哲学摇摆不定，矫正立法与机构的"碎片化"，矫正经费居高不下，矫正效果不佳导致的高重犯率等。而中国虽然只有短短二十几载的实施经验，但在罪错少年社区教育矫正的管理体制、工作机制上形成了具有鲜明特色的"北京模式""上海模式"等一系列先进经验，取得了亮眼的成绩。此外，由于我国社区矫正具有刑罚执行的性质，最大程度地保证了社区教育矫正实施的严肃性、严格性，也获得了较好的矫正效果，重犯率长期控制在2%以下。然而，不可否认的是，在罪错少年社区教育矫正的专业化、科学化、个体化方面，域外的一些成熟经验具有可取之处。总体来看，域外罪错少年社区教育矫正的专业化模式与一些科学的方法值得我国学习与借鉴。因此，面对国外的相关经验时，"一味推崇"或"全盘否定"的态度都不可取。经过系统、理性地分析，本着"以我为主，为我所用"的原则，立足我国现实，坚持我国特色，对现阶段的不足进行积极反思，并对外国的经验进行有益吸收和本土化重建，才是"智者风范"，也是本书的初衷。

当然，由于作者认知水平的局限性以及研究资源的有限性，本书存在一些局限与不足。首先是研究方法较为单一。本书非常主张发展循证矫正模式，加强实证研究基础，强化元分析方法、系统性回顾方法的运用。但在实际的研究中，由于时间、资源、作者知识结构的局限性，最终没有在书中呈现实证研究，这可以说是最大的遗憾。目前，中国仍没有针对罪错少年社区教育矫正有效性的元分析研究，可以说是研究的空白领域。随着今后我国循证矫正的不断发展，实证研究、元分析研究等方法，也将会成为相关研究的一大发展趋势。其次是一手资料较为缺乏。罪错少年是一类特殊的群体，不管是中国还是国外，相关部门与机构对于社区矫正中的罪错少年的个人信息都是严格保密的，这也符合司法保护的要求。然而，对于针对罪错少年的研究来说，却使研究缺乏了一手资料。为了获取第一手资料，作者对中美两国的 4 位一线少年司法与社区教育矫正工作人员进行了访谈。但这仍不足以弥补无法直接接触罪错少年，无法获取其相关第一手资料的遗憾。相信随着我国研究的不断深入，在时机成熟时对罪错少年这一群体进行大规模的调查、访谈，一定会产生新的观点，夯实或修正目前的认识。

我国的罪错少年社区教育矫正目前正在快速地发展。相信在不久的将来，我国会形成更科学、完善、高效的罪错少年社区教育矫正体系，在保护社会公众的基础上，更加有效地进行罪错少年的预防、矫正、发展与保护，使这些"迷路的孩子"回归正途，拥有更加美好的明天。

附录 A
半结构化访谈提纲

问题 1：请简单介绍这个部门（机构）的情况。比如，有多少工作人员，管理机制是怎样的，工作内容与工作量如何。

Question 1：Could you please introduce the general information of the department？Like how many staff here？What's the administration system？What's your average case load？

问题 2：你们（矫正工作人员或保护观察官）有一定的自由裁量权，能否简单说明你们一般何时，以及如何运用这些自由裁量权？

Question 2：I knew you have wide discretion. Could you tell where and how you use the discretion？

问题 3：从你们的经验来看，罪错少年有哪些通病？什么样的矫正方式或内容是他们最需要的？

Question 3：From your experience, what's the common problem of these juveniles？What kind of rehabilitation do they need most？

问题 4：你们一般向罪错少年提供何种矫正（或服务、帮助）？你认为何种矫正最有效？

Question 4：What rehabilitation or treatment service do you usually offer to them? Which practice works best?

问题 5：你们是亲自为罪错少年进行矫正，还是将矫正服务交给合作的专业人员？能大体说一下如何运作吗？

Question 5：Do you correct delinquent juveniles by yourself? Or refer the delinquent juvenile to cooperated institute for professional service?

问题 6：你认为少年犯矫正与成年犯最大的区别在哪？

Question 6：What do you think is the biggest difference between the rehabilitation to juvenile and adult?

问题 7：能否介绍一下最新的针对罪错少年的矫正实践？

Question 7：Would you please introduce some latest practices of juvenile rehabilitation?

 附录 B
访谈记录样例

访谈地点：Virginia Department of Juvenile Justice，9th Judicial District Court Service Unit. Williamsburg，Virginia.（佛吉尼亚少年司法部第 9 司法辖区法庭服务科，威廉斯堡，弗吉尼亚洲）

访谈时间：August 12th，2017.（2017.08.12）

访谈对象：Juvenile Probation Officer：J Wright.（少年保护观察官：约翰、怀特）

访谈内容（经翻译）：

1. 问：请简单的介绍这个部门（机构）的情况。比如，有多少工作人员，管理机制，工作内容与工作量，等等。

答：弗吉尼亚第 9 区法庭服务单位为包括威廉斯堡地区的 11 个司法管辖区提供司法服务。事实上，弗吉尼亚的少年司法部管辖有 34 个类似的地区法庭服务单位。弗吉尼亚州也是美国少有的几个在全州范围内都有合作的少年司法项目与服务的州之一。

2. 问：你们（矫正工作人员或保护观察官）有一定的自由裁量权，能否简单说明你们一般何时，以及如何运用这些自由裁量权？

答：我们一般会根据我们自身的判断，结合一些评估，去为少年制定个体化的矫正计划，并且向他们和他们的家庭推荐服务。

3. 问：从你们的经验来看，罪错少年有哪些通病？什么样的矫正方式或内容是他们最需要的？

答：首先，矫正都是个体化的，我们会为他们每个人制定个体化的矫正计划。我认为家庭矫正与治疗取得了很好的效果，因为罪错行为矫正往往不是一个人的事。其次，依据反馈来说，针对攻击性的课程和针对物质滥用的咨询也比较有效。

4. 问：你们是亲自为罪错少年进行矫正，还是将矫正服务交给合作的专业人员？能大体说一下如何运作吗？

答：我们一般会为他们制定矫正计划，和他们定期会面，监督矫正并为他们提供一些建议。有时我们会进行转介，比如评估中心和一些心理咨询机构等，我们有合作关系。

5. 问：你认为少年犯矫正与成年犯最大的区别在哪？

答：简单来说，成年犯需要惩罚和威慑，而少年犯主要是康复和治疗。

6. 问：能否介绍一下最新的针对罪错少年的矫正实践？

答：从我的经验来看，少年矫正的一大趋势就是，原先我们将他们从监狱转移向社区中的一些设施，如矫正学校和中途之家等；但近几年我们更希望他们留在家里。

 参考文献

一、著作

[1] 冯卫国:《行刑社会化研究——开放社会中的刑罚趋向》,北京大学出版社 2003 年版。

[2] 高铭暄等主编:《中华法学大辞典:刑法学卷》,中国检察出版社 1996 年版。

[3] 高莹主编:《矫正教育学》,教育科学出版社 2007 年版。

[4] 高贞主编:《社区矫正执行体系研究》,法律出版社 2017 年版。

[5] 郭建安、郑霞泽主编:《社区矫正通论》,法律出版社 2004 年版。

[6] 国家法官学院编:《全国专家型法官司法意见精粹:未成年人犯罪卷》,中国法制出版社 2015 年版。

[7] 胡配军主编:《社区矫正教育理论与实务》,法律出版社 2007 年版。

[8] [美] 克莱门斯·巴特勒斯:《罪犯矫正概述》,龙学群译,群众出版社 1987 年版。

[9] [美] 玛格丽特·K.罗森海姆等编:《少年司法的一个世纪》,高维俭译,商务印书馆 2008 年版。

［10］连春亮主编：《社区矫正理论与实务》，法律出版社 2010年版。

［11］刘强编著：《美国社区矫正的理论与实务》，中国人民公安大学出版社 2003 年版。

［12］刘强编著：《美国犯罪未成年人的矫正制度概要》，中国人民公安大学出版社 2005 年版。

［13］刘建宏主编：《犯罪矫治评估系统回顾研究》，人民出版社2016 年版。

［14］芦麦芳主编：《社区矫正教育》，法律出版社 2016 年版。

［15］鲁兰：《中日矫正理念与实务比较研究》，北京大学出版社2005 年版。

［16］［美］美国精神医学学会编著：《精神障碍诊断与统计手册（第五版）DSM-5》，张道龙译，北京大学出版社 2015 年版。

［17］欧渊华：《社区服刑人员教育矫正理论与实务》，中国法制出版社 2016 年版。

［18］［美］斯蒂芬·E. 巴坎：《犯罪学：社会学的理解》，秦晨等译，上海人民出版社 2011 年版。

［19］桑标主编：《儿童发展心理学》，高等教育出版社 2009 年版。

［20］时蓉华主编：《现代社会心理学》，华东师范大学出版社2007 年版。

［21］司法部社区矫正管理局编：《全国社区矫正教育管理工作实践》，法律出版社 2016 年版。

［22］司法部社区矫正管理局编：《全国社区矫正发展情况与数据统计》，法律出版社 2017 年版。

［23］［美］托马斯·哈代·黎黑：《心理学史：心理学思想的主

要流派（第6版）》，蒋柯等译，上海人民出版社 2013 年版。

[24] 彭聃龄主编：《普通心理学》，北京师范大学出版社 2004 年版。

[25] 王雪梅：《儿童权利论：一个初步的比较研究》，社会科学文献出版社 2005 年版。

[26] 王素芬：《明暗之间：近代中国狱制转型研究——理念更新与制度重构》，中国方正出版社 2009 年版。

[27] 吴宗宪：《社区矫正比较研究（上）》，中国人民大学出版社 2011 年版。

[28] 吴宗宪：《社区矫正比较研究（下）》，中国人民大学出版社 2011 年版。

[29] 吴宗宪主编：《社区矫正导论》，中国人民大学出版社 2011 年版。

[30] 吴宗宪主编：《未成年犯矫正研究》，北京师范大学出版社 2012 年版。

[31] 徐建主编：《青少年法学新视野（上）》，中国人民公安大学出版社 2005 年版。

[32] 姚建龙：《青少年犯罪与司法论要》，中国政法大学出版社 2014 年版。

[33] 姚建龙等：《矫正学导论：监狱学的发展与矫正制度的重构》，北京大学出版社 2016 年版。

[34] 章恩友、姜祖桢主编：《矫治心理学》，教育科学出版社 2008 年版。

[35] 赵秉志主编：《刑法争议问题研究（上卷）》，河南人民出版社 1996 年版。

[36] 赵国玲、王海涛：《少年司法主导理念的困境、出路和中

国的选择》，载王牧主编：《犯罪学论丛（第四卷）》，中国检察出版社 2006 年版，第 227~256 页。

［37］赵志宏：《未成年人违法犯罪处置措施研究》，群众出版社 2011 年版。

［38］朱久伟、姚建龙主编：《上海市青少年社区服刑人员教育矫正的理论与实践》，法律出版社 2011 年版。

［39］朱久伟、李光勇主编：《上海市社区服刑人员个性化教育矫正的理论与实践》，法律出版社 2012 年版。

［40］中国法律年鉴编辑部编：《中国法律年鉴（2014）》，中国法律年鉴社 2014 年版。

［41］H. Allen, C. Simonsen, E. J. Latessa, *Corrections in America: an introduction* (10*th* ed), Pearson, 2004.

［42］R. Barth, *Institutions vs. foster homes: the empirical base for a century of action*, University of North Carolina, 2002.

［43］D. Clemmer, *The prison community*, Christopher Publishing House, 1940.

［44］S. Davis, *Rights of juvenile: The Juvenile Justice System 2nd edition*, Clark Boardman Co, 1983.

［45］M. R. Gardner, *Understanding juvenile law*, LexisNexis, 2009.

［46］P. Greenwood, K. Model, J. Chiesa, et al. *Diverting Children from a Life of Crime: Measuring Costs and Benefits*, CA, Rand, 1996.

［47］K. Heilbrun, N. Goldstein, R. Redding, *Juvenile delinquency: Prevention, assessment, and intervention*, Oxford University Press, 2005.

［48］J. Howell, *Preventing and Reducing Juvenile Delinquency: A*

Comprehensive Framework, Sage, 2009.

[49] I. R. Kaufman, et al. *Standards relating to youth service agencies*, Ballinger Publishing Co, 1980.

[50] B. R. McCarthy, M. C. Leone, B. J. McCarthy, *Community – based corrections*, Wadsworth, 2000.

[51] J. Muncie, B. Goldson, *Comparative Youth Justice*, Sage Publications Ltd, 2006.

[52] G. Patterson, *Coercive family process*, Eugene, Castalia, 1982.

[53] Pennsylvania Juvenile Court Judges' Commission, *Pennsylvania Juvenile Delinquency Benchbook*, Harrisburg, PA, 2006.

[54] R. Sampson, J. Laub, *Crime in the making: Pathways and turning points through life*, Cambridge, MA: Harvard University Press, 1993.

[55] J. Sanborn, A. Salerno, *The Juvenile Justice System: Law and Process*, Roxbury Publishing Company, California, 2005.

[56] A. L. Schneider, *Deterrence and juvenile crime: Results from a national policy experiment*, Springer Science & Business Media, 2012.

[57] F. Taxman, S. Belenko, *Implementing Evidence – Based Practices in Community Corrections and Addiction Treatment*, Springer New York, 2012.

[58] D. Thomas, Torbet P, *Juvenile probation administrators' desktop guide*, National Center for Juvenile Justice, 1997.

[59] W. J. Wilson, *The truly disadvantaged : the inner city, the underclass, and public policy*, University of Chicago Press, 1987.

[60] J. Winterdyk, *Juvenile Justice Systems：International Perspectives*, Canadian Scholars' Press, 2002.

二、期刊论文

[61] 安文霞：《"阳光中途之家"制度研究》，载《研究生法学》2014 年第 1 期。

[62] 《北京市制定并实施〈社区服刑人员分类管理分阶段教育实施方案〉》，载《人民调解》2005 年第 12 期。

[63] 常向东、马丹英、胡静雅：《149 名青少年罪犯自杀意念影响因素分析》，载《中华行为医学与脑科学杂志》2013 年第 2 期。

[64] 陈诚：《约翰·霍华德与 18 世纪英国的监狱改革》，载《黑龙江史志》2015 年第 9 期。

[65] 陈录生：《西方社会化理论与中国人的社会化》，载《中州学刊》1997 年第 4 期。

[66] 陈瑞华：《刑事诉讼的私力合作模式——刑事和解在中国的兴起》，载《中国法学》2006 年第 5 期。

[67] 陈伟：《教育刑与刑罚的教育功能》，载《法学研究》2011 年第 6 期。

[68] 程应需：《社区矫正的概念及其性质新论》，载《郑州大学学报（哲学社会科学版）》2006 第 4 期。

[69] 段炼炼、毕宪顺：《问题青少年教育矫正管理的三重境界——兼论问题青少年矫正的困境》，载《东岳论丛》2014 年第 7 期。

[70] 顾程雯：《中美社区矫正制度比较研究》，载《法制博览（中旬刊）》2013 年第 10 期。

[71] 顾明远：《对教育定义的思考》，载《北京大学教育评论》2003 年第 1 期。

［72］关颖：《未成年人犯罪特征十年比较——基于两次全国未成年犯调查》，载《中国青年研究》2012年第6期。

［73］郭建安、郑霞泽等：《略论改革和完善我国的社区矫正制度》，载《法治论丛》2003年第3期。

［74］扈中平：《教育规律与教育价值》，载《教育评论》1996年第2期。

［75］姜金兵：《以治本安全观为引领开创监狱监管改造工作新局面》，载《中国司法》2017年第6期。

［76］金鉴：《做好监狱工作 维护社会稳定》，载《求是》2005年第15期。

［77］金晓流：《关于优化社区矫正教育模式的实践探索》，载《中国司法》2015年第5期。

［78］康树华：《论中国少年司法制度的完善》，载《中国刑事法杂志》2000年第3期。

［79］康树华：《社区矫正的历史、现状与重大理论价值》，载《法学杂志》2003年第5期。

［80］李俊丽、梅清海等：《未成年犯的人格特点与心理健康状况和应对方式的相关研究》，载《中国学校卫生》2006年第1期。

［81］李成齐：《大学生儿童期遭受性侵害的回顾性调查研究》，载《中国特殊教育》2008年第4期。

［82］李维东：《皮亚杰的建构主义认知理论》，载《中国教育技术装备》2009年第6期。

［83］路琦、董泽史等：《2013年我国未成年犯抽样调查分析报告（上）》，载《青少年犯罪问题》2014年第3期。

［84］路琦、董泽史等：《2013年我国未成年犯抽样调查分析报告（下）》，载《青少年犯罪问题》2014年第4期。

[85] 马灵喜:《社区矫正教育研究》,载《中国司法》2015 年第 6 期。

[86] 马志强:《中途之家的本土形态与本土逻辑——基于国家与社会关系的分析视角》,载《人文杂志》2013 年第 1 期。

[87] 莫晓宇、蒋潇锋:《论我国未成年犯社区矫正体系的完善》,载《青少年犯罪问题》2006 年第 2 期。

[88] 潘懋元:《教育的基本规律及其相互关系》,载《高等教育研究》1988 年第 3 期。

[89] 皮艺军:《中国少年司法理念与实践的对接》,载《青少年犯罪问题》2010 年第 6 期。

[90] 冉云梅、刘冈:《我国儿童青少年精神卫生状况研究》,载《预防青少年犯罪研究》2012 年第 4 期。

[91] 荣容、刘勇:《北京市朝阳区积极探索阳光中途之家工作模式》,载《犯罪与改造研究》2009 年第 6 期。

[92] 桑爱英:《未成年人社区矫正制度比较研究》,载《云南大学学报(法学版)》2011 年第 1 期。

[93] 史柏年:《刑罚执行与社会福利:社区矫正性质定位思辨》,载《华东理工大学学报(社会科学版)》2009 年第 1 期。

[94] 苏春景、赵茜:《中国与英国社区矫正教育比较分析》,载《比较教育研究》2016 年第 8 期。

[95] 司法部社区矫正制度研究课题组:《改革和完善我国社区矫正制度之研究(上)》,载《中国司法》2003 年第 5 期。

[96] 司法部社区矫正制度研究课题组:《改革和完善我国社区矫正制度之研究(下)》,载《中国司法》2003 年第 6

期。

[97] 王顺安、甄宏：《试论我国未成年犯社区矫正项目体系之构建》，载《青少年犯罪问题》2005 年第 1 期。

[98] 王崇兴：《美国拒绝批准联合国〈儿童权利公约〉原因探析》，载《南京师大学报（社会科学版）》2006 年第 2 期。

[99] 王亚鹏、董奇：《脑的可塑性研究：现状与进展》，载《北京师范大学学报（社会科学版）》2007 年第 3 期。

[100] 王新鹏：《认知模型研究综述》，载《计算机工程与设计》2007 年第 16 期。

[101] 王平、安文霞：《西方国家循证矫正的历史发展及其启示》，载《中国政法大学学报》2013 年第 3 期。

[102] 翁里：《中美"社区矫正"理论与实务比较研究》，载《浙江大学学报（人文社会科学版）》2007 年第 6 期。

[103] 文婧：《约翰·卫斯理与 18 世纪英国监狱改革》，载《社会科学论坛》2012 年第 3 期。

[104] 吴海航、黄凤兰：《日本虞犯少年矫正教育制度对我国少年司法制度的启示》，载《青少年犯罪问题》2008 第 2 期。

[105] 吴海峰：《论社区矫正的性质定位及改革》，载《贵州警官职业学院学报》2013 年第 3 期。

[106] 吴宗宪：《试论未成年犯矫正的基本原则》，载《青少年犯罪问题》2010 年第 1 期。

[107] 向帮华、孙霄兵：《中国大陆工读学校现状及对策研究》，载《中国特殊教育》2009 年第 7 期。

[108] 谢望原、翟中东：《对我国行刑社会化的思考》，载《法学评论》2000 年第 1 期。

［109］ 徐伟：《我国青少年犯罪的统计分析及其预防对策——基于 1997～2013 年的统计数据》，载《青年探索》2015 年第 6 期。

［110］ 姚建龙：《未成年人犯罪非监禁化理念与实现》，载《政法学刊》2004 年第 5 期。

［111］ 姚建龙：《国家亲权理论与少年司法——以美国少年司法为中心的研究》，载《法学杂志》2008 年第 3 期。

［112］ 叶春弟：《程序与实体：当前监狱教育矫正的理性反思》，载《犯罪研究》2012 年第 2 期。

［113］ 袁刚：《边沁与英国政治现代化》，载《云南行政学院学报》2006 年第 5 期。

［114］ 张昱：《论社区矫正中刑罚执行和社会工作的统一性》，载《社会工作》2004 年第 5 期。

［115］ 张鸿巍：《儿童福利视野下的少年司法路径选择》，载《河北法学》2011 年第 12 期。

［116］ 张远煌、姚兵：《中国现阶段未成年人犯罪的新趋势——以三省市未成年犯问卷调查为基础》，载《法学论坛》2010 年第 1 期。

［117］ 赵秉志：《当代中国刑罚制度改革论纲》，载《中国法学》2008 年第 3 期。

［118］ 赵波：《中美两国社区矫正比较研究》，载《理论月刊》2011 年第 9 期。

［119］ 赵茜、苏春景：《美国青少年问题行为干预课程的设置及启示》，载《课程．教材．教法》2017 年第 11 期。

［120］ 赵茜、苏春景：《美国以学校为基础的欺凌干预体系探析》，载《外国教育研究》2018 年第 1 期。

［121］ 周国强：《国外社区矫正的理论基础及其发展评估》，载

《江苏大学学报（社会科学版）》2005 年第 3 期。

[122] 周建松、蔡伟雄等:《湖南、四川部分男性青少年犯罪者精神障碍患病情况调查（英文）》,载《中南大学学报（医学版）》2012 年第 3 期。

[123] 周勇:《罪犯教育矫正模式的创新与发展》,载《中国司法》2013 年第 3 期。

[124] D. A. Andrews, et al. "Does correctional treatment work? A clinically relevant and psychologically informed meta-analysis", *Criminology*, 1990, 28 (3), pp. 369–404.

[125] K. L. Atkinson, "Constitutional Rights of Juveniles: Gault and Its Application", *William & Mary Law Review*, 1967, pp. 492–495.

[126] G. Bridges, S. Steen, "Racial Disparities in Official Assessments of Juvenile Offenders: Attributional Stereotypes as Mediating Mechanisms", *American Sociological Review*, 1998, 63 (4), pp. 554–570.

[127] K. Brown, "Effects of Supervision Philosophy on Intensive Probationers", *International Journal of Selection & Assessment*, 1997, 5 (3), pp. 190–191.

[128] J. J. Cocozza, K. R. Skowyra, "Youth with Mental Health Disorders: Issues and Emerging Responses", *Juvenile Justice*, 2000, 7, pp. 45–46.

[129] C. Cottle, R. Lee, K. Heilbrun, "The prediction of criminal recidivism in juveniles: A meta-analysis", *Criminal Justice and Behavior*, 2001, 28 (3), pp. 367–394.

[130] N. Crick, K. Dodge, "A review and reformulation of social information-processing mechanisms in children′s social ad-

justment", *Psychological Bulletin*, 1994, 115 (1), pp. 74-101.

[131] G. Cusick, R. Goerge, K. Bell, "From Corrections to Community: The Juvenile Reentry Experience as Characterized by Multiple Systems Involvement", *Chapin Hall at the University of Chicago*, 2008, 44 (2), pp. 88-89.

[132] L. Dahlberg, "Youth violence in the United States: Major trends, risk factors, and prevention approaches", *American journal of preventive medicine*, 1998, 14 (4), pp. 259-272.

[133] K. Dodge, N. Crick, "Social Information-Processing Bases of Aggressive Behavior in Children", *Personality & Social Psychology Bulletin*, 1990, 16 (1), pp. 8-22.

[134] R. Duff, "Probation, Punishment and Restorative Justice: Should Al Turism be Engaged in Punishment?", *The Howard Journal*, 2003, 42 (2), pp. 181-197.

[135] "Employment of Social Investigation Reports in Criminal and Juvenile Proceedings", *Columbia Law Review*, 1958, 58 (5), pp. 707-727.

[136] D. Evans, "Defining Community Corrections", *Corrections Today*, 1996, 58 (6), pp. 124-125.

[137] D. Farrington, D. Jolliffe, R. Loebe, et al. "The concentration of offenders in families, and family criminality in the prediction of boys´ delinquency", *Journal of Adolescence*, 2001, 24, pp. 579-596.

[138] B. Feld, "Juvenile Court Meets the Principle of Offense: Punishment, Treatment, and the Difference It Makes", *Bos-*

ton University law review, 1988, pp. 821-822.

[139] S. Funk, "Risk Assessment for Juveniles on Probation", *Criminal Justice and Behavior*, 1999, 26 (1), pp. 44-68.

[140] P. G. Garabedian, "Challenges for contemporary corrections", *Fed. Probation*, 1969, 33, pp. 3-4.

[141] M. R. Gardner, "Punishment and Juvenile Justice: A Conceptual Framework for Assessing Constitutional Rights of Youthful Offenders", *Vanderbilt law review*, 1982, 35 (4), pp. 791-847.

[142] D. Hartmann, J. Wolk, J. Johnston, et al. "Recidivism and substance abuse outcomes in a prison-based therapeutic community", *Fed. Probation*, 1997, 61, pp. 18-19.

[143] A. Kazdin, J. Weisz, "Identifying and developing empirically supported child and adolescent treatments", *Journal of Consulting & Clinical Psychology*, 1998, 66 (1), pp. 19-36.

[144] K. Kirigin, "The Teaching-Family Model: A Replicable System of Care", *Residential Treatment for Children & Youth*, 2001, 18 (3), pp. 99-110.

[145] C. Lawson, J. Katz, "Restorative justice: an alternative approach to juvenile crime", *Journal of Socio - Economics*, 2004, 33 (2), pp. 175-188.

[146] M. Lipsey, F. Cullen, "The Effectiveness of Correctional Rehabilitation: A Review of Systematic Reviews", *Social Science Electronic Publishing*, 2007, 3 (3), pp. 297-320.

[147] M. Lipsey, "The Primary Factors that Characterize Effective Interventions with Juvenile Offenders: A Meta-Analytic Overview", *Victims & Offenders*, 2009, 4 (2), pp. 124-147.

[148] R. Loeber, et al. "Multiple risk factors for multiproblem boys: Co-occurrence of delinquency, substance use, attention deficit, conduct problems, psysical aggression, covert behavior, depressed mood, and shy/withdrawn behavior", *New perspectives on adolescent risk behavior*, 1998, pp. 90-149.

[149] M. Lynch, "Rehabilitation as Rhetoric: The Ideal of Reformation in Contemporary Parole Discourse and Practices", *Punishment & Society*, 2000, 2 (1), pp. 40-65.

[150] E. Mann, A. Reynolds, "Early Intervention and Juvenile Delinquency Prevention: Evidence from the Chicago Longitudinal Study", *Social Work Research*, 2006, 30 (3), pp. 153-167.

[151] R. Martinson, "What works? Questions and answers about prison reform", *The Public Interest*, 1974, 35, pp. 22-23.

[152] L. McReynolds, C. Schwalbe, G. Wasserman, "The Contribution of Psychiatric Disorder to Juvenile Recidivism", *Criminal Justice and Behavior*, 2010, 37 (2), pp. 204-216.

[153] W. Mcwilliams, K. Pease, "Probation Practice and an End to Punishment", *The Howard Journa*, 1990, 29 (1), pp. 14-24.

[154] D. Murrie, D. Cornell, W. McCoy, "Psychopathy, Conduct Disorder, and Stigma: Does Diagnostic Labeling Influence Juvenile Probation Officer Recommendations?", *Law and Human Behavior*, 2005, 29 (3), pp. 323-342.

[155] K. Quinn, V. Lee, "The wraparound approach for students

with emotional and behavioral disorders: Opportunities for school psychologists", *Psychology in the Schools*, 2010, 44 (1), pp. 101-111.

[156] A. Rios, "Arms of the Court: Authorizing the Delegation of Sentencing Discretion to Probation Officers", *Cornell Journal of Law and Public Policy*, 2011, 24 (2), pp. 431-456.

[157] J. Ryan, J. Marshall, D. Herz, et al. "Juvenile delinquency in child welfare: Investigating group home effects", *Children & Youth Services Review*, 2008, 30 (9), pp. 1088-1099.

[158] I. Schwartz, M. Steketee, J. Butts, "Business as Usual: Juvenile Justice During the 1980s", *Notre Dame J. l. ethics & Pub. poly*, 2012, (2), pp. 377-378.

[159] L. Sherman, D. Gottfredson, D. Mackenzie, et al. "Preventing Crime: What Works, What Doesn't, What's Promising. Research in Brief. National Institute of Justice", *Bureau of Justice Statistics*, 1998, 162 (1), pp. 1-21.

[160] F. Svartdal, "Aggression Replacement Training in Norway: Outcome evaluation of 11 Norwegian student projects", *Scandinavian Journal of Educational Research*, 2006, 50 (1), pp. 63-81.

[161] R. Tripathi, "Juvenile Justice: A Comparative Study of Laws in France and India", *International Journal of Management and Social Sciences Research*, 2016, 5 (1), pp. 5-9.

[162] A. Turnbull, H. Edmonson, P. Griggs, et al. "A blueprint for schoolwide positive behavior support: Implementation of three components", *Exceptional Children*, 2002, 68 (3),

pp. 377-402.

[163] S. Turner, J. Petersilia, E. P. Deschenes, "Evaluating Intensive Supervision Probation/Parole (ISP) for Drug Offenders", *Crime & Delinquency*, 1992, 38 (4), pp. 539-556.

[164] G. Ward, A. Kupchik, "What Drives Juvenile Probation Officers?", *Crime & Delinquency*, 2010, (1), pp. 35-69.

[165] G. Wasserman, L. Mcreynolds , S. Ko, et al. "Gender differences in psychiatric disorders at juvenile probation intake", *American Journal of Public Health*, 2005, 95 (1), pp. 131-137.

[166] L. Weithorn, "Developmental factors and competence to make informed treatment decisions", *Child & Youth Services*, 1982, 53 (6), pp. 1589-1598.

[167] P. K. Westermark, K. Hansson, M. Olsson, "Multidimensional treatment foster care (MTFC): results from an independent replication", *Journal of Family Therapy*, 2011, 33 (1), pp. 20-41.

[168] C. Widom, "The cycle of violence", *Science*, 1989, 244, pp. 160-166.

[169] P. Gendreau, T. Little, C. Goggin, "A meta-analysis of the predictors of adult offenders recidivism: what works!", *Criminology*, 1996, 34 (4), pp. 575-608.

[170] Y. Ziv, A. Sorongon, "Social information processing in preschool children: Relations to sociodemographic risk and problem behavior", *Journal of Experimental Child Psychology*, 2011, 109 (4), pp. 412-429.

三、学位论文

[171] 金筱明：《论青少年犯罪的矫正制度》，中国政法大学 2005 年硕士学位论文。

[172] 柳忠卫：《假释制度比较研究》，中国人民大学 2004 年博士学位论文。

[173] 王顺安：《社区矫正理论研究》，中国政法大学 2007 年博士学位论文。

[174] 王维：《社区矫正制度研究》，西南政法大学 2006 年博士学位论文。

[175] 王勇民：《儿童权利保护的国际法研究》，华东政法大学 2009 年博士学位论文。

[176] 王敏：《矫正基本原理研究》，西南政法大学 2010 年博士学位论文。

[177] 许芸：《我国未成年人违法犯罪的社区矫正模式研究》，南京师范大学 2005 年硕士学位论文。

[178] 阎昭：《试论我国未成年人刑事政策中的"双向保护"原则》，华东政法学院 2006 年硕士学位论文。

[179] 张艳琴：《青少年暴力行为形成的家庭根源及防治措施》，河北师范大学 2007 年硕士学位论文。

[180] 张忠斌：《未成年人犯罪的刑事责任研究》，武汉大学 2005 年博士学位论文。

[181] 阳桂凤：《论我国未成年犯矫正制度》，湘潭大学 2002 年硕士学位论文。

[182] 周红安：《中西儿童观的历史演进及其在教育维度中的比较》，华中师范大学 2003 年硕士学位论文。

[183] 周琳：《少年犯思想政治教育的实效性研究》，南昌大学 2009 年硕士学位论文。

[184] 朱家德：《中英社区矫正比较研究》，山东大学 2009 年硕士学位论文。

四、学术报告

[185] American Psychiatric Association. Diagnostic and statistical manual of mental disorders (4th Edition), Washington DC, 1994.

[186] S. Aos, R. Lieb, J. Mayfield, et al. Benefits and costs of prevention and early intervention programs for youth. Washington State Institute for Public Policy, 2004.

[187] R. Barnoski, Outcome evaluation of Washington State's research – based programs for juvenile offenders. Washington State Institute for Public Policy, 2004.

[188] G. Bazemore, M. Umbreit, Balanced and Restorative Justice for Juveniles: A Framework for Juvenile Justice in the 21st Century. OJJDP, 1997.

[189] S. Bilchik, Addressing the Needs of Youth known to both the child welfare and juvenile justice system. Center for juvenile justice reform, 2010.

[190] Bureau of Justice Assistance. The Second Chance Act, 2016.

[191] Bureau of Justice Statistics. Criminal victimization in the United States, 1999 statistics tables: National Crime Victimization Survey. Washington, DC: U. S. Department of Justice, 2001.

[192] Child Welfare Information Gateway. Determining the best interests of the child. Children's Bureau, 2016.

[193] Community – based program evaluation series: Overview of community – based juvenile probation programs (part 1). Texas Juvenile Justice Department, 2013.

[194] J. M. Creelan, Final report of the covernor's commission on youth, public safety and justice: Recommendation for juvenile justice reform in New York State. 2015.

[195] A. Duncan, Community - Based Correctional Education. US Department of Education, 2011.

[196] J. Furdella, C. Puzzanchera, Delinquency cases in juvenile court, 2013. U. S. Department of justice, 2015.

[197] J. Hawkins, T. Herrenkohl, D. Farrington, et al. Predictors of youth violence. U. S. Department of Justice, 2000.

[198] D. Herz, Crossover youth: What do we know? . Center for juvenile justice reform, 2009.

[199] D. Herz , P. Lee , L. Lutz, et al. Addressing the needs of multi - system youth: strengthing the connectiong between child welfare and juvenile justice. Center for juvenile justice reform, 2012.

[200] S. Hockenberry, C. Puzzanchera, Juvenile Court Statistics 2013. National Center for Juvenile Justice, 2015.

[201] L. Karoly, M. Kilburn, J. Bigelow, et al. Assessing Costs and Benefits of Early Childhood Intervention Programs: Overview and Application to the Starting Early Starting Smart Program. Scientia Geographica Sinica RAND Corporation, 2001.

[202] M. Lipsey, J. Howell, M. Kelly, et al. Improving the effectiveness of juvenile justice programs: A new perspective on evidence-based practice. Center for Juvenile Justice Reform, 2010.

[203] National Council of Juvenile and Family Court Judges. Juvenile Delinquency Guidelines: Improving Court Prac-

tice in Juvenile Delinquency Cases, 2005.

[204] NJDC. The cost of juvenile probation: a critical look into juvenile supervision fees, 2017.

[205] Pennsylvania Juvenile Court Judges' Commission. Pennsylvania Juvenile Delinquency Benchbook, 2006.

[206] President's Commission on Law Enforcement and Administration of Justice. Task Force Report: Corrections, Washington DC: U. S. Government Printing Office, 1967.

[207] C. Puzzanchera, S. Hockenberry, Juvenile Court Statistics 2010. National Center for Juvenile Justice, 2013.

[208] M. Sickmund, C. Puzzanchera, Juvenile offender and victims: 2014 National Report. National Center for Juvenile Justic, 2014.

[209] J. Slowikowski, Formula grants program. OJJDP In Focus, 2009.

[210] P. Torbet, Juvenile Probation: The workhorse of the Juvenile Justice System. Juvnile Justice Bulletin, 1993.

[211] UNICEF ed. Thesate of the world's children 2001: Early childhood. UNICEF, 2001.

[212] U. S. Department of Health and Human Services. Youth violence: A report of the surgeon general, 2001.

[213] G. Wasserman, K. Keenan, R. Tremblay, et al. Child delinquency. Washington, DC, U. S. Department of Justice, 2003.

五、网络与新闻

[214] 中国法院网. 最高检回应是否降低刑事责任年龄: 需大量论证研究 [N/OL]. https://www. chinacourt. org/article/detail/2016/05/id/1885789. shtml, 2016 – 05 – 27/

2023-10-11.

［215］国务院人口普查办公室, 国家统计局人口和就业统计司. 中国 2010 年人口普查资料 ［EB/OL］. http：//www. stats. gov. cn/sj/pcsj/rkpc/6rp/left. htm , 2023-11-03.

［216］联合国新闻. 索马里向联合国递交《儿童权利公约》批约书, 成为第 196 个缔约国 ［EB/OL］. https：//news. un. org/zh/story/2015/10/243912#：~ , 2023-11-03.

［217］搜狐新闻. 全国社区矫正机构 2800 多个社区矫正工作者超 10 万人 ［N/OL］. https：//www. sohu. com/a/218527929_ 660595 , 2018-1-24/2023-11-03.

［218］袁京：《朝阳区"阳光中途之家"6 月启用》, 载《北京日报》2008 年 4 月 19 日。

［219］Azcourts. gov. Juvenile intensive probation ［EB/OL］. https：//www. azcourts. gov/jjsd/Operations - Budget/JIPS , 2023-11-03.

［220］BJS. Correctional Populations in the United States ［EB/OL］. https：//bjs. ojp. gov/library/publications/correctional-populations-united-states-2021-statistical-tables , 2023-11-03.

［221］Correctional Education Association. A Mission to Teach, A Mission to Learn ［EB/OL］. https：//ceanational. org/ , 2023-11-03.

［222］Midland County Foster Closet ［EB/OL］. https：//midlandcountyfostercloset. com/ , 2023-11-03.

［223］E. Markowitz. The Long-term costs of fining juvenile offenders ［N/OL］. https：//www. newyorker. com/business/currency/the-long-term-costs-of-fining-juvenile-offenders ,

2016-12-24/2023-11-03.

[224] NCJJ. Juvenile Court Statistics [EB/OL]. http：//www. ncjj. org/publications. aspx? mode = tags&SearchText = Juvenile%20Court%20Statistics，2018-04-03.

[225] NCJRS. NCJRS Abstract [EB/OL]. https：//www. ncjrs. gov/App/Publications/abstract. aspx? ID = 179964，2018- 04-03.

[226] OJJDP. Legislation/JJDP Act [EB/OL]. https：//www. ojjdp. gov/about/legislation. html，2018-04-03.

[227] OJJDP. Model Programs Guide. https：//www. ojjdp. gov/ mpg，2018-4-3.

[228] Center on Positive Behavioral Interventions and Supports. Juvenile Justice [EB/OL]. https：//www. pbis. org/topics/ juvenile-justice，2023-11-03.

[229] Pennsylvania Juvenile Court Judges's Commission. Standards governing the development of the social study [EB/OL]. https：//www. jcjc. pa. gov/Publications/Documents/Standards/Standards% 20Governing% 20the% 20Development% 20of%20Social%20Summary. pdf，2023-11-03.

[230] ProbationOfficerEdu. org. Probation Officer Career in New Jersey [EB/OL]. https：//www. probationofficeredu. org/ new-jersey/，2018-4-3.

[231] CLIMB. What Does a Family Services Specialist Do? [EB/OL]. https：//climbtheladder. com/family - services - specialist/，2023-11-03.

[232] Williamsburg Health Foundation. Overview [EB/OL]. https：//williamsburghealthfoundation. org/about/，2023-11-

03.

六、法律条款

［233］ 42 U. S. C. sect. 1983.

［234］ Com. Ex Rel. Hendrickson v. Myers.

［235］ 387 U. S. 1（1967）.

［236］ 403 U. S. 528（1971）.

［237］ 42 Pa. C. S. §6352（a）.

［238］ 11 Cal. App. 5th 249, 217 Cal. Rptr. 3d 535, 342 Ed. Law
Rep. 1133, 17 Cal. Daily Op. Serv. 4067, 2017 Daily Journal
D. A. R. 4054.

［239］ 18 U. S. C. A. §§5031-42.

［240］ Public Law 107-273, 42 U. S. C. §5601 et seq.

［241］ 1999, c. 624, Pt. B, §8（AMD）.

［242］ North Carolina General Statutes Chapter 7B. Juvenile Code §
7B-2413.

致　谢

　　2018 春回大地，在万物复苏的时节，我的博士论文也终于告一段落。从 2016 年开始思索自己的博士论文，到 2018 年 4 月正式完稿，两年有余。博士论文的构思、写作过程无疑是对博士阶段学习的最好检验，也是对我自己身心的一次深度的考验和洗礼。博士论文的撰写过程不仅让我体会到了科学的博大、严谨、有趣，以及"博士"这一学位、身份真正所包含和赋予我的意义；更让我发现与明确了自己的志趣，性格上的缺点与优势，以及未来的学术方向甚至人生方向。在这一过程中，艰难险阻在所难免，我也真实地体验到了从信心满满到失望、焦虑、抑郁等各种情绪，甚至一度想要中断和放弃。但是最终，自己还是顶住压力坚持下来，感谢那个曾经坚持拼搏、没有放弃的自己。总结来看，博士论文也是"见天地、见众生、见自己"的一个过程。很荣幸我在年轻时，就能通过做博士论文这一事件，体会和经历这样一个过程。

　　在做博士论文的过程中，我首先要感谢我的导师苏春景教授。他对我学术、生活上的指导，以及对我的信任和期望，是我最终顺利完成博士论文的最大动力之一。每当我产生迷惑，或论文进入瓶颈，向苏老师寻求指导和帮助时，不管他自身工作多么繁忙，都会不厌其烦地给我详细的指导，并认真地倾听我的想法，引导我发现问题的答案。在论文选题、框架建构、资料搜集、论文撰写和修改等每一时期，苏老师都给予了我巨大的帮助。他字斟句酌的修改，让我真正懂得了学术的严谨性。可以说，我论文的最终完成也凝结了苏春景教授的心血。在此，谨向我的导师苏春景教授表示衷心的感谢。

此外，我是多么幸运，在学术道路上遇到了如此多的良师和益友。感谢毕宪顺教授、姚建龙教授、张香兰教授、张济洲教授、郑淑杰教授、刘建宏教授等对我的无私指导，您们的建议给了我巨大的帮助和启发。感谢为我创造出优质学习氛围，无私帮助和服务博士生的魏雪峰老师、王陵宇老师。感谢我的同窗杨岭博士、滕洪昌博士，你们在我博士 3 年的学习中，对我的帮助和鼓励，是我能够顺利完成学业所必不可少的，我将铭记在心。感谢我的师兄、师姐、师弟、师妹：徐淑慧博士、段炼炼博士、刘若谷博士、孔海燕博士、杨虎民博士、刘丽博士、盖蓉蓉硕士等，你们对我热情的鼓舞和实际的帮助与建议令我受益良多。感谢刘丽博士和盖蓉蓉师妹在百忙之中能够抽出时间，帮助我进行博士论文的校对工作。

在我异国求学和搜集资料的过程中，感谢威廉玛丽学院（College of Wiiliam & Mary）的 Ronald Posenberg 教授，Jennifer Stevenson 女士，Brenda Stone 女士，以及美国弗吉尼亚州威廉斯堡市法庭服务单位（Court Service Unit）的主任 Michael Scheitle 先生，少年假释官 Joe Wright 先生，在我学术、调研、异国生活过程中给予我的无私帮助。对您们表示诚挚的感谢。

最后感谢我的父母、家人、朋友在我论文撰写过程中给予我的鼓励、支持、帮助。你们是我顺利完成论文、不懈进取的源动力。

感谢以上的一切，使我变成了一个更好的自己。

赵茜

2018. 6. 16